海外陶瓷研究名家译丛

中国瓷器
Chinese Porcelain

[英] 威廉·古兰 著

王 伦 沈英霈 付文婷 译

江西高校出版社
JIANGXI UNIVERSITIES AND COLLEGES PRESS
南 昌

图书在版编目(CIP)数据

中国瓷器 = Chinese Porcelain /(英)威廉·古兰
著;王伦,沈英霈,付文婷译. -- 南昌:江西高校出版
社,2024.12. --(海外陶瓷研究名家译丛).
ISBN 978 - 7 - 5762 - 4887 - 6

Ⅰ. K876.34

中国国家版本馆 CIP 数据核字第 2024PF9787 号

中国瓷器
ZHONGGUO CIQI

策 划 编 辑	陈永林	责 任 编 辑	黄 倩	
装 帧 设 计	王煜宣	责 任 印 制	李香娇	

出 版 发 行	江西高校出版社
社　　　　址	江西省南昌市洪都北大道 96 号
邮 政 编 码	330046
总编室电话	0791 - 88504319
销 售 电 话	0791 - 88511423
网　　　　址	www.juacp.com
印　　　　刷	江西新华印刷发展集团有限公司
经　　　　销	全国新华书店
开　　　　本	787 mm×1092 mm　1/16
印　　　　张	15.25
字　　　　数	300 千字
版　　　　次	2024 年 12 月第 1 版
印　　　　次	2024 年 12 月第 1 次印刷
书　　　　号	ISBN 978 - 7 - 5762 - 4887 - 6
定　　　　价	88.00 元

赣版权登字 -07 -2024 -371

译者前言

本译作的原作者为威廉·古兰（William G. Gulland，1841—1906），是 19 世纪英国著名古董商人。他的一生大部分时间在东方做生意，对中国瓷器非常感兴趣，并于 1902 年出版了 *CHINESE PORCELAIN* 一书。书中详细记述了从明朝永乐年间至清朝光绪年间中国瓷器的各种釉料和器型，并描述了当时中国瓷器的各种纹饰和装饰风格，对研究中国明清时期的瓷器制作和艺术风格具有一定的意义。为了便于读者理解，译者对部分编排体例进行了调整，现简要说明如下：

一、鉴于原作所列朝代年份与史实不符，部分内容阅读价值不高等情况，译著中删除了年代顺序表和第一章的部分内容。

二、为了保证书中器物尺寸的准确性，译著中的长度单位沿用了原著中的长度单位"英寸"，1 英寸≈2.54 厘米。

三、为了方便读者阅读，译著中对原著的一些插图顺序进行了调整。

本书的翻译工作主要由王伦、沈英霈、付文婷三位译者完成。其中，王伦翻译了第八章，沈英霈翻译了第一章、第二章、第三章，付文婷翻译了第四章、第五章、第六章、第七章、第九章、第十章、第十一章。

由于译者精力和水平有限，本书的译文肯定有不当之处，请广大读者提出宝贵的批评和改正意见，以便我们不断完善译文。

译　者

2023 年 9 月

前　言

本书旨在为业余爱好者们提供一本简易手册，读者若是对中国陶瓷感兴趣，可以在初期进行查阅。本书将解释一些术语，并以尽可能简单的方式提供一些与之相关的有用或有趣的信息。

我们对于许多问题还不甚了解，对于现存的大部分瓷器，我们也无法确定其归属年代。然而，如果我们转而去研究这些瓷器的装饰主题，或去发掘各类器型最初的设计意图，事情就会简单许多且更有趣味。我们越是了解瓷器，就越会喜欢和珍视它。说到年代，再过上一小段时间又是一个新世纪了，届时，瓷器似乎一下子就又多沉淀了一百年，它的价值在世人眼里势必又会有所增长。

感谢奥古斯塔斯·沃拉斯顿·弗兰克斯爵士，感谢他解开了中国艺术的奥秘，并对中国艺术进行了睿智的解读。谨向南肯辛顿博物馆和 A. B. 斯金纳先生、乔治·素廷先生、杜文兄弟、T. J. 拉金先生以及我的所有朋友表示衷心的感谢，感谢他们为本书提供插图。本书中的样品大多是从普通家庭中搜集来的，因为如果一件作品能体现一个特定的阶层，那么它的质量或年代就显得不是那么重要了。

不幸的是，考虑到费用原因，我们不太可能再现这些瓷器的颜色，因此不得不冒着显得有些乏味的风险，用比正常情况下更多的篇幅来描述不同的作品。

如果所提供的信息来源于其他书籍，本书就会简单地加上所引用的作品的名称，读者如果想进一步了解该部分，可以自行查阅。如果没有具体指明来源和出处，内容则是由中国朋友提供的。这一规则适用于本书中所有关于中国艺术的部分，希望这样做不只是让古陶瓷爱好者，更是让其他大众群体阅读本书时都会觉得饶有趣味。

向本书所参考的作者们表示最衷心的感谢，感谢他们允许我进行这样的摘录，同时我希望作者们不会怪罪我过分依赖他们。除了引用的作品之外，本书还参考了一些其他的英法两语的作品，但是如果将这些作品的内容也采入本书，本书的篇幅就会超过手册的限度——即使这样，本书已经多少超过了这一限度。T. J. 拉金先生通读了本书的校样，并附上了注释，读者在阅读这些注释时，定会发现它大大增加了这本书的价值。

还要感谢上海的阿巴思诺特先生，他给我们提供了各式各样的中文书籍。

最后，感谢查尔斯先生，他称赞本书让他回忆起他的老朋友 A. W. 弗兰克斯爵士。

W. G. 古兰写于 1902 年

目 录

CONTENTS

引　言

据传,中国的陶瓷制造始于西汉,但我们现在所能见到的大部分中国陶瓷样本,大概只能追溯到清朝康熙年间。毫无疑问,中国从很早就开始出口瓷器。1280 年,马可·波罗观看了瓷器的制作过程,并称瓷器被运到了世界各地。我们在印度、波斯、埃及、马来群岛和桑给巴尔岛都发现了早期瓷器贸易的痕迹。虽然欧洲当时通过印度、波斯、埃及、马来群岛和桑给巴尔岛等地间接获得了一些瓷器,但直到 16 世纪,葡萄牙人才第一次通过好望角将瓷器直接运入欧洲。大约在 1504 年至 1532 年赠送给牛津大学新学院的青瓷杯,可能是英国最古老的瓷器文物。1640 年,荷兰人从葡萄牙人手中夺取了马六甲,从而获得了远东的霸主地位,并一度成为中国产品进入欧洲的主要进口商,而英国东印度公司也紧随其后。

A. W. 弗兰克斯爵士说:"我们所知道的一切关于中国瓷器的知识,都来自一位地方长官在 1815 年编写的一部极具价值的历史资料。通过参考当地历史文献,他记录了景德镇的制瓷历史。该史料后来由斯坦尼斯拉斯·朱利安先生翻译和评论……但是,我们可以看到,由于缺乏可供参考的陶瓷样本,并且在译成另一种语言的过程中晦涩的术语难以翻译,我们很难从译本中获得有价值的信息。"

明朝始于 1368 年,然而,直到伊丽莎白一世(1558—1603)时期,我们才能找到一些物件,帮助我们对明朝瓷器做出判断。并且我们拥有的明朝瓷器真品较少,拥有的清朝瓷器相对较多。德累斯顿收藏创建于 1694 年至 1702 年之间,但明朝在 1644 年就结束了,因此德累斯顿收藏中大部分藏品可能属于康熙帝时期。由于没有任何 1644 年之前的藏品,我们无法确定明朝时期生产的瓷器到底如何。

前面提到过的《景德镇制瓷史》分为 7 卷,第三卷专门讲述"景德镇仿古瓷"。而殷弘绪说,掌管瓷器生产的官吏用黄土仿造了明代厚重的海绿色瓷器(可能是青瓷),并作为礼物送给朝廷的朋友。毫无疑问,在康熙及其之后的时期,人们仿造了许多非常漂亮的明朝瓷器,这些仿制品不论在我们这里还是在中国都被称为明朝风格,并且我们有理由相信,尽管年号本身不能作为判断瓷器年代的根据,但它可以作为一种线索,帮助我们了解中国人在每个特定时期对瓷器纹饰的不同理解。当然,这并不适用于欧洲商人订购的带有"明"标记的商品,无论其装饰如何。

鉴于在 17 世纪中期以前欧洲和东方的贸易状况,人们不太可能大批量地将瓷器进口到欧洲。明朝在 1644 年就结束了,还不等欧洲有机会与中国建立起一定规模的常规贸易,就到了清朝,所以欧洲想进口明朝瓷器已经太迟了,除非有人出售自家的二手瓷器。此外,在明末的动荡时期,一定有大量明朝瓷器和其他财产一同被毁。

随着清朝在 1644 年的建立,我们到达了我们所知的中国陶瓷史的中间部分,尽管就我们所拥有的瓷器而言,它基本上是起点。

清朝的乾隆皇帝在位 60 年,他在位期间大量精美的瓷器被制造出来,并绘有"丰富而精致的纹饰"。清朝的嘉庆皇帝 1796 年至 1820 年在位,这一时期和后来几代皇帝统治时期,人们仍然有能力制作出一些精美的作品,八国联军从颐和园盗出的瓷器就证明了这一点。

根据殷弘绪的记载,瓷器是由高岭土和白不子制成的。高岭土是风化的花岗岩长石,人们在"高岭山"发现了这一物质,因而将其命名为"高岭土";白不子则是一种白色、坚硬、易熔的石英,可以利用水轮车将其粉碎。这两种物质都必须经过洗涤,再泡在水中沉淀成混黏土,然后制成饼形或砖形,方便陶工运送。据说,有 4 个不同的家族从事着高岭土的加工,他们还会将各自的家族名字印在所制的高岭土饼上。在运到瓷厂后,人们会再次加水将高岭土饼磨碎,以便与白不子按比例混合,调制成所需的混黏土。据说,很可能是为了降低成本,人们有时也会使用皂石代替白不子。据我们所知,人们会先将附近生长的一种蕨类植物烧成灰,再捣碎一些白不子,然后将这两者混合在一起,形成燧石和碱构成的硅酸盐,然后制成釉。乾隆皇帝曾派遣了一名画师从北京前往景德镇进行图画绘制,以记录当地瓷器制作的整个过程。那位大师共绘制了 20 张画,从人们挖取高岭土和白不子开始画起,同时描绘了人们准备好蕨类植物的灰和其他制釉原料的样子。接下来画师描绘了人们利用车床或模具制作陶器的过程。在烧制之前人们要对陶坯进行检查,手工除去所有不平整处,抹平所有打磨留下的痕迹,使瓷器温润平滑,浑然一体,再由师傅涂上陶瓷釉料。除此之外,画师还细致描绘了纹饰绘制过程。一些图画还绘有烧制瓷器的窑和火炉,不管是烧制之前还是烧制结束之后,都有所记录。烧制结束后,人们用干燥的稻草将瓷器包好,叠放在大盆中进行售卖。最后几张画则是关于人们举办庆典、祭祀窑神的。传说,有几个瓷器图纸样式从北京送到景德镇来,希望这里的工匠能按照图纸样式制造出来。但无论工匠们如何尝试,都无法做出相同形状和大小的瓷器。工匠们越是造不出来,当时的皇帝就越是想要得到,所以他许诺如果有人能做出来,他将重重有赏;但是如果做不出来,就要重罚。但窑工那边还是毫无进展,一位窑工为了抗议朝廷,跳入窑火中自尽。但在此之后,烧出的瓷器就完全符合了皇宫的要求。因此这位窑工就被尊为窑神。据说,这位窑神身材壮实,但是出乎意料,他的形象似乎并没有被人们刻画在瓷器上。

除了景德镇外,中国其他地区还有许多瓷厂。前文提到的陶瓷史料,说中国有 56 家瓷厂因其生产的瓷器而出名,其中 13 家在河南省,8 家在浙江省,8 家在江西省——景德镇也位于江西省。南京作为船舶货运港,因青花瓷运输的中转站而出名。由于南方许多瓷厂在广州出口瓷器,广州也因此变得十分出名。这里不妨介绍一下景德镇。景德镇作为瓷器贸易中心达数百年之久。以下是1717年殷弘绪描述的景德镇概况:景德镇离浮梁大约5公里,距饶州大约86公里。景德镇坐落在一大片平原之上,周围高山围绕,并处于两条河流的交汇处。河流交汇处形成了一个港口,港口长约5公里,停泊着许多船只。与中国其他镇一样,景德镇周围不设围墙,但它与其他镇也有不同,比如人口众多,据说当时有十万居民。景德镇沿着前面提到的港口一路延伸,房屋挤在狭窄的街道上,但街道布局却很整齐,显得非常热闹。由于大多数物品都要从很远的地方运来,住在景德镇开销不低,但人们还是蜂拥而至寻找工作机会;小孩、体弱者,甚至盲人都可以来这找一份研磨颜料之类的工作。当时景德镇有3000座窑炉在生产瓷器,到了晚上,整个城市就像着火了一样①。这里火灾频发,但由于对房屋和商铺的需求量很大,所以很快就会得到重建。景德镇可能是由一名高级官吏进行统一管理的。每条街道,都设有一名长官和十名助手,每名助手管理十户人家。助手负责维持秩序,并向长官报告一切违反秩序的行为,如果他们玩忽职守,就可能受杖责之苦。每条街道在晚上都设有路障,除非有特定的口令,否则任何人都不允许通过。管理景德镇的官吏和管理浮梁的官吏也会经常巡视,检查夜晚秩序的维护状况。外地人很少能在城里过夜,就算能在城里过夜,也必须住在朋友家里,且朋友需担保他们做事规矩。按照惯例,所有的外地人都得睡在自己的船上。据说,这种严格的管理规定是为了保障居民的财产安全。

马戛尔尼勋爵1792年至1794年途经景德镇时,说那里有3000座窑炉,当然,他可能只是引用了前文提到的朗费罗的诗文。然而无论如何,景德镇的制瓷业规模巨大。

葛兹洛夫先生在1837年的一篇文章中写道:"500座火炉不停地烧着,夜晚散发出的火焰让周围看起来像一个火湖。尽管福建和广东几个城市生产的瓷器一直想与之媲美,但景德镇生产的瓷器是中国最好的……景德镇必须从300英里以外的地方将烧窑用的木材运过来,同时这里粮食和劳动力极其昂贵,因此还是有几个地理位置更好的城市,通过更便宜的瓷器价格与景德镇在制瓷方面不分上下。"

---

① 偶作飞鸟来此地,景德镇上望无余。俯看全境如焚火,三千炉灶一齐熏。充满天际如浓雾,喷烟不断转如轮。苍黄光彩凝画笔,朵朵化去作红云。——朗费罗《景德镇神游》

第一章 绘画主题

中国陶瓷装饰效果十分好。尤其在虫、鸟、花、果等装饰性图案和花边绘制方面,他们出类拔萃。在深入研究这个问题之前,我们最好先看看中国艺术家的灵感来源。

1.1 戏剧

中国的戏剧作品数不胜数,光我们知道的就有数百卷。其中有一套作品共有 40 册,包含 100 部戏剧。还有一部戏剧叫作《赵氏孤儿》,被马若瑟翻译成法语,并成了伏尔泰的悲剧《中国孤儿》的创作源泉,而《老生儿》的创作也出自该作品。悲剧和喜剧之间没有既定的区别,但是分界线却十分清晰,"根据人物是否具有历史或神话性质,主题是否庄重严肃"区分,或者从另一方面讲,"根据戏剧中描述的人物和日常生活故事是否更有趣"来区分。有意思的是,中国人不使用布景,但人物的服饰却十分华丽,且与所表现的人物相称。

约翰·戴维斯爵士说:"演员的服装大量使用了色彩艳丽的丝绸。由于大多数正式的戏剧都是历史题材,戏服就代表了古代服饰,女性服装基本一成不变,但男性服装则与当今截然不同。"

1.2 诗歌

在中国,人们把大量的时间和精力都花在了诗歌创作上。《诗经》已有 3000 年的历史。中国人说:"这本古籍就像树一样,春秋时期开始发芽生长;秦汉时期,树叶茂盛;唐朝时期,许多人在这棵树的树荫下休憩,树上鲜花盛开,果实丰茂。"这就是中国人致敬过往的方式之一。正如约翰·戴维斯爵士所说:"中国的诗歌结构得到了长足的进步,在历史上的一些特定时期,诗歌艺术得到了充足的养分。"

然而,我们要研究的与其说是中国诗歌的结构,不如说是它的特征。陶艺家根据顾客的喜好进行抉择,毫无疑问,对于普通大众来说,他们想要当时最流行的东西,当图画艺术不能传达精神或情感时,陶艺家就把诗歌绘在瓷器上。正是通过诗歌,人们发现在公元前 1800 年的埃及坟墓中发现的小瓶子是假的,因为中国考古人员发现瓶子上的题字是用草书写就,内容则是 8 世纪、9 世纪和之后的诗歌。

1.3 爱情故事作品和小说

约翰·戴维斯爵士评论说:"在早期印刷术的帮助下,中国的道德故事、小说、爱情故事作品多不胜数。不过,只有一些比其他更出名、更受欢迎的极少数人能得到才子的称号,其作品被评为天才之作。如果我们想了解当时人们的日常生活习惯,这些作品也许是最好的素材。许多中国小说和爱情故事作品写于 15 世纪,还有一些甚至更早。无论是作为文学作品还是作为社会的写照,这些作品都与同时代欧洲的小说和爱情故事作品形成了鲜明的对比。那个时期的中国人不再拘泥于创作一些寓言故事和不切实际的虚构幻想,而是进入了新的文明阶段,开始欣赏表现真实生活、描绘复杂情形的作品了。在这些作品中,角色往往在作者塑造的场景下,面临着利益和情感的冲突。"因此,我们可以看到,在小说和爱情作品这一分支之下,中国的艺术家们可以在本国文学这片非常广阔的空间中,挑选出最适合自己发挥的题材。

1.4 书法

陶艺家工作时面临的一个巨大问题,就是陶瓷分工制度,且这种分工制度似乎也延伸到了瓷器绘画上。这显然导致了艺术家和工匠受到像普通工人一样的待遇,就连那些没什么名气的陶瓷工厂可能也是采用的这套制度。

殷弘绪曾写道:"第一位匠人在自己独立的工作室给瓷器边缘上一圈色;第二位描摹花卉;第三位给花卉上色;再由艺术家画上山、水、鸟和其他动物。正如雅克马尔所说,在这种模式下,所有个性都被抹杀。不存在什么画家,更别说是画派了。可以说,人们世世代代都传承着这种刻板的绘画模式,而陶瓷工厂实现了利益最大化。"

毫无疑问,负责管理的官员们发现,这种制度最能确保瓷器的平均质量。但我们知道,皇宫和欧洲人还是想要些新的形状和图案的瓷器。随着时间的推移,中国瓷器主要在与外国人交往的过程中,出现了新的风格。不过,景德镇的老一套做法没有什么改变。要是碰到一件特别好的作品,那它大概率是特别定制的,是由负责的官吏找最好的工匠专门制作的。

不管是中国人还是外国人,都可以定制他们想要的瓷器。匠人会完成他们的订单,并且如果发现有的订单有市场或有利可图,其主题和设计就会被收集起来,作为库存图案。除了一些特别定制的订单,八仙、寿星以及各种花卉、菱形花纹和有象征意义的图案,足以满足大多中国和外国买家的日常需求。"中国的瓷器制造分为两个分支,一支创造各种新形式和新颜色,另一支仿造古代瓷器。"① 显然,从对画作的观察可以看出,人们从未鼓励过艺术设计。事实上,即使在皇宫中,也没人认为绘画是份体面的工作。相反,人们认为绘画是一种机械式的工作,画师只需要对已经使用了千年的设计进行细致入微的复制,并不需要掺杂任何改进。

中国人非常喜爱他们的文字,并会将文字用作装饰,甚至一些瓷器只使用汉字进行装饰。

中国的一些语言学者把所有中国汉字分为 6 类,称为"六书"。第一类是象形,其他的文字都是从象形文字发展而来的。汉字有些是简单字,有些是复合字,且中国人有多种不同的书法。道格拉斯教授说:"从现代书籍中使用的方体字,到以晦涩著称的草篆或草书,不同书法在辨识度上有所不同;但除了这些字体之外,中国的文人在创作幻想的或装饰性的书法作品时,常常会发挥自己的想象力。在大英博物馆的中文图书馆里存放的一幅精美作品,可以体现出中国古人的这一品位。那是乾隆皇帝描写奉天(沈阳的旧称)的一首诗,共有 32 种想象的离奇字体。"

"中国人认为汉字非常优雅,因此会不辞劳苦地学习如何把汉字写得优美、整齐、匀称。学生一般会拿画板,用毛笔蘸墨水在上面练习,直至能够写一些简单的书法且字形匀称为止,而在书写汉字时,能够实现这一步已经十分难得了。用于书写的物品,统称为'文房四宝',即笔、墨、纸、砚。最好的笔是用紫貂和狐狸的刚毛制成的,便宜的笔则用鹿、猫、狼或兔子的毛制成。笔既要柔软又要有弹性。用笔高手可以发现笔的一些细微区别,并能明辨孰优孰劣,但新手可能完全看不出来。笔毛排布规整,拢在一起会形成纤细的笔尖;笔杆也由专门种植的竹枝制成。墨,通常又称墨汁,是用油、松树、杉木和其他物质同胶水、明胶混合在一起,加上香料燃烧之后产生的黑烟灰制成的。墨一般会经过按压,变成椭圆的饼形或圆筒形,通常还会刻上制作人的名字作为宣传之用,高档的墨制作方式十分讲究。以前人们对墨汁有一种误解,认为它是由墨鱼体内的汁液浓缩而成。需要用墨时,人们在砚台中加水,再用墨棒在上面摩擦,就制成了墨汁。这些砚台用泥岩、大理石或其他石块做成,并要切割研磨好,做成平整美观的形状。大多数的纸都是用竹子制成的,先把竹子在泥浆中浸泡,然后捣碎其中的木质纤维,变成纸浆,最后放在模具上成型。纸浆中有时会混入少许棉纤维。劣质的纸则完全由棉花或纸树(也叫楮树、

---

① 约瑟夫·玛利亚特. 陶器与瓷器史[M]. 2 版. 伦敦:约翰·默里出版公司,1857:216.

构树）的树皮制成。竹子做的纸又软又薄，呈黄色，弄湿了以后几乎不粘连，制作的时候不用胶料。"①

1.5　中国神话

除了少数几个佛教人物之外，陶艺家更喜欢寿星、八仙等能体现长生不老的角色，或者其他能代表长生不老的神仙。尽管中国神话中描绘了无数的神、圣、魔，但出于某种原因，可能是由于中国从古至今一直存在的长生不老的愿望，他们对此表现出一种明显的偏爱。

1.5.1　寿星

"寿星有时也会以寿佬的普通形象出现。无论什么时候，他都显得和蔼可亲，面带微笑。寿星受人尊敬，头的上半部分高耸，白发白眉，或骑或靠在一头牡鹿上。他时常手捧'蟠桃'。蟠桃是仙树之果，仙树每3000年开一次花，再过3000年才能结一次果。灵芝则能赐人永生，如果寿星周围长满灵芝，穿披黄袍，那他就是世间事物的最高主宰，永世掌管四季。"②

在图200中，寿星右手拿前面提到的蟠桃，左手持如意，即长生之杖。"大大的耳垂是神的标志，佛教的圣人和提婆形象也有大耳垂"③。

比较常见的长寿的象征有结、麒麟、鹿、野兔、狐狸、乌龟、鹤、竹、松、李树、桃子、葫芦、灵芝、如意。这些在后文还会提到。

1.5.2　八仙

"八仙，即八位长生不老的神仙，是道家的传奇人物，据说他们来自不同的时代，且都永生不死。人们时常将八仙描绘在瓷器上。有时也会单独把八仙中的一位绘制在瓷器上，以站姿或坐姿出现。人们有时会用八仙装饰盘子边缘，他们各自骑着不同的动物乘风破浪，有时八仙符号也会以各自法器的形式出现。"④

① 威尔斯·威廉姆斯.中国［M］.纽约和伦敦:威利与普特南出版公司,1848:475.
② 阿尔伯特·雅克马尔.陶瓷艺术史［M］.2版.伯里·帕利瑟,译.伦敦:桑普森·雷欧与马斯顿有限公司,1877:25.
③ 威廉·安德森.大英博物馆日本和中国绘画目录［M］.伦敦:大英博物馆理事会,1886:207.
④ A.W.弗兰克斯.格林博物馆东方瓷器目录［M］.伦敦:英国皇家印书馆,1878:241.

图1、图3：八仙中的汉钟离。据说他生活在周朝，并获得永生灵药。汉钟离通常被描绘成一个赤裸着腹部的胖子，手里拿着一把扇子，据说他可以用扇子复活死者。他的标志是扇（见图3），他也被称为"钟离权"。但有时，他也会有手持蟠桃的形象，如图1。

图2、图4：铁拐李。铁拐李生活的年代不详。传说他是老子的亲传弟子，老子常常召他到天上相见。为与老子相见，他的灵魂必须离开肉体，于是他把肉身托付给一个弟子照顾。但后来有一次弟子去世了，当铁拐李的灵魂回来时，肉身已经不见了。于是，铁拐李就附在一个瘸腿乞丐的身上，挂着拐杖或棍子继续生活。他的标志是圣葫芦，手挂着一根拐杖。在图2中，他站在一只螃蟹上；在图4中，他与一只鹿相伴，鹿也是长寿的象征之一。

图1   图2   图3

图5：何仙姑。据说何仙姑是广州附近的增城何泰的女儿。她常常独自在群山间漫游。她不食凡间烟火，以云母粉为食，据说云母粉能够使人长生不老。她手拿一朵莲花，莲花也就成了她的标志。

图6：吕洞宾，公元755年生。据说当吕洞宾还是德化的地方官时，在庐山深处遇到了汉钟离。吕洞宾从汉钟离那学会了炼金术并得到了长生不老药的秘方。吕洞宾经受住了共10次考验，被赋予了一把超越自然之剑。他仗剑走天下，斩杀恶龙，并在之后的400多年里铲除世间各类妖魔。他的标志是一把利剑。吕洞宾的形象通常是将剑背在身

后,右手持拂尘。

图4   图5   图6

图7:张果老。据说张果老生于7世纪末至8世纪中叶,是一位伟大的修法之人。张果老有一头白驴为伴,需要时可驮他走过万水千山,不需要时也可折起放入囊中。唐明皇(唐玄宗李隆基)召他入宫,他却直接拒绝了。他的标志是一个竹筒,又称渔鼓。渔鼓是一种乐器,可用两根棍子敲响。棍子有时可放于渔鼓之内,张果老的标志就是放有木棍的渔鼓。

图8:韩湘子。据说他是政治家和哲学家韩愈的侄孙。韩湘子是吕洞宾的学生,吕洞宾曾带他来到仙桃树上,但韩湘子却从树枝上掉了下来。韩湘子的形象是一吹笛人,他的标志是一支长笛。

图9:蓝采和。蓝采和性别不明,但人们一般认为她是女性。蓝采和的形象通常手持花篮,她的标志通常也是花篮。

图10:曹国舅。据说曹国舅是曹彬的儿子,曹彬是一位将军,卒于公元999年。曹国舅是曹皇后的弟弟,因此曹国舅的形象是戴着宫廷头饰。他的标志是单手拿着一对笏板。

除图2和图3之外,八仙的图均来自图299,图2和图3来自图255和图256。

图7　　　　　图8　　　　　图9　　　　　图10

1.5.3　二十四孝

由于中国艺术家经常以二十四孝为主题,所以我们来简短地介绍一下这24位孝子。

第1位是舜(见图293)。

第2位是文帝。文帝于公元前180年继承王位。据说,在他母亲生病期间,他从未离开过母亲的身边,也从未换过衣服。

第3位是曾参。曾参生于公元前505年,是孔子的一位弟子。有一天,曾参在山上捡柴火,听不到母亲的呼唤,但母亲想让他回来,就咬了自己的手指,出于母子同心,他感受到了母亲的疼痛,便立刻回来安慰母亲。

第4位是闵损(闵子骞)。他是孔子的另一位弟子。他的继母有两个亲生孩子,一直虐待闵子骞。闵子骞的父亲知道了打算把妻子休了。但闵子骞说,一个孩子受苦总比所有孩子失去母亲好,自此之后继母便痛改前非了。

第5位是仲由,或称子路,也是孔子的弟子。当他成为一位声名显赫的勇士后,他经常说,在他小时候,他曾通过扛米来养活父母,如果(已逝的)父母能重回自己身边,自己也还乐意再这样做。

第6位是老莱子。老莱子70岁了还穿得非常艳丽,在父母面前扮成小孩,逗父母开心。

第 7 位是郯子。他想得到鹿奶，因为只有鹿奶才能治好他父母的眼疾。于是他就穿上鹿皮扮成鹿,混入森林里的鹿群,从而得到了鹿奶。

第 8 位是董永。他十分贫苦,付不起给父亲下葬的钱,为了筹集所需钱财,他卖身为奴。从葬礼回来时他遇到了一位女子,女子提出要嫁给他。不到一个月,女子就织了很多布,还清了董永欠的钱。后来女子告诉董永自己是织女星下凡,是前来报答他的孝顺之举的,然后便向董永告别,消失了。

第 9 位是江革。江革年轻时,从强盗手中救出母亲,背着她行走数里(见图 270)。

第 10 位是黄香。黄香很小的时候就失去了母亲,所以他全身心地侍奉父亲,夏天为父亲扇凉枕头,冬天为父亲温暖床榻。

第 11 位是王祥。冬天河水都结冰了,但他的继母想吃新鲜的鱼,王祥就躺在冰上用他的身体将冰块融化,随后两条鲤鱼便跳了出来,王祥便把这两条鲤鱼交给了继母。

第 12 位是吴猛。当他还是个小男孩的时候,就不惜让蚊虫叮咬自己的身体,以免父母受到蚊虫骚扰。

第 13 位是郭巨和他的妻子。他们家境贫寒,无法同时养活孩子和年迈的母亲,于是便打算挖一个坟墓把孩子埋了,这样就可以有更多的钱赡养老母。但在挖墓时,他们发现了一根金条,上面写着:"天赐郭巨,他人勿取。"

第 14 位是杨香。杨香 14 岁时,父亲被老虎攻击,他不畏老虎的利爪冲上前救下父亲,老虎被吓跑了。

第 15 位是蔡顺。在一次饥荒中,他靠采集野生浆果养活母亲,他把熟的浆果给了母亲,只留下未熟的给自己。母亲死后,就算别人告诉他房子着火了,他也不离开母亲的棺材,房子最后却完好无损。因为母亲总是被雷声吓到,所以一下暴雨,他就去修补母亲的坟墓,并大喊:"不要害怕,妈妈,我在这里。"

第 16 位是陆绩。公元 1 世纪,他因政治阴谋而入狱,狱卒被他对母亲的孝顺打动,于是将他释放了。

第 17 位是王裒。王裒的母亲在世时怕雷,所以在她死后,每当雷雨来临时,他总要到母亲的坟墓前为她遮雨,直到雷雨过去。

第 18 位是孟宗。一个冬天,他年迈的母亲想喝嫩竹笋汤,他走进树林,为自己不能在寒冷的冬季满足母亲的愿望痛哭起来,这时他周围的竹子突然长出了嫩芽。

第 19 位是庾黔娄。庾黔娄本是南齐的一位官员,他以对父亲孝顺而闻名。据说,在得知他的父亲生病无法康复后,他向北极星(长寿之神)祈祷,希望自己能替父亲死去。

第 20 位是崔氏。崔氏的婆婆年事已高,没有牙齿,崔氏就用自己的乳汁喂养婆婆。

第 21 位是姜诗和他的妻子。夫妻二人共同伺候年迈的母亲,每天都要走很远的路去找母亲喜欢喝的水,捕母亲喜欢吃的鱼。一段时间之后,他们的努力得到了回报:在他们的家里涌出了他们想要的水,且每天喷出两只鲤鱼(见图354)。

第22位是丁兰。母亲死后(有些说法是父母死后,讲述故事时也是用双亲这种说法),丁兰就以母亲为原型做了一个雕像。有一天,一个邻居踢了一下这个雕像,丁兰回家的时候,就发现雕像神情愤怒。丁兰了解事情原委后,就打了这个邻居,因此被捕,这时雕像又哭了起来。人们知道了实情后,赞扬了丁兰的孝行。

第23位是朱寿昌。朱寿昌是宋朝的一位官员。他的母亲在他小时候就被父亲抛弃并失踪了。成年后,他开始寻找母亲,在分离了50多年后,终于成功找到了自己的母亲。

第24位是黄庭坚。黄庭坚是宋朝著名诗人,虽然他身居高位,但他孝心不减,一心侍奉父母,甘愿做父母的仆人。

第二章 象征、标志、乐器

"在欧洲,我们都习惯性地觉得艺术作品上的装饰只是为了美观,这导致我们会觉得同样的做法在世界各地都是通用的。但实际上,我们的很多想法都已经过时了。"

"然而,在远东地区,尤其是在中国,情况大有不同。每一种颜色和每一朵花都有其相应的含义和用途。"①

2.1 象征

A. W. 弗兰克斯爵士告诉我们:"首先要注意的是被称为'象征'的这些特殊图形,比起日本瓷器,这些特殊图形在中国陶瓷上更经常出现。这些图形通常有 8 个,但个体可能会有所不同。数字'八'在某种意义上是中国人最喜欢的数字,而且汉字'八'本身也是一个对称的图形。"

民间八宝,指八件珍贵的东西。八宝内容并不固定,似乎不与任何特定的宗教有关。民间八宝有别于其他装饰品,通常缠绕有丝带或细带。这些细带其实就是红布,人们觉得任何绑有红布的东西都有护身符的功效,能像护身符一样发出护体神光。

除此之外,或者也许是出于这种理念,中国人似乎觉得如果把布条按照一定的方式系起来,就可以带来好运;因为杜礼特先生告诉我们:"贴身的衣服要穿白色的。白布一部分或全部撕成条状,然后以特定的方式缠住尸体,最后打成某种结,人们认为这样会带来吉祥或好兆头,尸体全身上下都要打满这种吉祥结。"②

本章的插图,除非另有说明,都获得了素廷先生的许可,插图来自他在南肯辛顿博物馆的藏品。同时读者也要感谢弗洛伦斯·克拉特巴克女士将图片复制过来。

2.1.1 八仙的象征

图 11 和图 12:扇子。扇子作为护身符会以各式各样的形状出现,图 11 似乎是最普遍使用的扇子的样式。

---

① A. W. 弗兰克斯. 格林博物馆东方瓷器目录 [M]. 伦敦:英国皇家印书馆,1878:237.
② 贾斯特斯·杜礼特. 中国人的社会生活 [M]. 伦敦:桑普森·雷欧与马斯顿有限公司,1868:131.

图 13 和图 14：剑。剑和扇子一样，形状差异很大，但吕洞宾的剑似乎一般都是双刃剑，图 13 中的剑还挂有一个袋子作为护身符。

图 15：葫芦。铁拐李手中的葫芦通常有一些涡卷装饰从葫芦口飞出，这象征着他的法力。

图 16：一对笏板。

图 17：花篮。

图 18：一个渔鼓和两根敲渔鼓的木棍。

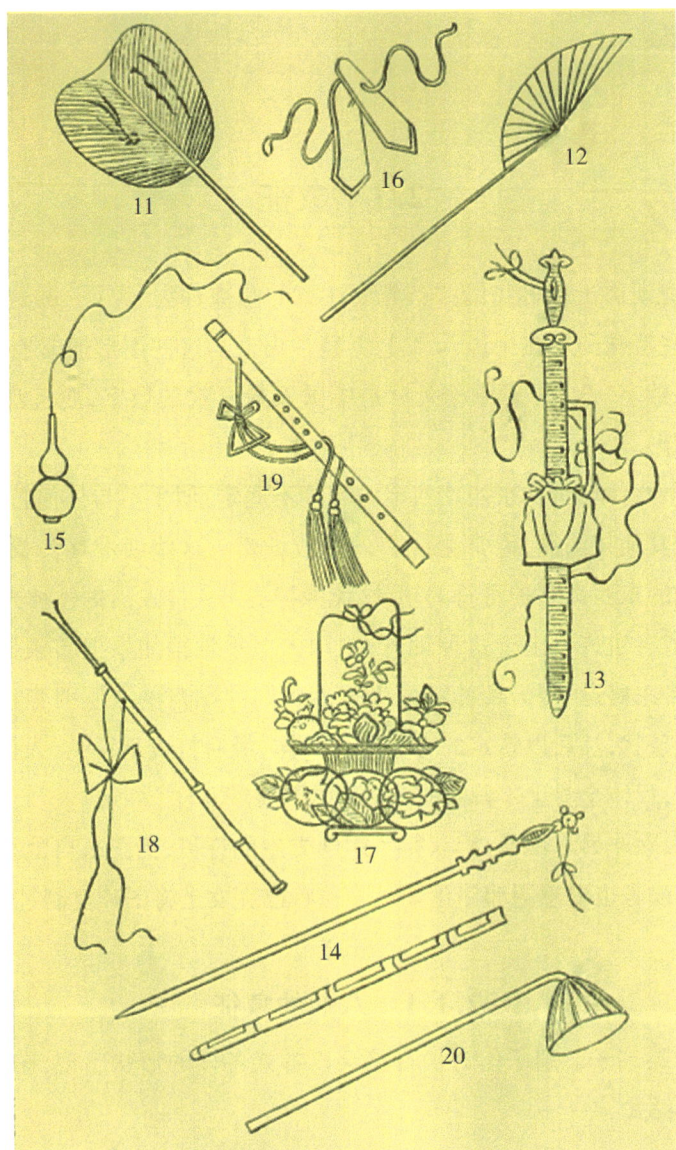

图 11—图 20

图 19：笛。

图 20：莲蓬。一般来说,何仙姑手里拿着的只是一个莲蓬,有时莲蓬里会装满鲜花,有时则盛满蟠桃。

2.1.2 民间八宝

图 21：珍珠。"一种扁圆形物体,有时是白色,有时是黄色,周围丝带缠绕。珍珠通常与龙一同腾空出现,珍珠好像是从龙嘴里吐出来的。珍珠偶尔也会光芒四射。"①

"许多传说都与珍珠有关,中国人从很早开始就非常看重珍珠。古代的寓言家对珍珠的本质充满了惊奇,他们说珍珠凝明月之精华,蚌在产生珍珠时,通过天地间神秘的法则,从贝壳内将珍珠提取出来。因此,珍珠作为一种庇佑之物存在"。②

从南京大报恩塔的塔尖一直延伸到屋檐上,挂着 5 颗巨大的宝珠,用于保卫城市安全。一个用来防止洪水,一个用来防止火灾,第三个用来防止远方的沙尘,第四个用来舒缓暴风雨,第五个用来保护城市不受侵扰。

英语单词"Pearl(珍珠)"很难恰当地代表中国的"珠"字,任何圆形的物体,无论大小都可以叫"珠"。龙会有大"珠"为伴,蜈蚣则会有小"珠"为伴,但不论什么"珠",都能庇护百姓。例如,火珠具有引火或避火的神秘属性。因此,"珠"象征着那些具有特殊功效的东西。蛇在化龙前必须有"珠"。狮子戏耍的同样也是"珠",如果"珠"没了,它们的命也就没了。"珍"意指珍贵,"珠"可以是任何圆形的东西。

图 22：方胜。"方胜是一种菱形的物体,中空,细带从中间穿过。方胜是由一端重叠的两个菱形组成,用来表示成双成对。"③中国人说它是一种非常古老的乐器。

图 23：磬。"毫无疑问,这就是威廉姆斯所说的一块能发出声响的石头或铜板,中国人用它代替钟,并称其为磬。威廉姆斯说,磬的图案经常会刻在房椽的末端,因为'磬'的发音与'幸'接近,意指美好、幸福、幸运等。"④

图 24：犀角。"一对雕刻物,意为犀牛的角。"⑤

"在一些特殊仪式中,宴会结尾人们会用犀牛角做的大杯子喝酒。据说犀牛生活在云南和广西的森林之中。在阿拉伯作家的作品中,我们发现,亚洲一些国家的君主们也经常把犀牛角用作杯子喝酒,因为他们认为犀牛角在接触毒药时会渗水出来,因此用犀

---

① A. W. 弗兰克斯. 格林博物馆东方瓷器目录[M]. 伦敦:英国皇家印书馆,1878:238.
② 威廉·迈耶斯. 中文读者手册[M]. 上海:美华书馆,1874:24 - 25.
③ A. W. 弗兰克斯. 格林博物馆东方瓷器目录[M]. 伦敦:英国皇家印书馆,1878:239.
④ A. W. 弗兰克斯. 格林博物馆东方瓷器目录[M]. 伦敦:英国皇家印书馆,1878:239.
⑤ A. W. 弗兰克斯. 格林博物馆东方瓷器目录[M]. 伦敦:英国皇家印书馆,1878:239.

牛角喝酒可作为一种防毒的手段。"①

中国人说这些是箭筒，但似乎无法解释为什么它们被用作符号。如果是箭筒，它们肯定是犀牛角的样子。一双永远是幸福的象征。

图25：古钱。"古钱可能是一枚硬币的形状，是财富的象征。"②

"古钱常用作护身符、法宝和代表祥瑞的挂件。其中最主要的就是所谓的钱币剑，钱币剑由许多古代铜钱组成，每一个铜钱中间都有一个方孔，所有钱币都固定在一块形状像剑的铁器上，铁器有十字手柄。人们把钱币挂在睡椅上方和床头，因为铜币是由君王发行的，人们可以借此获得君王的庇护。"③

"人们常把古代钱币用作护身符，把钱币用红绳串起来，或戴在身上，或挂在床帘外面。"④杜礼特先生摹画了一枚硬币，边上还有一个刀形的挂件，他说这是一种护身符。"在古代，不同朝代铸造的钱币形状各异，不但有刀形的，还有各种奇特形状的。"⑤

图26：菱镜。"菱镜是一个菱形物体，上面有一个分隔部分，可能是方胜的一种变体。"⑥

中国人说，在古代，菱镜是一面用抛光金属制成的镜子，镜子有时是菱形，有时是圆形。

图27：书本。"两个长方形物体放在一起，外形完全一致，可能代表书籍。"⑦

"人们认为将一些国学经典，如《易经》《大学》，放在枕头下或放在就近的书房里，可以抵御恶鬼。人们独自出门在外时，只要边走边背诵这些书中的段落，就不必害怕鬼魂。"⑧

图28：叶子。"叶子的形状并不固定，这可能是一片艾叶，象征着好兆头。"⑨

迈耶斯先生给出了叶子的中文解释，叶子被认为"拥有驱除恶魔的力量"⑩。"玉仙，一种永生的人或神仙的名称，他们吃了一种长在月亮上的叫作骞树的叶子。"⑪

① 约翰·戴维斯.中国人[M].伦敦：查尔斯爵士出版公司，1836：302.
② A.W.弗兰克斯.格林博物馆东方瓷器目录[M].伦敦：英国皇家印书馆，1878：23.
③ 约翰·戴维斯.中国人[M].伦敦：查尔斯爵士出版公司，1836：132.
④ 贾斯特斯·杜礼特.中国人的社会生活[M].伦敦：桑普森·雷欧与马斯顿有限公司，1868：457.
⑤ 贾斯特斯·杜礼特.中国人的社会生活[M].伦敦：桑普森·雷欧与马斯顿有限公司，1868：561.
⑥ A.W.弗兰克斯.格林博物馆东方瓷器目录[M].伦敦：英国皇家印书馆，1878：239.
⑦ A.W.弗兰克斯.格林博物馆东方瓷器目录[M].伦敦：英国皇家印书馆，1878：239.
⑧ 贾斯特斯·杜礼特.中国人的社会生活[M].伦敦：桑普森·雷欧与马斯顿有限公司，1868：561.
⑨ A.W.弗兰克斯.格林博物馆东方瓷器目录[M].伦敦：英国皇家印书馆，1878：239.
⑩ 威廉·迈耶斯.中文读者手册[M].上海：美华书馆，1874：29.
⑪ 威廉·迈耶斯.中文读者手册[M].上海：美华书馆，1874：284.

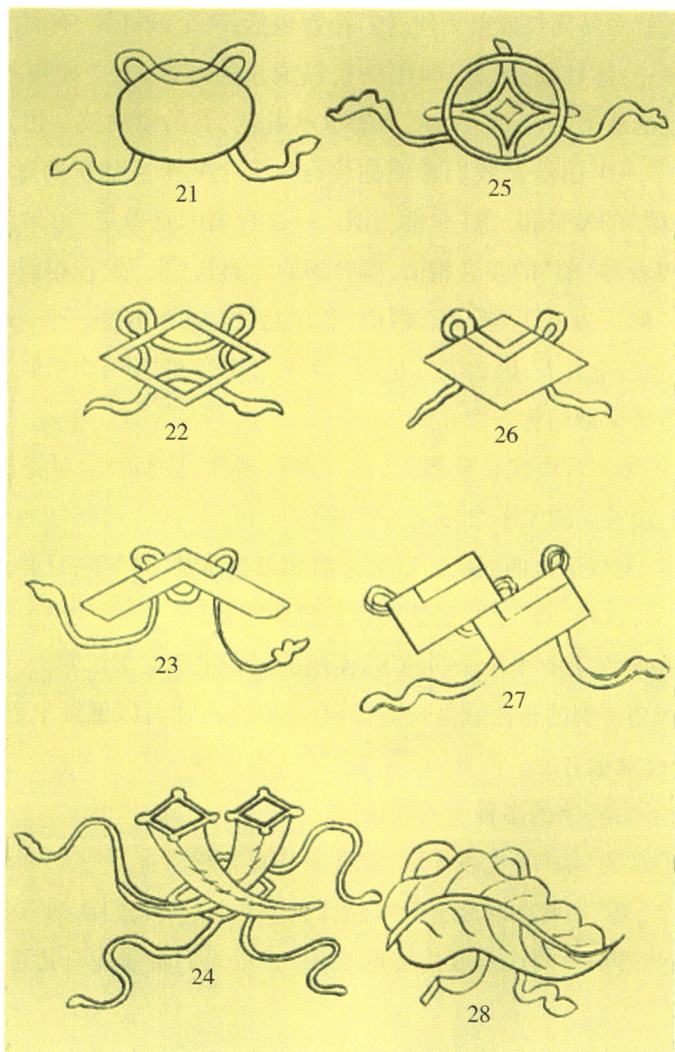

图 21—图 28

很少有瓷器作品会一口气绘上全部的民间八宝。所以以上插图出处不止一处，这也是为什么图画上的丝带样式并不统一。但也许这也是一件好事，因为我们可以借此看到同一种东西的不同样式。

2.2 标志

下面这段话解释了中国人常用的许多标志，其实是出于一些小事：

"从前，在很多家庭中流行一种非常奇特的习俗，如果家中有女儿从去年正月十五出嫁一直未生男孩，父母会在今年正月初五到十四之间选一个吉日给女儿送几件礼物，如果父母已经去世,就由其兄长或弟弟代送。礼物包括:一个纸灯笼,有时绘有送子观音的图样,还会有题字;一钵牡蛎;米糖,即用糖蜜黏成块的炒米;十个松皮的橘子;木柴;大米;还有某种特定的蔬菜(大蒜)。然后所有这些礼物,有的单独放一边,有的堆在一起,但都向女儿传达了一个信号:'我们希望你快点生下个儿子。'橘子的意思是'急',因为在当地方言里,'橘'的发音和'急'非常相似。一钵牡蛎的意思是'弟弟快来',在当地方言里,'牡蛎'的发音与'弟'的发音相似,盛牡蛎的容器与'来'发音相似。糖蜜黏成块的炒米在当地叫作'糕',发音上与'哥'相似,意思是'希望你再生一个,又有哥又有弟'。送大蒜表示希望她后继有人,因为大蒜也叫'蒜仔',发音和'孙子'相似。灯笼上的题字意思是'愿观世音菩萨赐给你一个儿子'。"①

象征的长寿图案经常出现在瓷器上,形式多种多样,且都表示对瓷器主人的美好祝愿。瓷器装饰中,最常见的印字之一是"寿"字。

"对皇帝而言,能赐给他的大臣的最大恩惠和荣誉就是'寿'字,且必须由皇帝本人亲笔写成。毫无疑问,这种'寿'字最能让大臣们延年益寿。"②

"'寿'字是中国汉字中非常祥瑞的字,使用的场合也非常多。"③

"中国人最渴望得到的东西就是长寿,只有长寿之人才可以继续享受人间之乐,人们也会因年龄对自己尊敬有加。因此,长寿是五福之首。"④

图 373 展示了"寿"字的多种不同写法。

福——"人们认为'福'字也表祥瑞,常常象征着美好。"⑤

喜——"两个'喜'字放在一起看起来就像是一个汉字,人们认为双喜是一个非常吉祥的组合。它意味着双份的欢乐或持续的欢乐,表示人们希望能有持续不断的、数不尽的欢乐。"⑥

挂面是长寿的象征。

甘蔗是甜蜜的象征。

双子——"很多人都会售卖一些图画,画中两个孩子或相互拥抱,或挽着胳膊并排站立。他们代表着和平与和谐,表示两人没有纷争,永远相互陪伴。一些家庭买来之后把它挂在家里,希望家庭成员们都和睦相处,彼此相爱。有时画上还绘有两只相同的蝙蝠。"⑦

---

① 贾斯特斯·杜礼特. 中国人的社会生活[M]. 伦敦:桑普森·雷欧与马斯顿有限公司,1868:383.

② 约翰·戴维斯. 中国人[M]. 伦敦:查尔斯爵士出版公司,1836:136.

③ 贾斯特斯·杜礼特. 中国人的社会生活[M]. 伦敦:桑普森·雷欧与马斯顿有限公司,1868:569.

④ A. W. 弗兰克斯. 格林博物馆东方瓷器目录[M]. 伦敦:英国皇家印书馆,1878:243.

⑤ 贾斯特斯·杜礼特. 中国人的社会生活[M]. 伦敦:桑普森·雷欧与马斯顿有限公司,1868:569.

⑥ 贾斯特斯·杜礼特. 中国人的社会生活[M]. 伦敦:桑普森·雷欧与马斯顿有限公司,1868:571.

⑦ 贾斯特斯·杜礼特. 中国人的社会生活[M]. 伦敦:桑普森·雷欧与马斯顿有限公司,1868:570.

三福——小孩、官员、与仙鹤为伴的老者。"在这个场合(新年),人们互相赠送大红贺帖,贺帖上有木版画,代表着中国人最看重的三大福气——多子、升官(或晋升)和多寿。画中包括有一个孩子、一个官吏、一个与仙鹤为伴的老者,仙鹤是长寿的象征。"①

鹤、龟、松——"鹤、龟、松均被认为是长寿的象征,三者还能合在一起,绘成一张新年贺卡,祝愿来年幸福。"②

宝塔——中国的几个神仙都是手持宝塔的形象。在《中国人的社会生活》一书的第408页,有一幅小孩拜塔的插画。同时书中还提到,中秋节,人们按照风俗要点亮宝塔——这一风俗似乎是为了参拜月亮——届时还会做一些宝塔形状的糕点作为供品。③

"托塔神灵,对应印度教的金刚手菩萨,这位神灵手持锯状霹雳,中国人显然是将之错认为是宝塔,并在画中将他描绘成一个手持宝塔的形象了。"④

锁——"有人从每个朋友那里收集一两个铜钱,做成一把锁,挂在自己儿子的脖子上,将儿子的生命'锁'住,让朋友们的铜钱来保佑儿子的平安。就连成年的女性也同样戴着这种项链保佑平安。"⑤

镜子——"富人们把老铜镜挂在大厅,来治愈癫狂之人。"⑥

"一面小黄铜镜子,或平或凹,但通体为圆形,通常挂在床帘外或床附近,主要用于抵御、驱散恶鬼或防止厄运侵扰。人们的想法是:如果恶鬼走近床榻,看到铜镜里反射的自己的样子,就会吓得马上转身逃走。"新娘(坐轿)到丈夫家的时候,"一个6岁到8岁的童男也会手持一面铜镜走过来,镜面对着轿子,背面朝向男孩,并邀请新娘下轿。人们相信,童男手里的镜子可以拦住轿子里所有有害之物的侵扰。人们经常将部分嵌入木板的凹面铜镜挂在房外(镜面朝外),正对邻居住宅或庙宇突出的部位,以抵御来自这些部位的厄运的侵袭。中国人相信这种凹面铜镜如果布置得当,可以抵御任何来自邻近建筑的不利影响"⑦。

"秦镜是一面魔镜,传说中,秦镜归秦朝君主所有,不管是谁,只要看一看镜子,就可以反射出观看者身体的内部结构,并显示疾病的位置……公元前206年,汉朝始祖汉高祖攻入了秦国国都,这面挂在宫殿墙上的镜子也成为汉高祖珍贵的战利品。"⑧

红绳——"月神也称为'月老',月老有一项众人皆知的能力,就是可以影响姻缘。他

---

① 约翰·戴维斯. 中国人[M]. 伦敦:查尔斯爵士出版公司,1836:286.

② 威尔斯·威廉姆斯. 中国[M]. 纽约和伦敦:威利与普特南出版公司,1848:263.

③ 贾斯特斯·杜礼特. 中国人的社会生活[M]. 伦敦:桑普森·雷欧与马斯顿有限公司,1868:408.

④ 威廉·迈耶斯. 中文读者手册[M]. 上海:美华书馆,1874:161.

⑤ 威尔斯·威廉姆斯. 中国[M]. 纽约和伦敦:威利与普特南出版公司,1848:272.

⑥ 威尔斯·威廉姆斯. 中国[M]. 纽约和伦敦:威利与普特南出版公司,1848:272.

⑦ 贾斯特斯·杜礼特. 中国人的社会生活[M]. 伦敦:桑普森·雷欧与马斯顿有限公司,1868:58,564,566.

⑧ 威廉·迈耶斯. 中文读者手册[M]. 上海:美华书馆,1874:234.

用看不见的红绳把婴儿绑在一起，而这些婴儿长大后也注定会结为夫妻。"①"韦固是一个非常有名的爱情传奇故事的主角，据说生于唐朝。一天，他在街上看见一位老人坐在月光下翻看着手里的书。韦固问老人在看什么书，老人告诉他，这本书记载着全人类的婚姻命运。老人从锦囊里拿出一根红绳子，说：'我用这根绳子把夫妻俩的脚绑在一起。就算是他们出生在敌对的家庭或完全不同的国家，命运最终也会使他们成为夫妻。我告诉你，你的妻子是一个姓陈的老妇人的女儿，她就在那边的店铺里卖菜。'韦固听了，第二天就前去查看，见那妇人抱着一个两岁的丑孩子。他秘密地雇了一个杀手去杀掉那个婴儿，但杀手失手了，只在婴儿的眉间留下了一道伤疤。14年后，韦固娶了一位美丽的女子为妻。婚后，韦固发现她的眉间也有一道伤疤，一问才知道，女子就是月光下看书的老人之前所说的将来会成为他妻子的那个人。这个唐代流传下来的传说可能最早体现出中国人的一种信念，相信新郎和新娘之间存在着一种无形的羁绊（以红绳为象征），并通过俗语表达出来——'配对是天作之合，命运由月亮预言。'"②

赤绳系腕——"有时，人们会用一条红绳或红带做成环形戴在婴儿手腕上，有时再配上一些铜钱或玩具（如小银印章、铃铛、鼓、杵或木槌），一戴就是几个月，甚至一年。如果弄脏了，就换另一条干净的红绳或红带。"③婚礼的时候，"桌子上放着新郎新娘单独喝酒的酒杯，有时用一根几英尺长的红丝或红棉线连接起来。新郎和新娘在喝掺有蜂蜜的酒时，酒杯上的红绳也要一直系着"④。

红色的东西——"一般来说，人们认为红色的东西可以驱邪。用红笔给古籍加上断句，据说能帮助读书人辟邪。同样，穿红色的衣服或扎红色的带子都能帮助人们辟邪。父母常在男孩的衣服上或衣袋内缀上红布，以保护孩子不受恶鬼伤害。父母经常在小孩子发辫上扎红头绳，以确保辫子不被恶鬼切断。"⑤"在建造房屋时，人们想出了各种方法来预防天降横祸。其中就提到，可以在大梁上贴一张大红纸，上面用墨水写上4个大字——这4个字指的是某颗星，并暗示这颗星会显灵。这个符咒可以驱散工人们对邪恶力量的恐惧。"⑥

银链——银链通常是父母给家里的独生子的，父母把银链挂在孩子的脖子上，作为护身符来辟邪或图个好兆头。经常有父母把银链做成孩子口袋的吊带。银链每一端都

① 威廉·迈耶斯.中文读者手册[M].上海：美华书馆，1874：82.

② 威廉·迈耶斯.中文读者手册[M].上海：美华书馆，1874：250.

③ 贾斯特斯·杜礼特.中国人的社会生活[M].伦敦：桑普森·雷欧与马斯顿有限公司，1868：60.

④ 贾斯特斯·杜礼特.中国人的社会生活[M].伦敦：桑普森·雷欧与马斯顿有限公司，1868：86.

⑤ 贾斯特斯·杜礼特.中国人的社会生活[M].伦敦：桑普森·雷欧与马斯顿有限公司，1868：560－561.

⑥ 贾斯特斯·杜礼特.中国人的社会生活[M].伦敦：桑普森·雷欧与马斯顿有限公司，1868：560－561.

有一个挂钩,每个挂钩表面会写上一些吉祥的字样,比如一个挂钩刻着"三多",另一个刻着"九如"。"三多"的意思是"福多、寿多、子孙多"。"九如"是《诗经》中的 9 种比喻,比如说"如月之恒,如日之升,如南山之寿,如松柏之茂"等。这些吉祥的词语表达了父母想让孩子获得"三多""九如"般的幸福。

"石头或金属碎片上刻有短句,经常挂或系在小孩和妇女身上,人们认为它们可以有效驱除灾祸。富人花重金购买这些稀罕物件就是为了达到这一目的。"[1]

犁头——"有时人们把旧犁头的一小块铁片挂在衣服外面。这个小铁片有时候会配有银盖子,只露出一个小尖尖。也有人把小块的犁头铁用纸整齐地包裹后装入小红布袋,挂在人们的衣服上。"[2]

五毒——"许多人相信,壁虎、蜈蚣、蝎子、蟾蜍、蛇——这 5 种东西加在一起,被称为'五毒'——有对抗邪恶的力量。许多人相信五毒具有抵御鬼祟的力量。有些家庭如果只有一个独生子,就会抓来五毒在家里供奉。他们还将五毒图样用黑色丝线绣在孩子新的红布肚兜上,在孩子出生后的第一个五月初一至初五的某一天给孩子穿上。据说,这种护身符能够避免孩子将来腹痛,也能避邪。五毒的图案也经常出现在一种直径约两英寸的圆形铜板的边缘部位,用来辟邪。"[3]

小孩和三足动物——"这种符咒上有一位少年坐在一只奇异的三足动物的背上,少年拿着一张弓,好像是要射箭。"[4]这种符咒一般放在屋顶。

石碑——"如果自己家或店铺附近有一条通向大街的小巷,人们经常会在小巷口立一块石碑或石柱,以防止厄运的侵扰——人们认为这种小巷会带来厄运。"[5]

图 29:玉玺。值得注意的是,玉玺与通常使用的印章(见图 171、172)形状不同,玉玺是平的,且表面更大,背面刻有龙以便拿起来使用。作为皇帝的印章,玉玺是神圣之物,具有镇邪的功效。

图 30:庙宇香炉。这些香炉是长方形的,而带有涡卷装饰的台子是正方形的。

图 31:带涡卷装饰的台子。

图 32:米斗。

图 33、34、35:棋盘。棋盘经常出现在瓷器上,并与其他符号一同出现。每块棋盘上配有 2 个盛棋子的棋罐。

棋是"四艺"之一,其他 3 个分别是琴、书、画。最开始的时候,中国人用的并不是圆

---

① 威尔斯·威廉姆斯. 中国[M]. 纽约和伦敦:威利与普特南出版公司,1848:273.
② 贾斯特斯·杜礼特. 中国人的社会生活[M]. 伦敦:桑普森·雷欧与马斯顿有限公司,1868:561.
③ 贾斯特斯·杜礼特. 中国人的社会生活[M]. 伦敦:桑普森·雷欧与马斯顿有限公司,1868:566.
④ 贾斯特斯·杜礼特. 中国人的社会生活[M]. 伦敦:桑普森·雷欧与马斯顿有限公司,1868:563.
⑤ 贾斯特斯·杜礼特. 中国人的社会生活[M]. 伦敦:桑普森·雷欧与马斯顿有限公司,1868:564.

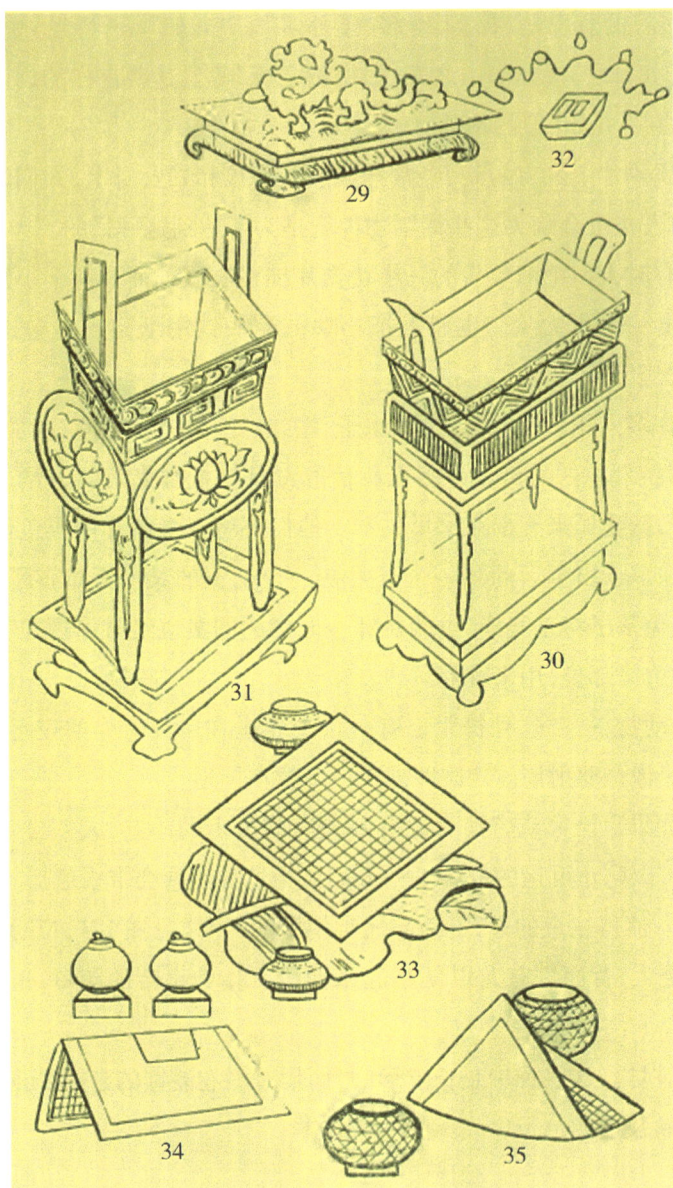

形的棋子,而是用一些小方块来下棋,我们在瓷器上也可以找到这样的小方块。

图 29—图 35

图 36:毛掸。这是用来清理书籍或卷轴上的灰尘的。

图 37:珊瑚和两根孔雀羽毛。这可以表明主人属于官宦阶层。正如"官吏(人物)瓷"中所述,中国官员有 9 个等级,从官员帽子上的珠子可以看出官阶等级。升官一般都是一级一级地往上升,但皇帝拥有特权,可以一次性提拔官员升 3 至 5 级。珊瑚和两根孔雀羽毛表示一次性升 3 级,如果是珊瑚配 4 根羽毛,则意味着一次性升 5 级。人们认为,珊瑚是一种生长在海底的树,是长寿的象征,而羽毛代表等级。

"如果有官员政绩优良或者军功卓著,作为对他们忠于职守的认可和嘉奖,皇帝最常赐予他们的,同时也是最有价值的赏赐(除了官阶和职务提升之外),就是一种羽毛——孔雀翎毛。翎毛的种类不同,荣誉的级别就会不同,也就是皇帝对官员政绩的赏赐等级不同,翎毛有'花翎''绿翎''单眼翎''双眼翎''三眼翎'等等。得到赏赐的官员把翎毛当成宝贝和极高的荣誉,会在正式场合佩戴。只要看一眼官员帽子上翎毛,根据翎毛的颜色和'眼'的数量,就可以知道这些翎毛的价值,从而知道皇帝喜欢这个官员的程度,并赐予他何种等级的奖励。士兵在战场上英勇杀敌,其中一个目的就是为了得到一根皇帝赏赐的孔雀翎毛。"①

图38:松鼠和藤蔓。"这是一幅中国古代绘画作品(见图294)。第一幅'松鼠和藤蔓'的绘画作品可能出自宋朝时期。"②

荷包——"在送给(用北京的外交语言是'赐给')外国君王的礼物里,有一样是丝绣荷包,这是乾隆皇帝从自己身上拿下来的,交到了马戛尔尼的一位侍从手中。荷包是黄色的,而黄色是皇帝才可以用的颜色,上面还绣有五爪龙。要知道中国的平民百姓是不能乱用五爪龙的。当百姓看到那个荷包,都得表现出最深切的崇敬之情,因为他们知道,这是皇帝的御用之物。"③除了那种红色的荷包,荷包本身一般并不作为护身符,而是用来装护身符的,以确保护身符不会丢失。"两个4到6英寸长的圆锥形的袋子,用红丝绸或红棉布做成,在建房子时挂在横梁上,或等建完后挂在屋檐下一段时间。袋子中可以装5种谷物,还可以装5种长短不一的铁钉,也有人装5个连续年号的旧铜钱。有人会在建房子时,把5个连续年号的铜钱放在门槛下,或把5个连续年号的铜钱放在厨房的灶台下。这样做的目的是给施工工人和房主带来好运。"④

山和海——"山和海的简笔画,有时还会在上面写字,说明这个护身符的作用,再贴在门上。"⑤

日和月——"护身符为长方形木板,一头的角上画太阳,另一头角上画月亮;木板的上部,太阳和月亮之间,会画7颗星星,即'北斗七星'。"⑥

箭——"箭放在房屋的顶上。3支箭插在一个泥筒里,放在屋顶的一侧,泥筒对着远方的某处物体,箭则用黏土牢牢地固定在泥筒里。"⑦

图39:刀。形状类似于皇帝卫队使用的刀。

① 贾斯特斯·杜礼特.中国人的社会生活[M].伦敦:桑普森·雷欧与马斯顿有限公司,1868:263.
② 威廉·安德森.大英博物馆日本和中国绘画目录[M].伦敦:大英博物馆理事会,1886:228.
③ 约翰·戴维斯.中国人[M].伦敦:查尔斯爵士出版公司,1836:332.
④ 贾斯特斯·杜礼特.中国人的社会生活[M].伦敦:桑普森·雷欧与马斯顿有限公司,1868:561.
⑤ 贾斯特斯·杜礼特.中国人的社会生活[M].伦敦:桑普森·雷欧与马斯顿有限公司,1868:562.
⑥ 贾斯特斯·杜礼特.中国人的社会生活[M].伦敦:桑普森·雷欧与马斯顿有限公司,1868:563.
⑦ 贾斯特斯·杜礼特.中国人的社会生活[M].伦敦:桑普森·雷欧与马斯顿有限公司,1868:563.

图40、41：戟。形状类似于皇家卫队使用的戟。图40的戟经常放在花瓶里，并挂一个香囊作为护身符。

图42：鞭，古代的一种武器。

上述武器为四大门神使用，四大门神的原型是古代的4名勇士。

图43：瓶子。有时修玄者会用这种形状的瓶子，而不是葫芦状的瓶子。

香囊(荷包)可以带来好运。人们先把香料装在一个磐石形状的硬纸板盒里，再用丝绸包裹。当然，硬纸板也可以换成玉瓶或其他东西，只要可以装香料就行。人们通常把香囊作为护身符挂在门上或床帘上。

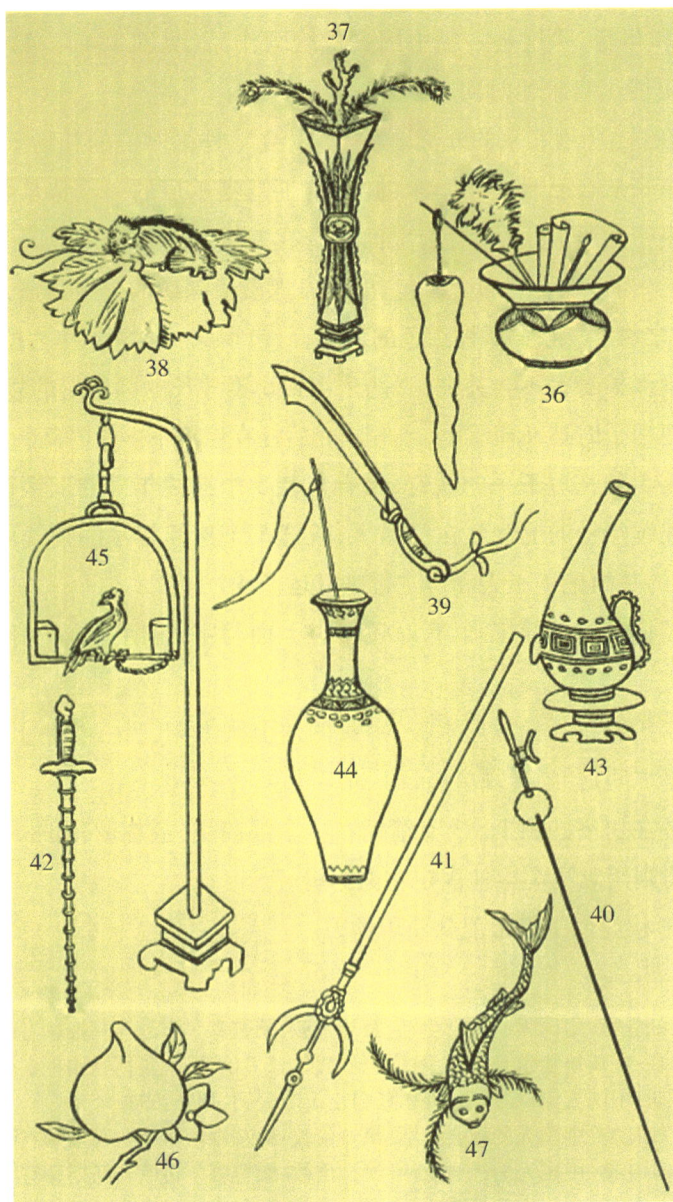

图36—图47

三足蟾——人们认为三足蟾是看守月亮宫阙的神仙,所以如果房子的位置不能完全被月光笼罩,人们就会把三足蟾画在房子某个显眼的位置。

图44:花瓶和拂尘。拂尘是道家法器。除此之外,一些书生、隐士和皇后的侍女也会携带拂尘。迈耶斯先生在《中文读者手册》第63页讲述了隋朝著名将领杨素的侍女的故事,侍女名为"红拂女",因为她站在杨素身后时,手拿一把"红拂尘"。

图45:栖鸟。根据所绘制的不同种类的鸟,作品的实际含义可能出现变化。

图46:桃,象征婚姻、长寿。中国人通常把桃的顶部画成圆锥形。

图47:鱼。就像图45中的鸟一样,作品的实际含义取决于鱼的种类。在本图中,它可能是荷塘底下的鱼,但更有可能是鲤鱼。在中国,鲤鱼有时是长寿的象征。

图48、49、50:带勺的盛水容器,可以用勺子把水舀到砚台上。有时中国人会说文房五宝(而不是文房四宝),第五宝可以是盛水的罐子,也可以是笔架(笔搁)。有时,水罐和笔架一起被称为书房第五宝。

图51:拂尘。拂尘由白马鬃毛编成,固定在一个短柄上。

图52:两枚硬币,代表财神。店铺门口经常挂这种图案,而不是直接挂财神的画像或名字。

图53:据说这是一种非常古老的乐器,现在人们认为这是神圣的象征。通常由玉石制成的,传说第一个这种乐器是用女娲补天用的石头制成的。

臂环——"这是一个关于杨宝的故事。当时人们都知道杨宝天性仁慈。9岁时,杨宝看到一只鸟被风筝打中,掉到地上被蚂蚁啃咬,就将其救下。杨宝悉心照料了这只鸟100天,直到它完全康复,才让它飞走。当天夜晚,一个身着黄衣的年轻人前来拜访,送给他4个白玉环,并说:'愿你的子孙如同这玉环一样品德无瑕,并祝他们位登三公。'"①

订婚时男孩送给女孩的第一件礼物是"一对金或银手镯"。②

图54:可能是两个手镯。两个圆有时用来代表天地、男女、阴阳,还可以用作抵御邪恶的护身符。一个圆形通常代表万物起源;如果把它一分为二,变成两个圆,就变成了代表男女。

前面已经提到了文房四宝,即笔、墨、纸、砚。我们还了解到,某些经典书籍也可以当作护身符使用,这就解释了为什么在陶瓷上,卷轴和书籍的图案经常与其他护身符一同出现。事实上,中国人认为任何与艺术、农业、文学有关的东西,都有护身符的作用。

图55和图56:成捆的书。

图57至图61:各种各样的卷轴,有的打开,有的合上。图58上的字代表长寿,图中的人物是寿星。

① 威廉·迈耶斯.中文读者手册[M].上海:美华书馆,1874:269.
② 贾斯特斯·杜礼特.中国人的社会生活[M].伦敦:桑普森·雷欧与马斯顿有限公司,1868:47.

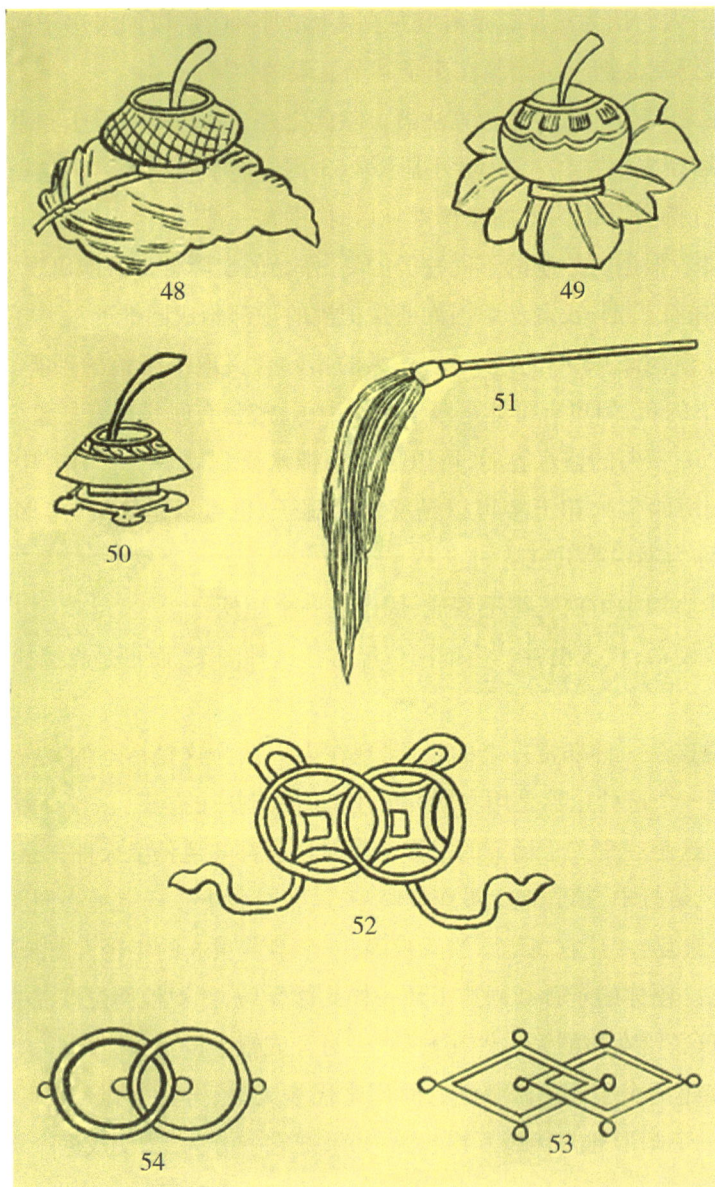

图 48—图 54

图 62：笔锭如意。笔，或毛笔，也有"必"的意思；锭，即银锭（本图中用丝绸包裹），也有"定"的意思；如意，即"如你所愿"的意思。因此，这幅图的意思是"必定如意"。

图 63：通常香炉边上都会放一个花瓶，里面装个小铲子，用来铲燃尽的供香或檀香；还有 2 根铁棒，像筷子一样用来夹东西，功能和钳子差不多。

图 64：圆柱形笔筒，里面有 2 支毛笔、1 卷纸。

图 65 和图 66：砚台。用墨块在砚台上摩擦，再加入适量的水，从而制成用于写字的墨汁。

图67：砚滴，用来给砚台加水的容器。

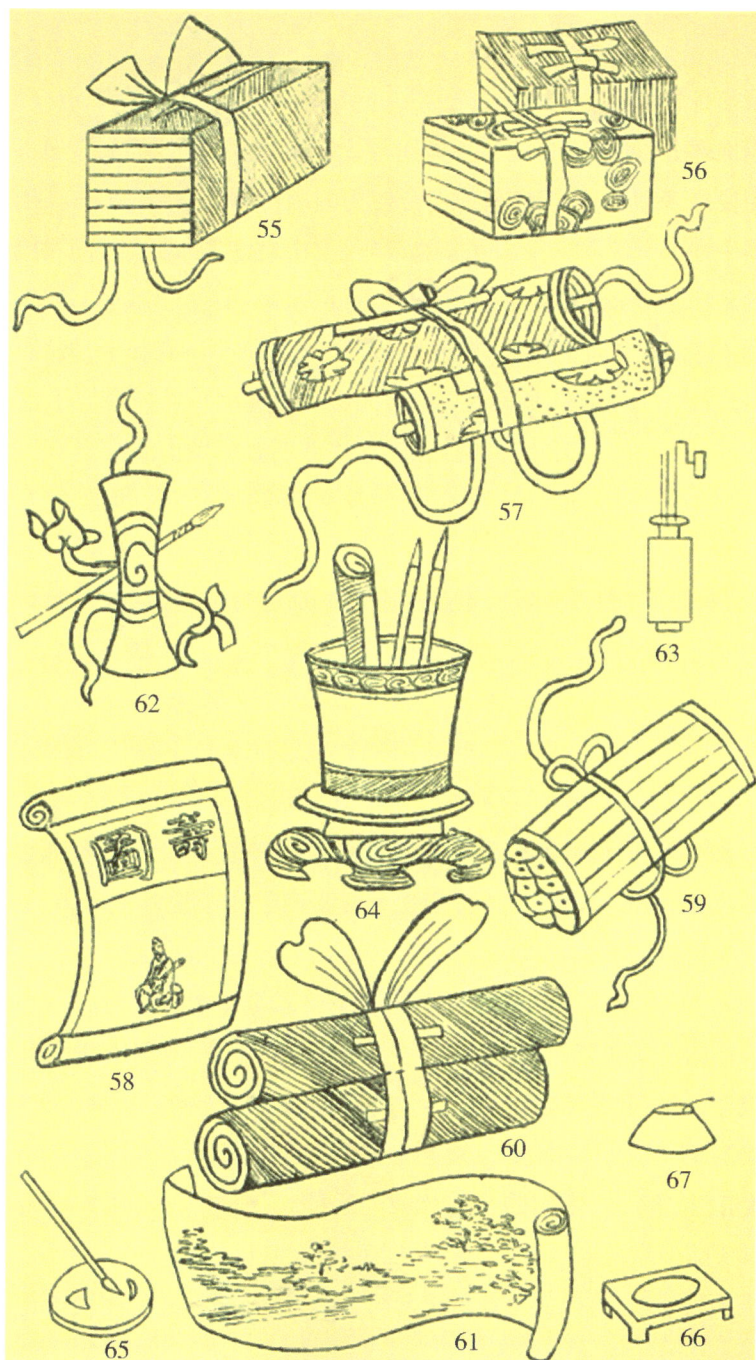

图55—图67

2.3 乐器

乐器图案与各种象征图案和符咒图案共同出现在陶瓷上。据说，孔子认为音乐"是国家的重要组成部分，可以调和社会不同阶层之间的关系，使他们和谐有序"。"军队中使用的乐器主要是锣和小号，但在其他场合使用的乐器有弦乐器、管乐器和打击乐器，我们使用的乐器中国都有。"①"《中国名家选读》一书中对许多乐器做出了简略叙述。鼓就有 17 种，大的悬挂于寺庙，敬神时使用；较小的形状不同，用于战争、戏剧表演和乐队。锣、钹（图 68）、铃鼓、陶瓷音盏也有许多种。音盏是用 12 个陶瓷杯子，按照一定的顺序排列，或多或少盛着水，用棒敲打而发音。中国人喜欢将玻璃小件挂在架子或灯笼下面，风一吹，它们互相碰撞，发出叮叮当当的声音。这些玻璃碰撞发出的叮当声，或者敲打挂在架子上大小不同的钹（图 69、70、71），发出简单连续的声音，也是令人喜爱的一种音乐。"②

图 72、73、74：琴。"弹奏弦乐器不及敲击音乐那么常见，且更需要演奏技巧。琴，可以说是最精巧的。琴的历史悠久，其名称来自'禁'字，'琴者禁也，禁止于邪，以正人心'。琴有一块长约 4 英尺、宽约 18 英寸的木板，上凸下平，板上开两孔。有 7 根丝弦，在较宽一端用可以调松紧的螺丝固定，然后架在宽端的琴桥上面，一直牵到较窄一端的下面，那里有两个琴栓缚牢琴弦。"③

"琴，是一种弦乐器，能产生最纯粹的和声。琴是神农发明的。再加上瑟，即一种多弦的竖琴，构成了和谐的象征，《诗经》中也反复提及。孔子说：'妻子好合，如鼓瑟琴。'同样，从名篇《关雎》中的诗句'琴瑟友之'，产生了'琴瑟和鸣'这一经常象征婚姻的词语。除了婚姻和谐，弹奏琴瑟发出的悦耳声音还象征着和谐的友谊。另外，人们也认为琴瑟象征着官员的清廉和节制。古代一些富有涵养的官员，他们不在乎世俗金钱，也不屑参与阴谋诡计，只喜欢以琴乐作为消遣，这种官员的住所叫作'琴堂'，去往他住所的路叫作'琴堂之阶'。"④

图 75：横笛（长笛）。"中国的横笛比我们用的长一倍。横笛用竹管制作而成，在竹管上面挖 10 个孔，但靠近末端的 2 个孔是没用的，在吹口处和 6 个等距孔之间，要留出一片中线区域供手指活动，另外一个孔盖着薄膜；吹口离顶端的距离相当于笛的三分之一。

① 威尔斯·威廉姆斯. 中国［M］. 纽约和伦敦：威利与普特南出版公司，1848：164.
② 威尔斯·威廉姆斯. 中国［M］. 纽约和伦敦：威利与普特南出版公司，1848：167.
③ 威尔斯·威廉姆斯. 中国［M］. 纽约和伦敦：威利与普特南出版公司，1848：168.
④ 威廉·迈耶斯. 中文读者手册［M］. 上海：美华书馆，1874：98.

横笛没有按键,吹奏者需要用力吹气才可以出声。"①

与横笛类似的还有"竖笛"。竖笛在演奏过程中处于领衔地位,类似于西方乐队中单簧管的地位。竖笛也没有按键,竖笛的孔中 7 个是有用的,其中一个需用拇指按住;笛尾喇叭口是铜做的,可以取下来。吹口同样也是铜的,还有环饰,声音要通过吹簧片发出来。较小的竖笛,比如六孔竖笛,声音比较甜美,如果再配上特制的簧片,可用鼻子吹奏。有时,街头演奏者设法把自己变成移动的管弦乐队。这些四处漂流的演奏者用鼻子吹竖笛,肩膀下吊个小鼓,胸前挂一个带 4 个钹的架子,再找两三只猴子当助手,猴子要么跟在他后面跑,要么坐在他头上或肩上,演奏者走街串巷,唱着哀怨的小调,用这些乐器给自己伴奏。

"萧史以擅长吹笛而出名(这是他唯一被提及的身份)。秦穆公将自己的女儿弄玉嫁给了他,之后萧史便指导弄玉学习吹笛。他们一起吹笛时,声音和谐动听,竟引来天上的凤凰。最后,这对夫妻,萧史乘龙、弄玉跨凤,双双飞升天界。"②"王乔,或叫王子乔,据说是周灵王的儿子,因此人们又叫他太子晋。传说,他抛弃王位继承权,过着流浪的生活,平日以吹笛消遣。他受仙人浮丘公指引,在缑氏山上与浮丘公一起生活了 30 年。有一天,他给族人们送去一则消息,希望他们七月七日能在缑氏山顶与他见面。到了约定的时间,族人们看到他骑着一只白鹤飞上天空,他坐在白鹤背上向族人们挥手作别,然后成为神仙。因此,'乔松'(王乔和赤松子)有表达长寿的说法。"③

号角——"号角大体上与长号类似,可以把长杆缩进铜制的喇叭口里面,也可以任意伸长。另一种号角音调相对没有那么低沉,杆是弯曲的,末端是小喇叭口;杆分两段,一段套着另一段,所以音调的高低是可以调节的。还有一种长而直的号角很像犹太人葬礼用的长笛,有时在丧葬场合也能听到。"④

锣——"锣是中国音乐的象征。在一个铜盘上快速敲打,声音洪亮,伴上小鼓的声音,再加上竖笛和钹的尖声,发出爆裂般的交响乐声,构成了中国音乐演奏的主要特征。"⑤

图 76、77 可能是锣或钹,是一种能发出声音的金属板,敲击时会产生比较悦耳的音乐声。

图 78:庙里的鼓。

① 威尔斯·威廉姆斯. 中国[M]. 纽约和伦敦:威利与普特南出版公司,1848:170.
② 威廉·迈耶斯. 中文读者手册[M]. 上海:美华书馆,1874:180.
③ 威廉·迈耶斯. 中文读者手册[M]. 上海:美华书馆,1874:241.
④ 威尔斯·威廉姆斯. 中国[M]. 纽约和伦敦:威利与普特南出版公司,1848:171.
⑤ 威尔斯·威廉姆斯. 中国[M]. 纽约和伦敦:威利与普特南出版公司,1848:171.

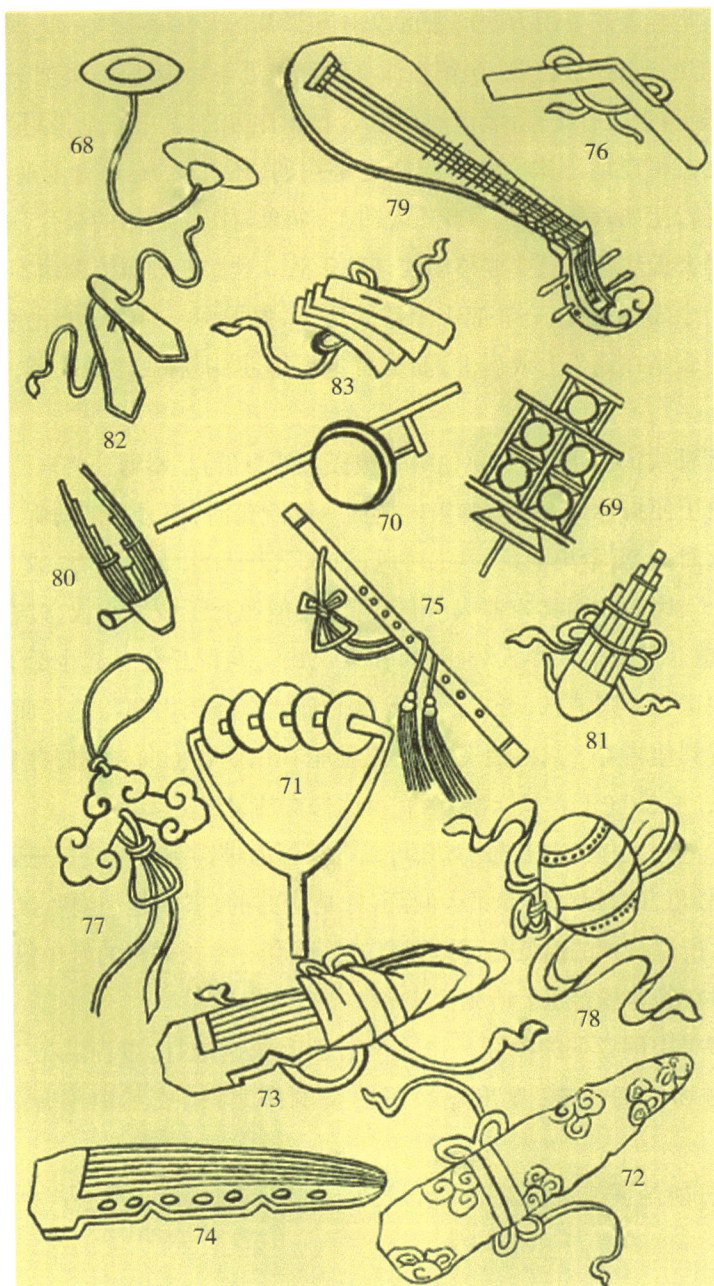

图 68—图 83

图 79:琵琶。"一种气球形状的乐器,叫琵琶,有 4 根弦,这 4 根弦不管是从排列方式,还是从安装方式来看,都有点像小提琴。琵琶约 3 英尺长,上端镶板没有装饰,有 12 品可以弹奏。走街串巷的或说书的艺人常常用琵琶来伴奏。'三弦',即 3 根弦的弹拨乐器,外形酷似中世纪时弹奏的三弦琴,但琴颈和琴首长约 3 英尺,琴身为圆筒状,中空,常蒙以蛇皮,上面安装琴桥。还有一种弹拨乐器,叫'月琴',琴颈短,腹部大而圆,像西奥伯

琴或欧洲的拱琴,但只有4根弦。外形上和'三弦'相似的是二胡,其构造不过是竹竿穿过竹筒,有2根弦,一头固定在琴杆的琴栓上,另一头架在圆筒的琴桥上,并固定在底部。二胡的一种变体叫作'提琴',提琴用椰子做琴身,声音听起来不怎么悦耳。"①

扬琴,又称"洋琴","由数量不等、长短不一的铜线构成,铜线以适当的间隔调音,并固定在发音板上。演奏用小锤,是钢琴的雏形,但声音很小"②。

图80、81:笙。"笙的样子像是风琴的雏形。笙中空,呈圆锥形,类似于风箱,一侧有个吹口,13根长短不同的管从上部插进来。几根管内有活瓣,有的朝上,有的朝下,因而有的往风箱吹气时发音,有的则在吸气时空气冲进管里才会发音。管的排列按4、4、3、2围在顶端,管子下端有气孔,演奏者手里拿着笙,用手指随意控制气孔的开合。闭住第一列的孔,轻轻吹气,会产生柔和的声音,用力吹气,声音就会增至八度音阶和第十二音阶。如果闭住其他列,则会发出尖而响亮的声音。从风箱中吸气时闭住其他管,任意一个单个的管都能够发音。"③

图82、83:响板。可以注意到,图83中的响板有4块。

十欢会(乐友会、曲友会)——"人们经常能看到,10到12个有闲有钱的年轻人聚在一起,他们不喜读书,而是一起学怎么演奏乐器,怎么唱曲儿。他们还会花钱请个有名的乐师来教他们。他们聚会的时候,还会一直点香添烛,供奉音乐之神。"④

---

① 威尔斯·威廉姆斯.中国[M].纽约和伦敦:威利与普特南出版公司,1848:169.
② 威尔斯·威廉姆斯.中国[M].纽约和伦敦:威利与普特南出版公司,1848:169.
③ 威尔斯·威廉姆斯.中国[M].纽约和伦敦:威利与普特南出版公司,1848:170.
④ 贾斯特斯·杜礼特.中国人的社会生活[M].伦敦:桑普森·雷欧与马斯顿有限公司,1868:501.

第三章　动物

3.1　神话动物

"中国人常常提到4种神话动物。麒麟（见图291）就是四大神兽之一,被放在覆毛动物之首;凤凰,有羽动物之首;龙和龟是鳞介动物之首;人则是无遮盖动物之首。无遮盖、覆毛、有羽、有鳞、有介,构成中国古代博物学的五大系统。"

"麒麟,身体像牡鹿,蹄子像马,尾巴像牛,皮肤色彩斑斓。前额独角高突,角尖为肉质。麒麟不但外貌俊美,对其他动物也十分仁慈。只有明智公正的贤王如尧、舜,或者圣人如孔子降世来统治或教化世人,麒麟才会现身。"①

"麒麟能预知祥瑞。麒麟体表覆有鳞片;头上长角,与龙相似;四足轻盈,蹄子分岔似鹿脚。虽外表令人生畏,但它温厚仁慈,就连行走时也是步伐轻缓,生怕踩到足下的小虫。"②

"（麒麟是）一种神话动物,据说是伴着孔子出生而出现,因此是祥瑞之物,能使人升官和好运。"③

"尽管麒麟降世意味着君主贤明,但是与长寿有关的动物中,麒麟非常值得一提,据说麒麟可以活1000年之久。"④

凤凰（见图257、图263、图366）——"阿拉伯故事里,凤凰是一种鹰,但在中国传说中,凤凰像一种雉,身上五彩斑斓,体型举止集雅致优美于一身,且心地慈善,不啄食或伤害活着的虫蚁,不践踏正在生长的草地。凤凰自孔子的时代之后,就再也没人见过了,从这一叙述来看,虽然百眼雉鸡与凤凰十分相似,但凤凰似乎完全是一种神话中的动物。凤凰的名字从语源学来看意味着它是百鸟之王,就像麒麟是四足动物之首那样,凤凰贵为有羽动物之首。"⑤

"凤凰,一种非凡的不死神鸟,生活在天空最高处,如果凤凰出现在人们面前,就预示

---

① 威尔斯·威廉姆斯.中国[M].纽约和伦敦:威利与普特南出版公司,1848:265.

② 阿尔伯特·雅克马尔.陶瓷艺术史[M].2版.伯里·帕利瑟,译.伦敦:桑普森·雷欧与马斯顿有限公司,1877:29.

③ 约翰·戴维斯.中国人[M].伦敦:查尔斯爵士出版公司,1836:135.

④ A. W. 弗兰克斯.格林博物馆东方瓷器目录[M].伦敦:英国皇家印书馆,1878:244.

⑤ 威尔斯·威廉姆斯.中国[M].纽约和伦敦:威利与普特南出版公司,1848:266.

着有大喜事或太平盛世降临。凤凰非常容易辨认,它头顶肉冠,颈部布满柔滑的羽毛,尾巴与百眼雉鸡和孔雀相似。"①

值得一提的是,在拍卖目录中,凤凰也叫"风火"或"火鸟"。据说凤凰最初是帝王的象征,后来帝王的象征变成了龙,现在凤凰则是皇后的象征。在中国,新娘可以戴一个凤凰形状的头饰。

龙——"龙是中国人制作的器物上经常出现的动物,龙的装饰使器物显得威严、气派、充满力量。龙是皇家的象征,于是龙这一概念便深入皇帝和百姓的心。龙分三类:天龙、海龙(鲤)、地龙(蛟)。对中国人来说,只有天龙才算真龙。真龙头似骆,角似鹿,眼似兔,耳似牛,颈似蛇,腹似蛙,鳞似鲤,爪似鹰,掌似虎。口两边有须,颌下胡须有明珠。吐气有时幻化成水,有时幻化成火,声音响亮,似敲击铜盘。海中之龙有时会随水柱一飞冲天,是海中万物的主宰。中国渔民非常敬畏龙。"②

"龙是一种巨大的蜥类动物,长有4个强而有力的爪子,头部吓人,覆有鳞片并长有坚固的牙齿。龙分几种:龙,即天空之龙,一种特别神圣动物;蛟,即山岳之龙;鲤,即海洋之龙。《康熙字典》中对'龙'一词描述如下:'龙,鳞虫之长,能幽能明,能细能巨,能短能长,春分而登天,秋分而潜渊。'象征皇帝的龙有五爪,五爪龙同样也是第一、第二顺位皇子的象征。第三、第四顺位的皇子则用四爪龙,但对于第五顺位的皇子和一众官员来说,则用四爪蛇,叫蟒。"③在一些作品的花边上,我们发现了蟒(见图291、图350)。

"龙的起源,以及在中国和埃及陶器上描绘的类似龙的图案,是未解之谜。中国人认为龙的起源可以追溯到伏羲时代。传说,伏羲在河南的一条河里看到了一条龙;后来伏羲看到的龙的样子就成了中国人眼中标准的龙的样子。每年元宵节,人们都要祭拜龙。"④

日本象征皇帝的龙只有三爪,而对于中国人来说,三爪龙只是掌管商务贸易的龙。

龟——"龟没有多少神话属性,因此难以进入神的行列。据传说,龟不过是在盘古开天辟地时在边上当一个侍从罢了。"⑤

"龟也是一种超自然的动物,它的壳可用于占卜。在日本,长有毛尾的乌龟被描绘成寿神的侍从,因此也就成了长寿的象征。中国有句话叫'龟鹤同寿',意思是'愿你像乌龟

① 阿尔伯特·雅克马尔.陶瓷艺术史[M].2版.伯里·帕利瑟,译.伦敦:桑普森·雷欧与马斯顿有限公司,1877:29.

② 威尔斯·威廉姆斯.中国[M].纽约和伦敦:威利与普特南出版公司,1848:267.

③ 阿尔伯特·雅克马尔.陶瓷艺术史[M].2版.伯里·帕利瑟,译.伦敦:桑普森·雷欧与马斯顿有限公司,1877:28.

④ 约瑟夫·玛利亚特.陶器与瓷器史[M].2版.伦敦:约翰·默里出版公司,1857:217.

⑤ 威尔斯·威廉姆斯.中国[M].纽约和伦敦:威利与普特南出版公司,1848:267.

和鹤一样长寿'。"①

"有许多神奇的故事讲述了龟非凡的寿命和变化能力。有一种龟叫鳖，其中最大的叫鼋，其本质上是乌龟和龙的结合体。鼋是水神的侍从，有多种变化之力。这种形状的龟也被描绘成赑屃，是河流之神，拥有神力；人们常常把赑屃雕刻在石头上，借用它的神力来支撑大型的纪念碑，就好像纪念碑纹丝不动地安放在赑屃的背上。这一想法的来源，可能与印度传说中乌龟支撑大象的故事相同，在那个故事中，大象背着整个世界。"②

虽然龟在中国陶瓷上很少见，但在日本瓷器上却很常见，且都带有毛尾。

"要想欣赏中国花瓶的装饰，研究这些神话动物是必不可少的。"③除了前面提到的那些，还有"佛狗"，它足上附爪，咧开的嘴里长有锋利的牙齿，还有卷曲的鬃毛。一般认为，"佛狗"的外貌是狮子和东方人想象的结合体。"佛狗"常常用于看守庙门和佛坛，瓷器上经常绘有"佛狗"的图案。这可能就是我们在罐盖上发现的称为"狮子头"或"麒麟头"的动物。

神马——"历史记载，就在伏羲努力找到合适的符号来表达各类物质，以及物质和精神之间的关系时，一匹神马从河里出来，它背上还有一些符号，伏羲用这些符号创出八卦，而八卦也让他名垂千古。"④如果神马配上鱼的身体，它就被称为"龙马"。

以上神话动物，只是陶瓷艺术家们在创作时使用的诸多动物中的冰山一角，还有许多动物没有名字，要想描述他们，只能通过想象。比如《中国》第83页写到南京大报恩塔时说："1801年，雷神在驱赶一个奇特的怪物时追到此地，九层的大报恩塔立刻毁了三层。但因为上天法力无边，整座大报恩塔才没有彻底被毁。雷神造成的破坏后来由朝廷修好。"⑤这可能是中国人记录的在1801年大报恩塔被闪电击毁这一事件。

① A. W. 弗兰克斯. 格林博物馆东方瓷器目录[M]. 伦敦：英国皇家印书馆，1878：245.

② 威廉·迈耶斯. 中文读者手册[M]. 上海：美华书馆，1874：94.

③ 阿尔伯特·雅克马尔. 陶瓷艺术史[M]. 2版. 伯里·帕利瑟，译. 伦敦：桑普森·雷欧与马斯顿有限公司，1877：29.

④ 阿尔伯特·雅克马尔. 陶瓷艺术史[M]. 2版. 伯里·帕利瑟，译. 伦敦：桑普森·雷欧与马斯顿有限公司，1877：29.

⑤ 威尔斯·威廉姆斯. 中国[M]. 纽约和伦敦：威利与普特南出版公司，1848：83.

3.2 十二生肖及其他四足动物

考虑到我们在瓷器上常常会看到一些动物,我们有必要对中国的十二生肖做一番了解。

表1 十天干与五行

天干	五行	代表
甲	木	生长的树
乙	木	砍伐的木材
丙	火	闪电
丁	火	燃烧的香
戊	土	山丘
己	土	陶器
庚	金	矿石
辛	金	壶
壬	水	盐水
癸	水	泉水

表2 十二地支与生肖

地支	生肖
子	鼠
丑	牛
寅	虎
卯	兔
辰	龙
巳	蛇
午	马
未	羊
申	猴
酉	鸡
戌	狗
亥	猪

"据说每个中国人一出生就有属相。中国人通常用'他属鼠'或'他属猴'来表达某人出生的年份,按照特定的算法,计算属于生肖鼠或生肖猴对应的那一年。"①

鼠——"每个地方都会有本地的老鼠品种,但老鼠偶尔也会成群结队地迁移,那时它们会穿过河流和沟渠,破坏庄稼、影响收成。这种灾难在中国历史上有记载,但人们却认为这是不可思议的。"②

"普通的老鼠有时也能长得非常大。老鼠栖息在河流和运河岸边的洞穴中,人们会在晚上把灯笼挂在洞口,吸引洞里的老鼠到洞口查看,然后用灯光照老鼠的眼睛,强光使老鼠目眩,这样很容易就能抓住老鼠。"③

鼠是十二生肖的第一个动物,因此代表了开始。汉语中称一种老鼠叫"金鼠","金鼠"被认为是财富的象征。"金鼠"可以生活在房子里,人们不认为金鼠会带来霉运。当老鼠作为象征图案出现时,通常指的是"金鼠"。

牛——"牛有时和驴差不多大,两肩之间有一个小隆起。中国的水牛没有印度或埃及的那么大,但却是用在中国农业生产中最大的动物。水牛非常温顺,大约有一头英国牛那么大,去毛后的牛皮呈浅黑色。"④

在祭拜"五帝"的队伍中,"扮作牛头、马面、鸡头、鸭嘴的人,通常一起出现"⑤。在祭拜春天的队伍中,"人们抬着一个纸糊的水牛模型,大小和真水牛一样。水牛模型骨架上裱糊着红、黑、白、黄、绿五色彩纸,代表金、木、水、火、土五行。游行队伍除了抬着的这头纸水牛,还牵着一头真水牛,此外,还抬着几个泥做的小水牛"⑥。

"每年有一个犁圣地的仪式。准备一张装饰精美的犁,皇帝扶着这张犁耕三垄地,太子耕五垄,大臣耕九垄。在北京,参加犁圣地仪式的官员等级高,因此仪式更加壮观,而且,北京作为首都,举行犁圣地仪式的次数要比其他省份多。人们抬着一头巨大的泥牛到犁圣地仪式现场,有时还有几百头小泥牛藏在大泥牛里面或跟在后面。仪式完成后,人们敲碎大泥牛,大泥牛的碎片和小泥牛被人们拿走,研成细土,撒到自己田里,希望借此保证庄稼丰收。"⑦

牛是春耕和农业的象征,中国日历也被称为"农历"。

虎——"在中国西南部云南的森林中,据说有孟加拉虎。事实上,中国书籍中有大量

---

① 贾斯特斯·杜礼特.中国人的社会生活[M].伦敦:桑普森·雷欧与马斯顿有限公司,1868:581.
② 查尔斯·葛兹洛夫.了解中国[M].伦敦:史密斯与埃尔德出版公司,1838:35.
③ 约翰·戴维斯.中国人[M].伦敦:查尔斯爵士出版公司,1836:327.
④ 威尔斯·威廉姆斯.中国[M].纽约和伦敦:威利与普特南出版公司,1848:251.
⑤ 贾斯特斯·杜礼特.中国人的社会生活[M].伦敦:桑普森·雷欧与马斯顿有限公司,1868:225.
⑥ 贾斯特斯·杜礼特.中国人的社会生活[M].伦敦:桑普森·雷欧与马斯顿有限公司,1868:376.
⑦ 威尔斯·威廉姆斯.中国[M].纽约和伦敦:威利与普特南出版公司,1848:108.

关于虎的描述和与之相关的故事,证明了虎在中国是尽人皆知的。"①

"狮子和老虎是中国画家最常描绘的动物。尽管狮子和老虎在图画中经常出现,但事实是,在中国很少能看到活着的老虎和狮子……马可·波罗说忽必烈曾狩猎豹和老虎;但是,这种规模宏大、充满男性豪情的消遣狩猎只出现在忽必烈的时代,当今的太子们已经不再参与了。"②作为一种护身符,"人们在衣服上绣上虎爪,希望带来好运,或抵御疾病、火灾、恐惧"③。

"有两类人崇拜老虎,目的也有所不同。"对赌徒来说,"老虎是赌神,或者说,是赌徒祭拜的神灵之一。老虎神像一般是木雕和泥塑,也有将老虎画在纸上、木板上的,画的老虎长着翅膀,靠后腿站立,用嘴或爪抓着一大把钱。老虎神像或者老虎的画像前要经常点香燃烛,每月的初二和十六,还得奉上大鱼大肉之类的供品。有些赌场把'财神虎爷'画在木板上,然后挂在临街大门上方,作为赌场的标识。经营赌场的人都供奉老虎,希望老虎能让他们生意兴隆。"④母亲们敬奉老虎则一般是为了害病的孩子,老虎作为神灵"一般不会单独出现,总是与保佑孩子的女神仙在一起。这位女神仙坐在一只蜷伏的老虎身上。人们相信,老虎有神力,能够吸走或祛除导致孩子生病的邪恶之物"⑤。作为一种护身符,"飞虎,或有翅膀的老虎,前爪抱着八卦图,后爪站立;还有在方木板或龟壳上画的虎头,做工比较粗糙,画虎头的龟壳直径大约6到8英寸。这种做法十分常见,人们也觉得十分有效,因为人们认为恶鬼害怕老虎"⑥。

"据说老虎也生活在高纬度地区。军官们很敬重老虎,军官们会在食物中加入老虎的胆和骨头,以激励自己像老虎一样勇猛。"⑦

"虎,是一种具有许多神话性质的动物。它是四足生物之最,代表着自然的雄性法则,是所有野生动物之王,也被称为百兽之王。人们认为,汉字的'王'就源自老虎额头上的花纹。成年老虎一般长7英尺,因为数字'7'与'阳'有关,代表男性法则,出于同样的原因,老虎孕期也是7个月。传说,它能活到1000岁,500岁时,它的颜色会变为白色。它的爪子是一种强大的护身符,皮毛烧成灰如果抹在身上,可以成为抵抗疾病的符咒。白虎是天界四灵之一,是西方之神,一般喻指西方。"⑧

兔——"月亮上的兔是神圣的,道家认为兔住在月亮上,捣长生不老之药。据说兔能

① 约翰·戴维斯.中国人[M].伦敦:查尔斯爵士出版公司,1836:322.
② 威尔斯·威廉姆斯.中国[M].纽约和伦敦:威利与普特南出版公司,1848:249.
③ 威尔斯·威廉姆斯.中国[M].纽约和伦敦:威利与普特南出版公司,1848:273.
④ 贾斯特斯·杜礼特.中国人的社会生活[M].伦敦:桑普森·雷欧与马斯顿有限公司,1868:229.
⑤ 贾斯特斯·杜礼特.中国人的社会生活[M].伦敦:桑普森·雷欧与马斯顿有限公司,1868:229.
⑥ 贾斯特斯·杜礼特.中国人的社会生活[M].伦敦:桑普森·雷欧与马斯顿有限公司,1868:562.
⑦ 查尔斯·葛兹洛夫.了解中国[M].伦敦:史密斯与埃尔德出版公司,1838:35.
⑧ 威廉·迈耶斯.中文读者手册[M].上海:美华书馆,1874:60.

活千年,活到500岁时就会变成白色。兔出现在瓷器上经常被误称为野兔。兔既可以作为装饰,也可以作为象征。"①

"人们认为,兔这种动物的诞生源于月亮,因此会受到月光的影响。红兔是一种超自然的祥瑞征兆,只有统治国家的君主贤明时,红兔才会出现。"②

龙——见前文,此处不再赘述。

蛇——"在中国一些沿海省份,不论是陆地上还是水里都有很多不同种类的蛇,不论是蛇的数量还是种类,其他国家都很少能与中国比拟,但中国的蛇极少有毒。"③

蛇是"五毒"之一。有时,大蛇也被当作是龙的象征。

"女娲,也叫女希,有蛇身和牛头,曾帮助她的哥哥伏羲向神祈祷。除此之外,她还制定了婚姻条例。"④还有一种说法,由司马贞提出,说她是人头蛇身。

马——"中国的马非常小,也没什么生气。原因可能是缺乏对马繁殖的关注。"⑤

"有一种白色斑点马经常出现在中国图画中,如果我们的大使无法通过实际观察来证实,那它可能是一种想象的产物。"⑥。

马被认为是智慧的象征。

羊——杜礼特先生将之称为"山羊"。"家羊是宽尾种(绵羊)。它并不像北方省份的山羊那样常见。尾巴有时有10英寸长,三四英寸厚。"⑦

羊或山羊是告老还乡的象征。

猴子——"有人认为,猴子最初被人们崇拜,是因为在唐代有人受皇帝之命,求取神圣经书,途中有只猴子提供了帮助。因此,皇帝将它奉若神明,封它为'齐天大圣'。'圣王'的诞辰据说是阴历二月二十三,这一天全国上下所有阶层的人都会前来祭拜猴王殿下。人们认为,猴子可以控制妖魔鬼怪,还能保佑人们健康、平安、成功,也能直接或间接让妖魔鬼怪远离人间。人们总是觉得自己染上疾病、学业不精、生意不顺都是妖魔鬼怪从中作祟。因此,不论是生病还是受挫,人们都会祭拜猴子,希望得到它好心的援助,赶走或阻止各种妖魔鬼怪的烦扰。"⑧"黑猴子和白兔通常被认为是管仲的仆人。他们是人身,但却是猴头和兔头。有时,祈雨队伍中会抬着一个画像,画的是一只神猴。"⑨

鸡——"福州的一个巡抚衙门旁边有座庙,里面供奉着一只白鸡,人们参拜白鸡是因

① A. W. 弗兰克斯. 格林博物馆东方瓷器目录[M]. 伦敦:英国皇家印书馆,1878:244.
② 威廉·迈耶斯. 中文读者手册[M]. 上海:美华书馆,1874:218-219.
③ 威尔斯·威廉姆斯. 中国[M]. 纽约和伦敦:威利与普特南出版公司,1848:268.
④ 威廉·迈耶斯. 中文读者手册[M]. 上海:美华书馆,1874:162.
⑤ 查尔斯·葛兹洛夫. 了解中国[M]. 伦敦:史密斯与埃尔德出版公司,1838:33.
⑥ 约翰·戴维斯. 中国人[M]. 伦敦:查尔斯爵士出版公司,1836:324.
⑦ 威尔斯·威廉姆斯. 中国[M]. 纽约和伦敦:威利与普特南出版公司,1848:252.
⑧ 贾斯特斯·杜礼特. 中国人的社会生活[M]. 伦敦:桑普森·雷欧与马斯顿有限公司,1868:228.
⑨ 贾斯特斯·杜礼特. 中国人的社会生活[M]. 伦敦:桑普森·雷欧与马斯顿有限公司,1868:232.

为它和一位女神仙有关。有人说,那位女神仙是康熙年间一位官员的女儿,那位官员有一次无法平定叛乱,自缢身亡了。他的女儿有一只白鸡,她非常喜欢这只白鸡,白鸡也对她十分依恋。在听到父亲的死讯后,女儿便投井自尽了。白鸡见女主人投井,也跟着投井殉主。后来皇帝下旨,命人建起寺庙供奉这位女儿,这只忠义的白鸡也一并被塑像供奉。人们在供奉这位女神仙时,也会为这只白鸡烧香燃烛。

"如果有母鸡叫,则意味着主人家将事情发生。如果朝外鸣叫,或对着房前鸣叫,那就是一个凶兆,说明要破财或者有坏事发生。如果对着房后鸣叫,那就是一个吉兆,说明家里兴旺发达。

"结婚时,仪式的一部分叫作拜堂。除了其他应有之物,桌上还有两只白糖做的小公鸡。同食糖鸡、同饮美酒都象征夫妻将来同甘共苦。"①

狗——"狗的形象和图画与好几种祭拜的对象有关。很多已婚妇女将一幅画挂在卧室祭拜,画中有一条狗,叫作'天狗'。这幅画描绘的是一位神仙,边上还围着几个孩子。他拉弓射箭瞄准半空中的一条狗。人们认为,这条天狗会吃凡人的孩子,那位仙人也因射杀邪恶的天狗而闻名。一位文人对这幅画的用意做了如下解释:有些妇女出生在狗的时辰(戌时),这些妇女在婚后生孩子之前,必须弄到一张神仙射天狗的画并烧香燃烛祭拜,这样生出的小孩子才有可能活下来……在福州东门外的一座著名寺庙里,有一座大狗的雕像。人们都说,如果把面粉做的糕点或饼干放在这只狗的嘴里,然后让孩子们吃,就可以预防或治疗腹痛。"②"狗的到来预示着未来欣欣向荣。许多人相信,如果一只陌生的狗来到家里,并留下来和这家主人生活,对这家人来说是一个好兆头,预示着这家人会更富有。"③

猪——野猪生活在各省的山里。在浙江的山里有很多野猪,它们破坏田地,给住在低地的农民造成了很大困扰。人们在山脚挖了深坑,上面盖上鲜草做诱饵,用这种方法每年可以抓住或者在坑里淹死很多野猪。④

野猪是森林中财富的象征。客人在接受主人的款待后,通常会夸赞说:"哦,在您府上吃到了这么多山珍海味。"山珍海味即山上和海里的珍馐。猪肉就是山珍,而牡蛎通常是海味的象征。

"五种祭祀动物是牛、羊、猪、狗、鸡。"⑤

虽然这些动物代表了前文中的"十二地支",但只有龙、虎、兔、马和鸡经常出现在瓷

① 贾斯特斯·杜礼特. 中国人的社会生活[M]. 伦敦:桑普森·雷欧与马斯顿有限公司,1868:60.
② 贾斯特斯·杜礼特. 中国人的社会生活[M]. 伦敦:桑普森·雷欧与马斯顿有限公司,1868:230.
③ 贾斯特斯·杜礼特. 中国人的社会生活[M]. 伦敦:桑普森·雷欧与马斯顿有限公司,1868:571.
④ 威尔斯·威廉姆斯. 中国[M]. 纽约和伦敦:威利与普特南出版公司,1848:254.
⑤ 威廉·迈耶斯. 中文读者手册[M]. 上海:美华书馆,1874:318.

器上，且并不总是具有某种象征意义。下面还会提到一些我们会（在瓷器上）见到的动物：

蝙蝠——"出于各种原因，蝙蝠（中国人称之为'飞鼠'）被视为吉兆，并经常作为祥瑞的象征在各种物品上作为装饰。"①

"虽然写出来的字不同，但蝙蝠的'蝠'与幸福的'福'发音完全相同，因此'蝠'经常被用作'福'的同义词……5只蝙蝠象征着'五福'，即长寿、富贵、康宁、好德、善终。"②

"除夕来临前，大街上人来人往，大家都匆匆忙忙地处理着必须要做完的许多重要事情。有些人正忙着把'五福'贴在门楣上，'五福'表示他们渴望的5种幸福，即长寿、富贵、康宁、好德、善终，这是人类幸福的总和，'五福'可能是人们最想得到的东西。"③

狮子——虽然狮子是代表力量的四种动物之一，但中国人似乎不像重视老虎那样重视狮子，可能是因为他们对狮子不那么熟悉。狮子一般被描绘成玩球（或珠）的动物，这一情况也表明人们认为狮子或多或少也有一定的神话属性。

狮子的画像作为一种护身符一般挂在门上方，或房子前部某个地方。"一只狮子嘴里叼着剑刃，用前脚玩着球；另外两只狮子好像从两座山上走下来，朝着对方走去。"④

大象——象在汉语中的发音与宰相的"相"字相同。大象也是力量的象征，是代表力量或活力的四大动物之一，其他3种动物是虎、豹、狮。

鹿——"鹿也是长寿的象征。白鹿常伴在寿星身边。它的嘴里有时还叼着另一个长寿的象征——灵芝。然而，鹿也象征官员的俸禄和财运，因为'鹿'与'禄'发音相同。"⑤

狐狸——"狐被认为是一种非常神秘的动物，尤其是在日本。在米特福德的《古日本的故事》中有几个关于狐狸的神奇传说。据说，如果狐狸被纳入天界，成为天狐，就能与兔子同寿。"⑥

"福州的总督以及其他高级官员都崇拜狐狸。人们相信，狐狸可以掌管朝廷高官手中的官印。总督官邸二楼有一个房间专门用来祭拜狐狸，但是，房间里既没有狐狸的塑像，也没有狐狸的图画。总督上任后一到官邸，就要到自己的房间，跪在地上，磕3个头，再献上3杯酒，点3炷香、2支蜡烛，以表示对掌管印章的狐狸的敬意。人们说，如果不祭拜狐狸，官印就会凭空消失不见，官邸会莫名起火，官员也会受伤。除此之外，在福州的官员住宅里流传着很多关于狐仙的神奇故事。人们相信狐仙可以随心所欲地幻作人形，或附在某人的身体里。有时，某些疾病被认为是狐仙作祟而引起的，因此病人或代表病

① 约翰·戴维斯.中国人[M].伦敦：查尔斯爵士出版公司，1836：136.

② A. W. 弗兰克斯.格林博物馆东方瓷器目录[M].伦敦：英国皇家印书馆，1878：240.

③ 威尔斯·威廉姆斯.中国[M].纽约和伦敦：威利与普特南出版公司，1848：78.

④ 贾斯特斯·杜礼特.中国人的社会生活[M].伦敦：桑普森·雷欧与马斯顿有限公司，1868：562.

⑤ A. W. 弗兰克斯.格林博物馆东方瓷器目录[M].伦敦：英国皇家印书馆，1878：244.

⑥ A. W. 弗兰克斯.格林博物馆东方瓷器目录[M].伦敦：英国皇家印书馆，1878：244.

人的其他人就会祭拜狐仙,恳求狐仙不要戏弄、烦扰或伤害病人。商人也非常害怕狐仙以无形的力量使他们生意惨淡。"①

"狐,或狐狸,天生就有一些超越自然的特质。狐能随心所欲地变幻,并时常幻作人形。狐狸到了50岁,可以变成女人;到了100岁,就能变作一位年轻貌美的姑娘,或者,如果愿意的话,也可变作巫师,施展各种法术;到了1000岁,就能被纳入天界,成为天狐。天狐全身金黄,有9条尾巴,它守候在日月殿堂,通晓所有自然之秘。《说文解字》记载,狐狸属鬼神坐骑。狐狸有3种特殊的属性:一是它的颜色为黄色,黄色意味着中心与和谐;二是它头小尾巴大;三是狐狸临死之际,会将头抬起。一位权威人士说,古时,狐狸本是一名女子,她的名字叫'阿紫',但由于她伤风败俗,被变成了一只狐狸。因此,幻化成人形的狐狸通常称自己为'阿紫'。"②有一个词语叫"狐疑",即像狐狸一样谨慎且不信任他人,据说这个词语很大程度上说明了狐狸的这一特质。当狐狸穿过辽阔的冰面时,会倾听脚下冰的声音。

骆驼——"骆驼是西北沙漠的土著动物,也有人在其他省份发现少量骆驼。从骆驼肉中提取的脂肪可入药。"③

"当我们来到北京城门附近时看到了许多骆驼,它们静静地趴在那里,一边反刍着,一边等着驮东西。中国南方没有骆驼。"④

"人们在北方两地来往时,常用单峰骆驼驮东西。"⑤

"中国人在战争中也会使用骆驼,他们训练骆驼并在骆驼背部安装小型回旋炮。"⑥

猫——"如果一个家庭里来了一只猫,那是破财的象征。一只陌生的猫跑到家里来,预示着这家人财运会变差。人们认为,猫可以预见到在哪里能抓许多老鼠,而老鼠多说明这家的房子破旧,相应地这家主人的日子就会越过越差。"⑦"猫还会作为一种护身符出现在房顶,人们常常可以在房顶看到用石灰和黏土烧制而成的猫的塑像,放在屋顶一侧的中心附近,塑像呈坐姿,看着远处的某个东西。"⑧

驴——"驴和骡子在中国北方很常见。骡子的体型一般都比较好,据说价格比马高,因为骡子吃得更少干得更多。"⑨

① 贾斯特斯·杜礼特.中国人的社会生活[M].伦敦:桑普森·雷欧与马斯顿有限公司,1868:228.
② 威廉·迈耶斯.中文读者手册[M].上海:美华书馆,1874:61.
③ 查尔斯·葛兹洛夫.了解中国[M].伦敦:史密斯与埃尔德出版公司,1838:34.
④ 贾斯特斯·杜礼特.中国人的社会生活[M].伦敦:桑普森·雷欧与马斯顿有限公司,1868:615.
⑤ 约翰·戴维斯.中国人[M].伦敦:查尔斯爵士出版公司,1836:324.
⑥ 威尔斯·威廉姆斯.中国[M].纽约和伦敦:威利与普特南出版公司,1848:256.
⑦ 贾斯特斯·杜礼特.中国人的社会生活[M].伦敦:桑普森·雷欧与马斯顿有限公司,1868:56.
⑧ 贾斯特斯·杜礼特.中国人的社会生活[M].伦敦:桑普森·雷欧与马斯顿有限公司,1868:571.
⑨ 约翰·戴维斯.中国人[M].伦敦:查尔斯爵士出版公司,1836:324.

"在山东省,有好几次看到有年轻女士身着漂亮的绸缎衣服,两腿叉开骑在驴驮的袋上。"①

在中国,驴是愚蠢的象征。

3.3 鸟类

鹤——"鹤是最常见的长寿象征之一。据说鹤寿命很长,600 岁时只喝水,不再进食;2000 岁时,会变为黑色。"②

"在中国的传说中,鹤鼎鼎有名,仅次于凤凰,鹤有许多神话特色。鹤被认为是仙人在空中的坐骑。据说鹤有 4 种,即黑鹤、黄鹤、白鹤、蓝鹤,其中黑鹤寿命最长。黑鹤寿命惊人。很多人都化作仙鹤,仙鹤也总是对凡间之事颇有兴趣。"③

白鹭——在瓷器上,白鹭似乎也被用作长寿的象征。

鹅——"过了一小段时间,她(新娘)回到大厅,端着一盘槟榔给客人吃,然后拜一下丈夫带来的一对鹅,象征着夫妻情深。"④

"雁,就是野鹅。雁据说是阳鸟,掌管自然界的光和阳刚之气。雁随冬日的太阳向南迁徙,在迁徙过程中,表现出其天生对时间和季节的了解。雁总是成对飞行,因此被看作是已婚的象征。在周朝的礼制中,雁属于订婚聘礼之一。野天鹅被认为是雁体型较大的同类,据说会同雁一同飞行。"⑤

"中国盛产各种各样的野禽,其中包括大群的鹅。在冬月里,广州河到处都是鹅,引起路人的关注。鹅在夏天成群结队地迁徙到北方,以群居为特征。虽然没有任何明显的事实依据,中国人还是会把鹅作为对婚姻忠诚的象征,因此在婚礼队伍中总是带着它们。

相比起来,有一种动物作为婚姻忠诚的象征就靠谱得多,那就是鸳鸯,一种羽毛华美的水鸭,外国人一般叫它们中国鸭子。"⑥

鸭子——"托马斯·比厄先生鸟舍发生的事情为这个问题提供了一种证据,证明了鸭的忠贞。比厄先生养着许多动物,其中有一对鸭子。有一天晚上,公鸭被几个小偷偷走了,剩下的那只母鸭因为自己的配偶被偷走了显得绝望至极,就躲到一个角落里不吃不喝,也不理会照顾它的人。在这种情况下,有一只失去配偶的公鸭向这只母鸭求爱,但

---

① 威尔斯·威廉姆斯. 中国[M]. 纽约和伦敦:威利与普特南出版公司,1848:277.

② A. W. 弗兰克斯. 格林博物馆东方瓷器目录[M]. 伦敦:英国皇家印书馆,1878:245.

③ 威廉·迈耶斯. 中文读者手册[M]. 上海:美华书馆,1874:52.

④ 威尔斯·威廉姆斯. 中国[M]. 纽约和伦敦:威利与普特南出版公司,1848:59.

⑤ 威廉·迈耶斯. 中文读者手册[M]. 上海:美华书馆,1874:274.

⑥ 约翰·戴维斯. 中国人[M]. 伦敦:查尔斯爵士出版公司,1836:329.

母鸭对之不理不睬。后来,被偷的公鸭被找了回来,这对恩爱的夫妇表现出了非同一般的喜悦。但还没完,可能是母鸭告诉公鸭不久前有其他公鸭向自己求爱了,于是公鸭袭击了想取代自己的那只失去配偶的公鸭,啄瞎了它的眼睛,并使它遍体鳞伤,最终那只失去配偶的公鸭因为受伤过重死了。"①

"在河流附近,有人专门在船上养鸭子。他们把鸭子训练得很好,只要吹响笛子,鸭子听到信号就会下水或回来。"②

鸡——"中国的鸟类学有一点非常出名,就是有一些外表华丽的禽鸟,如金鸡和银鸡,最近又新增了白冠长尾雉。其尾羽最长可达惊人的 6 英尺。"③

"托马斯·比厄先生的鸟舍曾经收藏有近 30 种不同种类的鸡的标本。"④"金鸡的主要颜色是黄色和红色,两种不同的颜色相互巧妙地融合在一起。银鸡比金鸡更大,步态更雄伟。它背部和尾巴呈银色,胸部和腹部呈灰蓝色,两种颜色形成鲜明对比,显得更加美丽。"⑤

鸡是美的象征。有时人们用鸡代替凤凰。

鹌鹑——"北方有很多鹌鹑,由于它天性好斗,受很多中国人喜欢。人们把鹌鹑装在一个袋子里,挂在腰带上小心照料,偶尔还会吹芦笛来激发它的凶性。要斗鹌鹑时,人们先仔细把鹌鹑洗干净,再把它和对手放在同一个筛子下面,在地上撒一点谷粒引起鹌鹑之间的仇恨。很快它们就会开始打斗,获胜方的主人可以赢得奖品。"⑥

喜鹊——"人们认为喜鹊是一种吉鸟。如果某人在筹划或正在专注地做某件事情的时候,突然听到喜鹊清脆悦耳的叫声,他就会认为这是好运的征兆,从而信心倍增。有一个谚语说:喜鹊叫声好听,但心是坏的(喜鹊嘴,老鸹心)。意思是喜鹊喜欢奉承别人。"⑦

"虽然统治者认为喜鹊是一种神圣的鸟,但实际上喜鹊很常见。由于数量众多,喜鹊对农民来说是一种相当讨厌的鸟。"⑧

"红嘴喜鹊是一种美丽的鸟。它体型比普通的英国鸟大,但它尾巴较长,使它看起来更加纤细和优雅。大部分喜鹊是蓝色的,且有黑白相间的条纹。"⑨

乌鸦——"中国乌鸦(有时被称为白翼乌鸦)是一种凶兆。乌鸦叫声刺耳难听,人们也认为,乌鸦叫是不吉利的——也许就像一些人说的那样,因为乌鸦叫声很像中文里形

① 约翰·戴维斯.中国人[M].伦敦:查尔斯爵士出版公司,1836:329.
② 查尔斯·葛兹洛夫.了解中国[M].伦敦:史密斯与埃尔德出版公司,1838:36.
③ 约翰·戴维斯.中国人[M].伦敦:查尔斯爵士出版公司,1836:328.
④ 威尔斯·威廉姆斯.中国[M].纽约和伦敦:威利与普特南出版公司,1848:261.
⑤ 威尔斯·威廉姆斯.中国[M].纽约和伦敦:威利与普特南出版公司,1848:265.
⑥ 查尔斯·葛兹洛夫.了解中国[M].伦敦:史密斯与埃尔德出版公司,1838:37.
⑦ 贾斯特斯·杜礼特.中国人的社会生活[M].伦敦:桑普森·雷欧与马斯顿有限公司,1868:571.
⑧ 查尔斯·葛兹洛夫.了解中国[M].伦敦:史密斯与埃尔德出版公司,1838:37.
⑨ 威尔斯·威廉姆斯.中国[M].纽约和伦敦:威利与普特南出版公司,1848:260.

容咬东西的'咔'声。在做一件事情或筹划某件事情时,如果一个人意外听到乌鸦在'咔、咔、咔'地叫,他往往会因此产生这样的想法:这件事成不了。有一个谚语说:乌鸦叫声难听,但心是好的(乌鸦嘴,豆腐心)。"①

乌鸦被用作太阳的象征,白颈鸦在中国很受尊敬。传说白颈鸦曾为中国提供了很多帮助。

燕子——"如果有燕子来到并在新的地方筑巢,无论是筑在住宅还是店铺,主人都会非常高兴,因为燕子是即将成功的征兆,或是主人时来运转、好事临门的征兆。"②

孔雀——"中国许多地方都饲养孔雀,虽然孔雀并不是中国本土动物,但早就众人皆知了。(明朝)之后,中国使用孔雀羽毛(花翎)来标示官阶,这可能导致了每年要消耗大量的孔雀羽毛。"③

猫头鹰——"人们听到猫头鹰的叫声时都感到恐惧,因为这意味着附近有死亡的先兆出现。有人说猫头鹰的叫声听起来像是鬼魂或幽灵在召唤同伴。可能正是因为这种观念,导致有人说自己曾听到过鬼叫,也许实际上他们只是听到了远处猫头鹰不清晰的叫声。"④

雕、隼、鹰——"元朝的皇帝非常喜欢打猎,人们都知道他们有一种皇家的娱乐活动——鹰猎。马可·波罗说忽必烈鹰猎时,随从不下7万。人们会训练隼、雕和其他猛禽追逐猎物,马可·波罗说训练过的鹰可以扑食野狼。鹰体型大、力气猛,没有什么猎物能够逃脱它的利爪。"⑤

"清朝的两位君主——康熙和乾隆——经常到长城以北狩猎远征。一小队人马将猎物围起来,以展示皇帝和贵族们的狩猎技艺。法国传教士皮埃尔·戈比伦(汉名张诚)描述过康熙的狩猎活动,一些养鹰人也随驾远征,他们每个人负责照看一只鹰。"⑥

鹦鹉——"鹦鹉是中国本土动物,但在广州街道售卖的品种,如金刚鹦鹉、美冠鹦鹉、短尾鹦鹉和长尾小鹦鹉,大部分都来自群岛。"⑦

在景德镇所处的江西省,有一个传说。一位珍珠商人养了一只会说话的鹦鹉,就在他快要被自己不忠的妻子密谋杀害之际,鹦鹉把他妻子的阴谋告诉了他。因此,鹦鹉也被看作是一种警示,告诫妻子要对夫忠诚。

鸽子或鸠——"'鸠杖'是长寿的象征。汉朝时期流行这样一种风俗,80岁以上的人

---

① 贾斯特斯·杜礼特. 中国人的社会生活[M]. 伦敦:桑普森·雷欧与马斯顿有限公司,1868:571.
② 贾斯特斯·杜礼特. 中国人的社会生活[M]. 伦敦:桑普森·雷欧与马斯顿有限公司,1868:572.
③ 威尔斯·威廉姆斯. 中国[M]. 纽约和伦敦:威利与普特南出版公司,1848:262.
④ 贾斯特斯·杜礼特. 中国人的社会生活[M]. 伦敦:桑普森·雷欧与马斯顿有限公司,1868:572.
⑤ 威尔斯·威廉姆斯. 中国[M]. 纽约和伦敦:威利与普特南出版公司,1848:258.
⑥ 约翰·戴维斯. 中国人[M]. 伦敦:查尔斯爵士出版公司,1836:319.
⑦ 威尔斯·威廉姆斯. 中国[M]. 纽约和伦敦:威利与普特南出版公司,1848:261.

会被授予一根玉杖,杖顶雕刻了一只鸽子。人们认为鸽子有特殊的消食能力,希望被授予鸠杖的老人也有类似的力量,鸠杖因此成为长寿的象征。"①

3.4　昆虫

蝴蝶——"在广东东边有一座山,叫罗浮山,山中有各种各样的蝴蝶,体型巨大且色彩艳丽,非常有名,因此在诗歌中常被提及。人们每年都会挑选最好的蝴蝶标本送到北京。"②

蝴蝶是婚姻幸福的象征。事实上,蝴蝶几乎可以算得上是中国的丘比特。故事的起源可以追溯到庄子。当他还是年轻书生的时候,在追逐一只美丽的蝴蝶时,不知不觉闯入了一位退休官员的私人花园,庄子见到官员美丽的女儿后,被她的美貌深深迷倒,于是庄子决心刻苦读书,一定要娶那位美丽的姑娘做自己的妻子。最后那位美丽的姑娘真的成了庄子的夫人。

蝗虫——"蝗虫有时会造成大范围的破坏,全国到处都能看到蝗虫,尽管它的危害并不会伤及国家根本,危害一般也不会连年出现,然而,蝗虫带来的危害也足以引起国家的重视。"③"蝗虫造成的影响很大,可以让成千上万的人民因此挨饿。因此,人们习惯叫军队和所有居民协力一起消灭蝗虫,人们还会敲锣打鼓把蝗虫赶走,但这些努力往往不太奏效。"④

蝉——"一到夏天,广东就到处都是蝉,小树林里到处都能听到蝉的尖叫声,震耳欲聋。男孩们经常抓雄蝉,在它的腹部绑上一根稻草,这样就能一直刺激它的发声器官,然后拿着这个尖叫的蝉满大街走,让每个人都很恼火。"⑤

蟋蟀——"人们抓一些普通的蟋蟀拿到市场上出售。上流人士(也有平民百姓)把2只蟋蟀放在一个碗里,然后激怒它们,让它们打斗,以此来取乐。人们还会给自己喜欢的蟋蟀下注,希望它能打败对手。"⑥"蟋蟀之间的打斗充满了强悍的精神,秋天人们会捕捉成桶的蟋蟀,在街上出售给赌徒。2只精心挑选的蟋蟀被放进一个盆里,再用根稻草激怒它们,直到他们怒气全开,愤然冲向对方。战斗开始前,蟋蟀会'喳喳'地叫。战斗结果往

① 威廉·迈耶斯.中文读者手册[M].上海:美华书馆,1874:86.
② 约翰·戴维斯.中国人[M].伦敦:查尔斯爵士出版公司,1836:334.
③ 威尔斯·威廉姆斯.中国[M].纽约和伦敦:威利与普特南出版公司,1848:272.
④ 查尔斯·葛兹洛夫.了解中国[M].伦敦:史密斯与埃尔德出版公司,1838:39.
⑤ 威尔斯·威廉姆斯.中国[M].纽约和伦敦:威利与普特南出版公司,1848:273.
⑥ 威尔斯·威廉姆斯.中国[M].纽约和伦敦:威利与普特南出版公司,1848:90.

往非常惨烈，不是这只断腿，就是那只殒命。"①

蜜蜂、蚂蚁、蚊子——"（制作蜡烛的）蜡产自野生和家养蜜蜂，但（制作蜡烛）蜂蜜用得并不多。（做蜡烛时）人们用一层朱砂染成红色的蜡将脂油包裹起来。对于蜜蜂和蚂蚁巢穴的内部构造，以及它们奇特的本领，一些中国作家已经相当准确地描述过了。汉字'蜂''蚁''蚊'的构造分别表示'锋之虫''义之虫''文之虫'，指的是蜂有刺，蚁在行进中从属有序，蚊的翅膀上有像'文'字的斑纹。"②

蚕——"中国从最古老的时代开始就以丝绸而闻名，很明显，蚕属于本土昆虫。《尚书》提到过蚕，并指出皇后的职责是养蚕，以便为她的丈夫编织丝绸制品，并为国家树立一个节俭妻子的榜样。浙江在丝绸这种贵重商品的生产上超过了所有其他省份。蚕房要建在干燥的高处，并有纸格，以便根据实际情况选择避光或采光。加热蚕房要么拿一个上下移动的热锅，要么用炉子，加热的温度不能太高，需要控制在一定限度，只要蚕冻不死就行。即使是一点小火星，也可能会伤害到脆弱的蚕，因此必须非常小心，不能让火苗升起来。先在垫子上铺满稻草，再在稻草上铺一张纸，上面放雌蚕蛾和雄蚕蛾。让他们交配大约24小时，然后将它们分开，留下雌蚕蛾产卵。一旦雌蚕蛾完成产卵，人们就会把它当作无用之物埋进地下。然后让卵在纸上晾干，片刻之后，把带卵的纸卷起来，将纸和卵浸入冷水中泡两天，再卷起来，这次纸卷得更紧，偶尔晒晒太阳。（春天）桑树一长出叶子，就要孵卵了。人们小心翼翼地把卵拿到户外，让卵晒晒太阳，提升温度，然后把卵放在温度适中的蚕房里。过上一小段时间，长得像小蚂蚁的蠕虫就出来了。它们刚一看到光，就开始狼吞虎咽地吃桑叶，形态和大小也迅速改变。然而，如果不悉心照料，蚕很快会死，或变得完全无用。23或24天左右，蚕就成熟了；它们逐渐停止进食，开始编织蚕茧。7天之内，蚕就能围着自己造一个茧，再过7天，蚕就能化作飞蛾，飞离自己亲手做的'墓地'。但是人们预见到了这种变化，在飞蛾飞出茧之前，人们就会把茧扔进装有温水的水壶里，并用一个非常简单的方式把茧打开。同时，人们只保留少量蚕茧用于繁殖。生活在丝绸之国的中国女性自然非常擅于处理蚕，可能其他任何国家的人在这方面都无法与她们媲美。"③

蚕是勤劳的象征，有句话说得好："蚕吐丝，蜂酿蜜。"意思是人们要勤劳节俭。

瓷器上经常会描绘中国的丝织业和其他各行各业。

---

① 威尔斯·威廉姆斯.中国[M].纽约和伦敦：威利与普特南出版公司,1848:273.
② 威尔斯·威廉姆斯.中国[M].纽约和伦敦：威利与普特南出版公司,1848:274-275.
③ 查尔斯·葛兹洛夫.了解中国[M].伦敦：史密斯与埃尔德出版公司,1838:40.

3.5　水产类

　　杜礼特先生告诉我们,订婚之后,男方家庭除了各种物件之外,还会给女方送 2 条鱼。"在中国人看来,这些礼物是送给至亲的吉祥之物。"①鱼的图案好像也是护身符的一种,可以驱赶恶鬼。

　　鲤鱼和鲈鱼是瓷器上最常出现的 2 种鱼。关于鲤鱼,《中国》一书中说:"中国的河流和湖泊中有各种各样的鲤鱼,数量颇多,有些鲤鱼可以饲养在鱼池和缸中,体型巨大。理查德森先生记录了 52 种鲤鱼。鲤鱼家族中最有名的是金鱼,17 世纪末金鱼还从中国引进到欧洲,让当地人第一次见到了金鱼。正如我们有时候见到的其他人工驯养的动物一样,人工驯养的金鱼形态变化很大。经常可以看到很多种类的金鱼没有任何脊鳍,尾巴和其他的鳍成簇状且下垂,好像是金鱼的翅膀或人工附加物,而不是金鱼天然的器官。金鱼的眼睛变得好像离开了眼窝,看起来十分奇怪。有一些金鱼长得更是奇形怪状,要不是它们数量众多,可能有人会觉得它们是天生的畸形。金鱼通常都是金里透红,但雌雄两性在发育的一定阶段会显出浓淡不一的银色或黑色。还有一种鱼叫银鱼,一辈子都是银色的。中国人将这些美丽的鱼养在花园的池塘中,或者放在特大的陶缸里,加几块爬满青苔的石头,石头上还长满蕨类植物,这样可以为金鱼遮阴。人们也曾发现过超过 2 英尺长的鲤鱼,但比起中国,欧洲的鲤鱼更长。"②

　　"对虾、小虾、蟹、小龙虾和其他所见的甲壳类动物,都数量丰富,美味可口。有一种小龙虾和海鳌虾一样大,但与海鳌虾有区别,叫作龙虾。还有三四种墨鱼和大的帝王蟹,都是当地人吃的……品质优良的牡蛎在沿海地区很常见……内陆水域出产多种贝类……内陆贝类丰富……广东人说从广州到舟山有 88 种贝类。中国有珍珠。"③

---

① 贾斯特斯·杜礼特.中国人的社会生活[M].伦敦:桑普森·雷欧与马斯顿有限公司,1868:47.
② 威尔斯·威廉姆斯.中国[M].纽约和伦敦:威利与普特南出版公司,1848:269.
③ 威尔斯·威廉姆斯.中国[M].纽约和伦敦:威利与普特南出版公司,1848:271.

第四章　植物

4.1　树

"中国人将松、竹、梅称为'岁寒三友'，因为它们在寒冷的天气里依然能保持绿色。"①

松（图223、图302）——"松树是（长寿的）常见象征。据说松树活到1000岁时，它的汁液就会变成琥珀。"②

松树似乎从中国北方一直种植到中国南方，直到广东省的北部边界。在那里，有很多马尾松和杉木。

"许多种类的松树、柏树和红豆杉，构成了球果植物的3个分支，在中国生长并提供了大量木材和燃料。"③

清明节的时候，人们常"把一两根冷杉树或其他绿树的树枝，或一把绿色的麦秆，带回家中，要么插在花瓶中，要么摆在桌子上，放在家族祖先的牌位前"④。

竹——"竹是另一个（长寿的）象征，可能是因为它持久耐用。由于其优雅的造型，竹经常出现在中国和日本的艺术作品上。"⑤

"常见的黄色竹遍及所有南部和东部省份，仅中国作家提到的品种就多达60种。中国人使用竹的目的多种多样。有一种是把竹根雕成奇怪的形状，或者做成椭圆形的棍子，供信徒们祭拜时使用，以确定神灵是否答应自己的祈求；中国人相信竹子会在饥荒年代结出种子，以弥补其他歉收的作物。"⑥

竹林是文人的胜地。

梅——"虽然严格来说不是长寿的象征，但梅与长寿有间接的联系。作为瓷器装饰时，梅花有时会被误称为'五月花'或'山楂花'。"⑦

"在广东的新年，人们采摘带有花蕾的杏、水仙、梅、桃、风铃草等枝条，放在家里让这

---

① A. W. 弗兰克斯. 格林博物馆东方瓷器目录［M］. 伦敦：英国皇家印书馆，1878：245.
② A. W. 弗兰克斯. 格林博物馆东方瓷器目录［M］. 伦敦：英国皇家印书馆，1878：245
③ 威尔斯·威廉姆斯. 中国［M］. 纽约和伦敦：威利与普特南出版公司，1848：280.
④ 贾斯特斯·杜礼特. 中国人的社会生活［M］. 伦敦，1868：395.
⑤ A. W. 弗兰克斯. 格林博物馆东方瓷器目录［M］. 伦敦：英国皇家印书馆，1878：245.
⑥ 威尔斯·威廉姆斯. 中国［M］. 纽约和伦敦：威利与普特南出版公司，1848：276.
⑦ A. W. 弗兰克斯. 格林博物馆东方瓷器目录［M］. 伦敦：英国皇家印书馆，1878：245.

些花蕾绽放,预示新年好运。"①

"梅的果实和花朵同样珍贵。梅花芬芳又纯洁如雪,在无数诗句中得到赞美。"②

除了以上提到的植物,瓷器上经常描绘的还有以下植物:

柳树——"在中国,柳树是一种受人喜爱又非常常见的植物,可以长得很大。花园和河道边总能看到柳树。诗人和作家常常借用柳树的叶子、枝条、习性写出诸多隐喻,绘出各类图画,可以说,比起其他树,柳树最常被诗人和作家使用。"③

清明节的时候,"福州几乎家家户户都会在临街大门屋檐下插一根柳条,柳条顺着屋檐垂下,街边来来往往的行人都能看见。在房子的房檐下,人们也会插上柳条。一般来说,这么做是为了给家里带些好运。有人说,早在唐朝,黄巢意图反唐时,就用柳枝给他的一众追随者作为记号。他暗地里叫追随者们找来一些柳条,插在他们自家房檐下和临街正门的门檐下,黄巢命令士兵不准去骚扰这些人家。据说,黄巢起义的日子就定在清明这一天。有些人说,现在每年清明节人们都会在大门门檐下、房子的房檐下插一根柳条,以庆祝或纪念柳条在当年给人们带来的平安,并表明无论外面发生什么动荡,屋内都和谐安定。另一种说法认为插柳枝是为了除祟辟邪。如果鬼怪想到这家来作恶,一看到屋檐下的柳枝,马上就会感到害怕,落荒而逃"④。

"诗人白居易的一位侍女名叫小蛮,白居易用'杨柳小蛮腰'来称赞小蛮纤细的腰肢。白居易还用'小蛮腰'形容酒杯,因此'小蛮腰'在诗歌里,可以用作酒杯的同义词。"⑤

橡树——"橡树虽然很少受到优秀作家的青睐,但其木材和树皮的价值人尽皆知。"⑥

楠木——"有一种南方的树木叫楠木。楠木经久耐用,不生蛀虫,特别珍贵,主要用于建造皇宫,供皇家使用。"⑦

桑树——在一些养蚕的省份,人们会种植许多桑树。他们会经常修剪桑树,使其长叶而非结桑葚。"桑树长势极好,种类丰富。"⑧

除此之外,桑树象征着家庭的勤劳。孟子在谈到和平的好处时说,要种好桑树。据说,只有在中国,桑树才能枝繁叶茂,因此,桑树被认为是中国土壤的代表。在悼念母亲时,中国人会手持一根桑树枝做成的杖;而悼念父亲时,则用竹子或白蜡树做成的杖。有

---

① 威尔斯·威廉姆斯.中国[M].纽约和伦敦:威利与普特南出版公司,1848:283.
② 威廉·迈耶斯.中文读者手册[M].上海:美华书馆,1874:151.
③ 威尔斯·威廉姆斯.中国[M].纽约和伦敦:威利与普特南出版公司,1848:280.
④ 贾斯特斯·杜礼特.中国人的社会生活[M].伦敦:桑普森·雷欧与马斯顿有限公司,1868:395.
⑤ 威廉·迈耶斯.中文读者手册[M].上海:美华书馆,1874:78.
⑥ 威尔斯·威廉姆斯.中国[M].纽约和伦敦:威利与普特南出版公司,1848:280.
⑦ 威尔斯·威廉姆斯.中国[M].纽约和伦敦:威利与普特南出版公司,1848:275.
⑧ 查尔斯·葛兹洛夫.了解中国[M].伦敦:史密斯与埃尔德出版公司,1838:48.

时我们会看到,竹子和桑树的图画也象征着孝顺。

桃树——"桃树象征着婚姻与长寿。桃树的大部分寓意来自《诗经》(《周南·桃夭》),开头是'桃之夭夭,灼灼其华。之子于归,宜其室家'。意思是:桃花怒放千万朵,色彩鲜艳红似火;这位姑娘嫁过门,夫妻美满又顺和。在这里,诗人赞美了一位王子千挑万选的王妃的美德,她优雅得像一棵盛开的桃树。注释还补充到,桃花盛开时的优雅,象征着王妃的美德。"①

迈耶斯先生在这里谈到了桃树,但中国人似乎普遍把桃子作为"婚姻与长寿的象征"。

棕榈常常在青花瓷、绿彩瓷以及其他图画中出现。

"尽管已知种类不少,但棕榈树在中国南方并不多。人们会种植扇叶棕榈,以采集其树叶。"②

中国人非常看重远离尘世纷扰的隐逸生活。这种状态通常表现为:隐者坐在棕榈树下,小屋坐落在悬崖顶端、大山深处或悬垂岩石之后。

大蕉——"大蕉朴素且实用,据说,相比于其他栽培植物,如果按照产出比大小来说,大蕉产出的有益健康的食物排名第二,仅次于西米棕榈。在广东的夏天,大蕉是一种常见的水果。"③

番木瓜——"番木瓜的果实和叶子在煮熟后可以吃。番木瓜树在广东很少长到最大,因为它纤细的树干无法抵御强风。"④

葡萄树——"在中国北方,葡萄树长势茂盛,葡萄也非常美味。但中国人从来没有尝试过酿造葡萄酒,而是将其制成葡萄干,当作商品出口。"⑤

杧果树——"中国南方产杧果,但体型小、品质差,经常只开花不结果。因此,如果用'杧果花'形容某人,意思就是他经常许诺,却很少兑现。"⑥

刺柏和崖柏——"(它们)常被园丁挑选出来,运用技巧,使它们长成鸟类和动物的大概轮廓,轮廓越是怪诞,技巧越是困难,价格也就越高。"⑦

除此之外,威廉姆斯先生还补充说:"在任何国家,很少有树木在盛开的时候能像紫薇那样优雅。印度的大叶紫薇和中国的柽柳也是美丽的开花树。南方还有仙人掌和山

① 威廉·迈耶斯. 中文读者手册[M]. 上海:美华书馆,1874:213.
② 威尔斯·威廉姆斯. 中国[M]. 纽约和伦敦:威利与普特南出版公司,1848:278.
③ 威尔斯·威廉姆斯. 中国[M]. 纽约和伦敦:威利与普特南出版公司,1848:279.
④ 威尔斯·威廉姆斯. 中国[M]. 纽约和伦敦:威利与普特南出版公司,1848:284.
⑤ 查尔斯·葛兹洛夫. 了解中国[M]. 伦敦:史密斯与埃尔德出版公司,1838:49.
⑥ 约翰·戴维斯. 中国人[M]. 伦敦:查尔斯爵士出版公司,1836:347.
⑦ 威尔斯·威廉姆斯. 中国[M]. 纽约和伦敦:威利与普特南出版公司,1848:280.

影掌。在澳门八月的夜晚,50 多朵山影掌花争奇斗艳、齐齐盛放的场景十分常见。"①

4.2 水果

石榴——"石榴是一种开花植物,人们种石榴,主要是因为石榴的花很好看,而不是将其作为一种食用水果。"②

葫芦——"葫芦也是长寿的象征,也许是因为它干燥后经久耐用。"③

"把晒干的葫芦绑在孩子背上,如果孩子不幸落水,葫芦可以帮他们浮起来。"④

"在本地(福州),人们常用葫芦壳、木板上或纸上画的葫芦、小木葫芦、用剪纸做成的葫芦、葫芦形状的纸灯笼等作为护身符,驱散或抵御厄运的侵扰。"⑤

香橼——新年的时候,"家家户户都要大扫除、挂装饰,神龛前也要放大盘和大瓶,里面放香葫芦、大香橼(当地人叫'佛手')、水仙花。"⑥"有一种奇特的柑橘,全是果皮,头部有多个又细又长的凸起,像是人的手指的形状,因而获得了'佛手'的称谓。果皮气味浓郁、沁人心脾。"⑦

橘子——"有 3 种不同的橘子:第一种,欧洲的橙子;第二种,淡黄色的橘子;第三种,成熟时外皮深红,与果实完全分离,橘瓣也非常松散,这种橘子在广东叫桔子。"⑧

"最美味的是朱砂橘。果皮呈朱砂红色,果肉上还带着一些松散的纤维。"⑨

"有一个与本地(福州)有关的独特习俗,或者说是法律,必须每年遵守,否则负责处理此事的官吏将受到严厉的责问,甚至有可能被罢免官职。本地因 3 种水果而出名,每年必须向北京进贡这 3 种水果,且要在特定时间送达北京。这 3 种作为贡品的水果分别是皱皮橘子、橄榄和某种非常香但不能吃的水果,通常被称为'佛手'。橘子最迟不能晚于正月初一清晨送达北京,因为皇帝需要用橘子祭天。橘子到适合采摘的时候,人们就得精挑细选摘下一批,装进木桶里,由苦力送到北京去,途中还有一文一武 2 个官员押运。抵达北京后,只要完好的橘子够装一大盘,他们的任务就算是圆满完成了。如果橘子没有按时送到北京,影响了正月初一早晨的祭天,负责运送的官员会因延迟受到惩处,

① 威尔斯·威廉姆斯.中国[M].纽约和伦敦:威利与普特南出版公司,1848:284.
② 威尔斯·威廉姆斯.中国[M].纽约和伦敦:威利与普特南出版公司,1848:283.
③ A.W.弗兰克斯.格林博物馆东方瓷器目录[M].伦敦:英国皇家印书馆,1878:245.
④ 威尔斯·威廉姆斯.中国[M].纽约和伦敦:威利与普特南出版公司,1848:284.
⑤ 贾斯特斯·杜礼特.中国人的社会生活[M].伦敦:桑普森·雷欧与马斯顿有限公司,1868:566.
⑥ 约翰·戴维斯.中国人[M].伦敦:查尔斯爵士出版公司,1836:286.
⑦ 约翰·戴维斯.中国人[M].伦敦:查尔斯爵士出版公司,1836:345.
⑧ 约翰·戴维斯.中国人[M].伦敦:查尔斯爵士出版公司,1836:344.
⑨ 威尔斯·威廉姆斯.中国[M].纽约和伦敦:威利与普特南出版公司,1848:45.

且负责这件大事的高级官员也可能被罚俸或受到其他处分。无论在福州,还是在北京,这种橘子都是新年吉祥的象征。到了橄榄和佛手成熟的季节,人们也会这样把它们运到北京。"①"按照习俗,大年初一,也有人说或正月十五之前,男孩子如果到亲戚家或街坊邻居家去拜年,他们都得给男孩两个皱皮橘子,否则男孩就会觉得他们看不起自己,小气吝啬,对自己招待不周。橙子在新年如此受欢迎,是因为在方言里,'橘'与'吉'同音,意思是'幸运、祥瑞'。送橘子就是祝愿他人新年吉祥如意的意思,属于一种好兆头。如果有人新年前后结婚,丈夫到妻子父母家或亲朋好友家拜年时,临走前一定会得到2个或4个橘子,还有一包用红纸包着的西瓜子。大人们拜年的时候,会喝热茶,吃西瓜子,因为当地有句俗语:'正月初,嘴不闲。'"②

无患子——"无患子种子除了可以用于清洁物品,还可以当作珠子戴着。无患子的意思是'没有邪恶的忧患'。"③

柿子——一种生长在中国的水果。近些年的杯子和碗上能看到柿子的图案,看起来像一个浅红色的苹果,挂在树枝上,把树枝都压弯了。

4.3 花和其他植物

牡丹花、莲花、菊花、梅花象征着四季。

牡丹——"牡丹非常有名,但在南方的广东,那里的牡丹几乎活不过一年,也从不会开2次花。如果有人把牡丹带到广东,有些中国人愿意出高价购买。"④

"人们种植牡丹,因为牡丹花瓣大且富有变化。牡丹在中国有'花王'之称,足以表明牡丹的地位之高。"⑤

"一些牡丹花朵艳丽、叶子翠绿,也是一种好运的象征。但是,如果牡丹叶子突然干枯,花瓣突然褪色或颜色变得难看,这预示着主人家要破财,或大难将至。"⑥

在中国南方,牡丹代表爱情。

菊花——"人们种植菊花和紫菀用于观赏。有些品种还能修剪,长得很细长,像藤蔓,开花时看起来非常优雅。"⑦

① 贾斯特斯·杜礼特.中国人的社会生活[M].伦敦:桑普森·雷欧与马斯顿有限公司,1868:246.
② 贾斯特斯·杜礼特.中国人的社会生活[M].伦敦:桑普森·雷欧与马斯顿有限公司,1868:380.
③ 威尔斯·威廉姆斯.中国[M].纽约和伦敦:威利与普特南出版公司,1848:286.
④ 约翰·戴维斯.中国人[M].伦敦:查尔斯爵士出版公司,1836:349.
⑤ 威尔斯·威廉姆斯.中国[M].纽约和伦敦:威利与普特南出版公司,1848:285.
⑥ 贾斯特斯·杜礼特.中国人的社会生活[M].伦敦:桑普森·雷欧与马斯顿有限公司,1868:572.
⑦ 威尔斯·威廉姆斯.中国[M].纽约和伦敦:威利与普特南出版公司,1848:287.

"人们大量种植野菊花,因为它种类繁多,颜色丰富。"①

菊花是中秋与欢乐的象征。

莲花——"中国人认为,无论是实用性还是观赏性,莲花都是栽培花卉之首。作为装饰,人们把莲花种在大陶罐或瓷罐里,里面养着金鱼。莲花长得和郁金香有些相似,但巨大的花朵呈粉红色或黄色,位于它那宽大的盾形叶子上方。叶子虽说是盾形,但没有盾那么大。莲的叶子在形状上和旱金莲叶子很像,茎秆都长在叶子的中心附近。莲花的种子和根可以食用,当作为食品大规模种植时,大量的莲花会布满湖泊和沼泽。"②

可以说,莲花象征着丰收。

一些莲花约定俗成的画法,请参见图203、204、216、227、281、303、370、372。

艾草——"把菖蒲和艾草捆在一起,放在床旁可以祛邪。"③

"说到减轻或消除局部疼痛最好的方法,艾灸肯定算其中之一。制备方法是将艾草茎放在臼中磨碎,然后挑出其中最柔软的纤维,将其点燃,靠近受伤部位——据说这样就能被迅速吸收,还不会有任何痛感。中国人还把艾草纤维当作点烟的火绒,先把火绒在硝酸钾溶液中浸泡,用的时候,借助打火石或小凸透镜就能点着。"④

菖蒲——"在五月初五,人们把菖蒲枝条,以及一种叫蒿的植物(艾草,也叫艾蒿)放在家门口,以防止各种蛇虫鼠蚁进来。"⑤

"人们使用菖蒲,很大程度上是因为它有香味、暖心。"⑥

水仙花——"人们会找来一个罐子或花瓶,在里面装满光滑的圆形鹅卵石和水,再把水仙鳞茎插进去,还要控制好种植的时间,这样过年时水仙就会正好开花。"⑦

"在广东的新年,人们让带有花蕾的杏花、水仙、梅花、桃花、风铃草等枝条在新年开花,预示新年好运。"⑧

桂花——"另一种受人尊敬的花是桂花,桂花花瓣小,呈白色或黄色,成束状生长,从叶子与细枝的连接处开出。桂花一年大部分时间都能开花;天气潮湿时,从很远的地方就能闻到桂花香。值得注意的是,芬芳的桂花枝(桂冠)是文学成就的奖励之一,也象征勤奋好学。"⑨

桂花也象征着甜蜜。

① 约翰·戴维斯. 中国人[M]. 伦敦:查尔斯爵士出版公司,1836:349.

② 约翰·戴维斯. 中国人[M]. 伦敦:查尔斯爵士出版公司,1836:99.

③ 威尔斯·威廉姆斯. 中国[M]. 纽约和伦敦:威利与普特南出版公司,1848:272.

④ 约翰·戴维斯. 中国人[M]. 伦敦:查尔斯爵士出版公司,1836:266.

⑤ 约翰·戴维斯. 中国人[M]. 伦敦:查尔斯爵士出版公司,1836:135.

⑥ 威尔斯·威廉姆斯. 中国[M]. 纽约和伦敦:威利与普特南出版公司,1848:278.

⑦ 约翰·戴维斯. 中国人[M]. 伦敦:查尔斯爵士出版公司,1836:286.

⑧ 威尔斯·威廉姆斯. 中国[M]. 纽约和伦敦:威利与普特南出版公司,1848:283.

⑨ 约翰·戴维斯. 中国人[M]. 伦敦:查尔斯爵士出版公司,1836:384.

茉莉花——"茉莉花是一种有浓郁气味的白色花,在中国和东方各国,女人有时会把它戴在头发上。中国有一首歌就是写茉莉花的,这首歌可以在巴罗的《中国游记》中找到。"①

"茉莉花是当之无愧的中国人的最爱,女人经常把小簇的茉莉花缠在头发上或将茉莉花枝种在家中的花盆里。"②

桃金娘——"桃金娘是一种野生植物,第一次开花是玫瑰色的,它生长在广东省的山上,非常美丽。江西有一种赤楠,也非常漂亮。赤楠和桃金娘长得很像,漫山遍野都是,枝的末端还长有许多浆果,可以当水果食用。"③

山茶花——"在中国,山茶花与茶树同名,并具有茶树的大部分植物学特征。"④

"人们种植这种优雅的山茶花只为观赏。"⑤"茶"这个词与我们一样用来指代任何一种泡的茶。

木兰花——"木兰有 8 种,都是美丽的开花植物。木兰的树皮可用作退烧药。"⑥

木兰是甜美和美丽的象征。有一种木兰花叫"含笑",意思是偷偷地微笑,在中国人看来,这意味着甜美少女的可爱微笑。在美人画中,通常可以看到这种花。

旋花——"旋花大家族中有各种各样美丽的牵牛花,人们在家种植牵牛花是为了欣赏它的花。特别是茑萝,在中国随处可见。人们经常会在水塘、水池、村庄旁和田野边种旋花植物,目的是获取它多汁的叶子。"⑦

夹竹桃——"具有致幻性的夹竹桃科有几种美丽的开花植物,其中夹竹桃和鸡蛋花因其香味而备受喜爱。黄色乳草和红色长春花虽然不那么显眼,但也不是没有吸引力,它们同属夹竹桃科。"⑧

杜鹃花——"(广东)东北部的山上,长满了色彩绚丽的杜鹃花。福琼先生说,这些山上开满了杜鹃花,美得让人难以想象。山的每一边都能看到大量杜鹃花,它们明亮得令人眼花缭乱,美丽绝伦。让我们赞叹不已的不仅仅是杜鹃花,还有铁线莲、野玫瑰、金银花等各类花朵,它们的数量超过百种,与杜鹃花混杂在一起,使我们不得不承认中国的确是'花卉之国'。杜鹃花很受欢迎,技术高超的园丁们培育出了多种杜鹃花,使杜鹃花的品种几乎和山茶花一样多。"⑨

---

① 约翰·戴维斯.中国人[M].伦敦:查尔斯爵士出版公司,1836:349.
② 威尔斯·威廉姆斯.中国[M].纽约和伦敦:威利与普特南出版公司,1848:288.
③ 约翰·戴维斯.中国人[M].伦敦:查尔斯爵士出版公司,1836:349.
④ 约翰·戴维斯.中国人[M].伦敦:查尔斯爵士出版公司,1836:338.
⑤ 威尔斯·威廉姆斯.中国[M].纽约和伦敦:威利与普特南出版公司,1848:285.
⑥ 威尔斯·威廉姆斯.中国[M].纽约和伦敦:威利与普特南出版公司,1848:285.
⑦ 威尔斯·威廉姆斯.中国[M].纽约和伦敦:威利与普特南出版公司,1848:287.
⑧ 威尔斯·威廉姆斯.中国[M].纽约和伦敦:威利与普特南出版公司,1848:287.
⑨ 威尔斯·威廉姆斯.中国[M].纽约和伦敦:威利与普特南出版公司,1848:288.

玫瑰——野生玫瑰和栽培玫瑰在中国都很有名,栽培玫瑰主要被妇女用作头饰。

"中国人和其他国家的人们一样都非常喜欢玫瑰花,广泛种植。中国本土玫瑰种类达到20种,还有许多变种。"①

鸡冠花——"中国人很喜欢鸡冠花,花园中有许多不同种类的鸡冠花。"②

除了这些,我们在瓷器上还发现了绣球花、西番莲、石莲花、各种水草、常春藤叶子及其他匍匐植物。常春藤象征着年迈。

"中国人也说到,花朵外观突然出现的一些变化可以当作一种预兆。有一种花,如果它盛开,叶子很绿,预示着主人家庭将非常兴旺。如果家里有这样的花,很少有人会将之转给别人,除非给一大笔钱。如果出于某种原因,这种花突然死亡或凋谢了,或者叶子颜色变得难看,就说明主人要破财或倒霉了。在本地(福州)有一个中国人,30多年前,他家中遭受了巨大的经济损失,随后变得一贫如洗,原因就是那种花死了。后来查明是邻居干的,原来有一天晚上,邻居把盐水倒进了花盆里。"③

瓷器上的花卉图案往往是约定俗成的,色彩也与真实的花朵不相符,所以往往很难分辨出具体的品种。

灵芝——"灵芝生长在树根上。晾干后,可以存放很久,因此被中国人视为长寿或不朽的象征。寺庙里保存着灵芝的大型标本,或是用镀金的木头做成的仿制品。在老子和其他神仙的画像中,灵芝也经常出现。鹿的嘴里也会叼着灵芝。灵芝作为一种象征符号并不少见。灵芝边上的叶子长得像草一样,代表了真正的草,在灵芝还很软的时候,叶子经常会穿透灵芝。"④

灵芝有时也被称为"万灵草"或"不朽灵魂之草",被认为具有与长生不老药相同的功效。

---

① 威尔斯·威廉姆斯.中国[M].纽约和伦敦:威利与普特南出版公司,1848:283.
② 威尔斯·威廉姆斯.中国[M].纽约和伦敦:威利与普特南出版公司,1848:282.
③ 贾斯特斯·杜礼特.中国人的社会生活[M].伦敦:桑普森·雷欧与马斯顿有限公司,1868:572.
④ A. W. 弗兰克斯.格林博物馆东方瓷器目录[M].伦敦:英国皇家印书馆,1878:246.

第五章　器型

中国陶瓷形状众多，因此这里只能稍微提及几个最常见的形状，无法全部囊括。首先，根据瓷器出口和家用两种不同的生产目的，瓷器的形状会有差异。如果是出口瓷器，那就要按照出口国家的风俗习惯制作。古代瓷器的需求量非常大，以至于各个（生产瓷器的）国家，包括中国，古代瓷器都被洗劫一空，凡是出土的瓷器统统被运往欧洲。所以在我们看来，有些现在发现的器皿标本形状有些奇怪，为了理解它们的用途，我们必须参考众多东方国家这些瓷器的功用，以及欧洲特定地区的用途。

下面这段话摘自殷弘绪的一封信，内容展示了景德镇的瓷器贸易是如何进行的："送到欧洲的瓷器总是按照新模型制造，这些模型通常源自怪异的念头，很难制造。一方面，官员们知道欧洲人很擅长创造，经常请求我从欧洲寄来一些新奇的设计，以便向皇帝呈献一些新奇的东西。另一方面，（当地）工匠恳求我不要再提供新模型给他们了，因为当工匠说某种设计不可能完成时，政府官员并不总是像我们的商人那样乐于让步。如果一个新的模型能给官吏带来很多好处，那要他放弃制作这种瓷器，工人们少不了吃顿杖责。"

5.1　盘和碟

每个盘子都有正面和背面。盘子的正面由底部、侧面、边缘和口沿组成，其中底部和侧面合起来称为"井"或"中心"。盘子背面包括背部、托、背部的侧面（或叫"升"）、背部的边缘。有些盘子没有托，在这种情况下，盘子背直接贴在桌子上——这些被称为平背盘。当托突出时，叫凸缘托（图91），而其他的有凹槽托（图92）。盘子的深度差异很大，根据实际情况，用"深"或"浅"表示。汤盘属于凸缘托，甜点盘一般属于凹槽托。

中国人自己使用的盘子没有折沿，而是碟形的，根据使用目的的不同，有些深，有些浅——这些被称为"碟"。碟的背面分为背部、托、升，但是正面只有一个面，所以正面只能分为底、侧和口。在某些情况下，还会加上一个凸缘，这种碟子看起来就像一个边缘很窄的盘子。收藏家可能更偏爱碟子，这是因为过去有一种观点，认为中国本土造型的陶瓷在生产和装饰时更加用心。中国人直到开始接收欧洲订单，按照其要求制作本土没有的陶瓷样本之后，才开始制作盘子。但那是很久以前的事了，在今天看来不算什么。后来，毫无疑问，不管是盘子还是碟子都有精品——蛋壳盘与蛋壳碟质量可以相媲美，就是一个很好的例子。

支钉痕（图93）通常出现在日本盘子的背面，在中国盘子上并不常见。它们是小陶柱留下的痕迹。人们用黏土做成小柱子在窑里支撑盘子，把盘子从窑里拿出来的时候，这些柱子还粘在盘子底部，必须把它们敲掉，因此这些支钉痕通常会出现在盘子的背面。有些瓷器的支钉痕会比其他的更明显，而且支钉痕的数量也不一样。

中国人似乎在烧制时会把盘子放在架上，但有些又似乎是用一块长方形的砖或铁支撑着的，在这种情况下，瓷器上会留下一块长方形素印（图94）。

图84：八棱圆盘。在拍卖目录中，这被描述为"有棱的圆盘子"，以便与图85区分开来，图85整体是八边形。如果需要更具体的描述，A是缩边八棱，B是缩边凹陷，C是缩边凸起。

图85：深八棱盘。

图86：有浮雕圆形盘，D是边缘镂雕。

图87：E是瓣式边盘；F是凹沿瓣式边盘；G是凹边凹沿瓣式盘；H是螺旋形凹边凹沿瓣式盘。

图88：波浪边盘。

图89：碟。

图90：褶边盘。

图91：有凸缘托的盘子，这种托主要出现在碗上。

图92：有凹槽托的盘子。

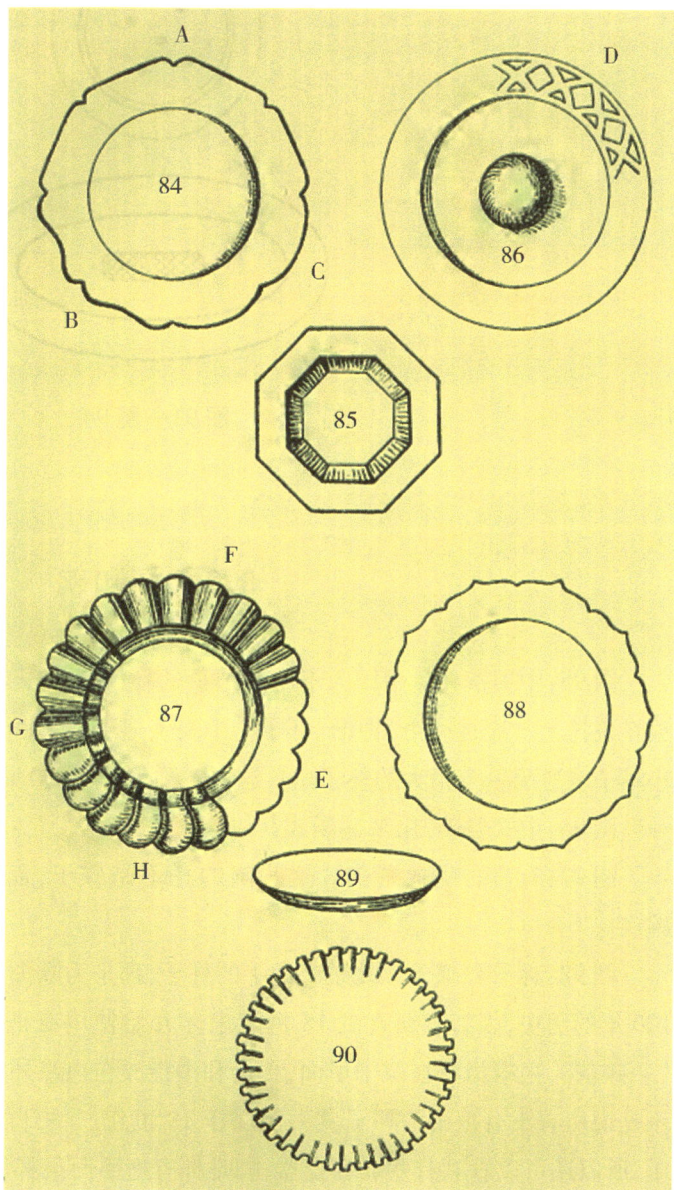

图84—图90

图 93：有 5 个支钉痕的盘。

图 94：有砖印的欧式餐盘。

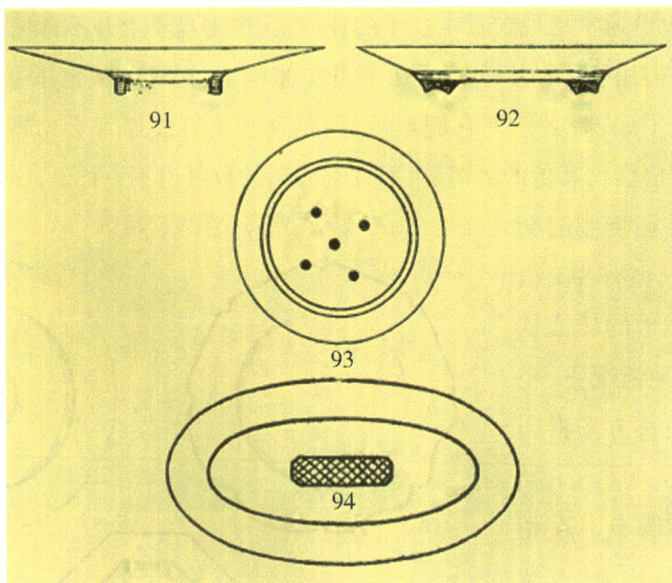

图 91—图 94

5.2 杯和碗

图 95：中国茶杯。中国人不用带把手的杯子或碟子。他们的茶杯很小，和茶壶一起放在茶托上。这是一个"钟形"杯子。中国人把小杯子做成一套一套的，这样就能把一个小杯子装进另一个稍大的杯子里。这些被称为杯子的"巢"。

图 96：中式餐碗，用来盛汤或其他食物。

图 97：有盖的中式餐碗。这些碗的托不是碟子，而是圆环，圆环的中心部分托住碗底。

图 98：杯子和碟子。凡是有把手的杯子，都是为欧洲市场制造的，而且不可能有超过 100 年的历史，因为欧洲直到 18 世纪末才开始使用有把手的杯子。人们过去总是说喝"一碟茶"，把拇指放在碟子里面，食指和中指放在边缘外面，把碗或杯子举到嘴边。这并不是说所有没有把手的杯子就一定属于 18 世纪。一开始，似乎是咖啡杯首先装上了把手，所以还可以看到有些成套瓷器，咖啡杯有把手而茶杯没有把手。这里画的杯子是"倒梨"形的。

图 99：半球形碗。这是最常见的形状，在拍卖目录中被简单地称为"碗"。这些主要被用作汁酒碗。有些是"钟形"的，其他的则是圆柱形的——这些被称为"柱形"碗或

"平"碗,前者深,后者浅。

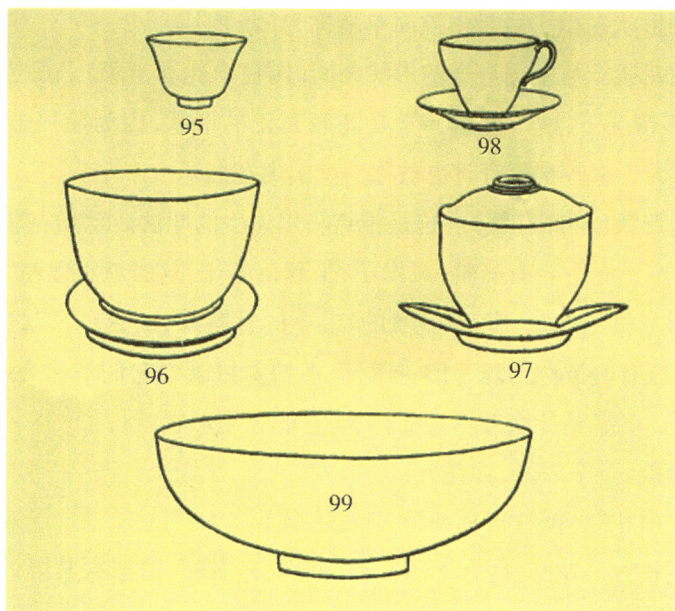

图 95—图 99

5.3　花瓶

　　花瓶、广口瓶和罐子的形状非常相似,通常很难说清楚什么是罐子,什么是花瓶,而同样地,广口瓶和花瓶有时也很难分辨,在这种情况下,描述它们的时候,最好的方法就是承认它们外形相似。根据字典上的定义,罐子的口宽,瓶子的口窄;但是,除非我们知道器皿的用途,否则要说出它属于哪一类,往往不太现实。

　　如果可以的话,我们要尽可能用一两个词来表达作品的形状,通常会使用的术语有圆柱形、球茎形、蛋形、梨形、圆锥形、椭圆形等。鸡蛋的顶部较粗,因此蛋形花瓶的顶部最大,底部最小。锥形也是如此,只是它们更长,形状不那么凸圆。而梨形则是头颈部很窄,底部很宽,如果有必要,我们还会用"倒置的梨"来形容这一形状。球茎形是不规则的形状,术语球茎形表明容器至少是球形的,但不属于圆形或椭圆形。这种描述方法的缺点是,它不能指出颈是长还是短。还有那种不能独立站起来的形状,如蛋形或锥状,是否添加了加长的底座支撑,还是切掉部分底部,变成一个平面以达到站立效果无法描述。因此,在需要精确描述的地方,唯一的办法似乎是添加括号,提供进一步的信息。

　　图 100:圆柱形花瓶(有托、瓶口有垂直凸缘、圆肩)。这是最常见的形状之一,似乎在所有时期都很受欢迎。形状有时会因去掉托或去掉瓶口凸缘而变化。有时向底部逐渐

变细,而肩的倾斜度有时多有时少。

图 101:这种形状在拍卖目录中被简单地称为"花瓶"。

图 102:灯笼花瓶。与中国灯笼的形状相同(圆柱形托和半颈)。虽然花瓶颈短,瓶口无装饰,但在许多情况下,这种形状并不是花瓶真正的形状,因为瓶口被打破,所以颈部上端已经被切断了。这些花瓶有时也被称为椭圆形花瓶。

图 103:兰斯花瓶(颈部有领)。这是雅克马尔先生的叫法。兰斯花瓶都是大尺寸的,而且主要来自日本。有时会有麒麟(或狮子)形状的盖子,这时就可以叫"兰斯罐"。

图 104:瓶形花瓶(有宽底座,球茎状的口,小的直唇缘)。这种形状通常出现在墨地彩瓷类。这些花瓶有时被称为球茎形花瓶,但在拍卖目录中它们被称为瓶形花瓶——最好采用这个术语。名字是什么并不重要,只要它能表明形状就行了。

图 105:锥形瓶(颈窄口开,无托)。

图 106:长方形花瓶(圆柱形托和颈,口处有领)。

图 107:带托长方形花瓶,底部逐渐变细(斜肩,颈有领,口部有造型)。

图 108:长方形花瓶,底部逐渐变细(曲肩,短颈)。

图 109:带托麒麟盖六方瓶。

图 110:麒麟盖六方瓶,通常无托,底部平,无釉。

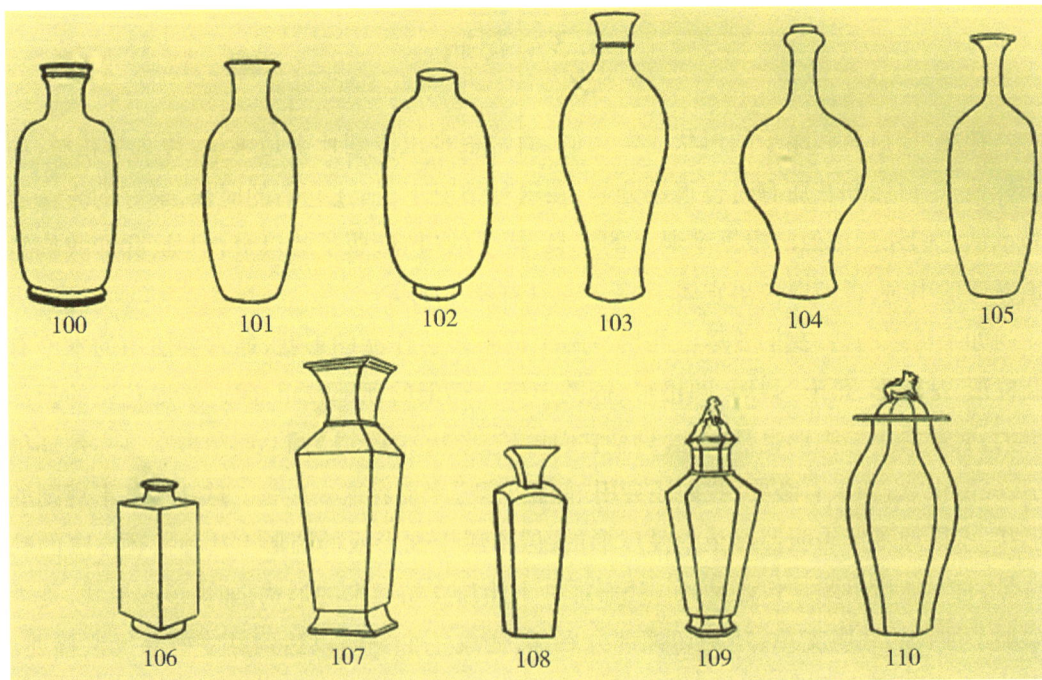

图 100—图 110

5.4　广口瓶

中国人用这些大口瓶来装浇花的水。

图 111：这种形状一般被称为"广口瓶"。

图 112：广口瓶（中部有凸带）。

图 113：广口瓶（中部凸带平且宽，顶部有凸缘）。

图 114：直广口瓶，大多数中国广口瓶属于这一类。

图 115：蛋形广口瓶。

图 116：广口花瓶（中部上方有凸带，球形底座位于宽的圆柱形托之上）。这真的是花瓶底座配上面的广口瓶。①

图 117：瘦广口瓶（喇叭口、中部球茎形）。这种形状通常出现在青瓷或其他全彩瓷中。这些作品的装饰通常都非常好看。

图 118：中部球形广口瓶。

图 119：钟形广口瓶。

图 120：中部鼓形广口瓶。

广口瓶也有方形、六边形、八角形和其他形状。

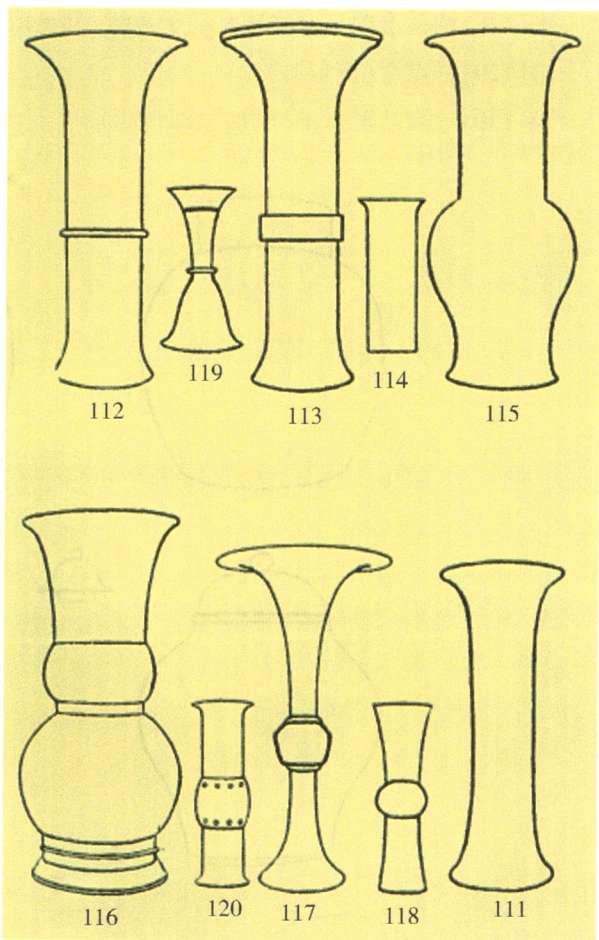

图 111—图 120

5.5　罐

图 121：带盖蛋形罐（姜罐）。

图 122：圆盖蛋形罐（姜罐）。

---

① 中国的陶瓷工人非常擅长将花瓶的各个部分进行匹配和连接，因为它们实际上是由不同的部分制成的，三葫芦形状的瓶子就是一个例子。——T. J. 拉金

图 123：带盖球形罐。

图 124：倒梨形盖罐，盖子如水滴形，如图 125。

图 126：锥形罐。

图 127：桶形罐。

图 128：圆柱形罐。这些罐和杯子一样，都是成套的，一个罐子可以套在另一个里面。

图 129：糕点盒（圆形）。

图 130：玫瑰叶形盒子（圆形顶部带孔）。

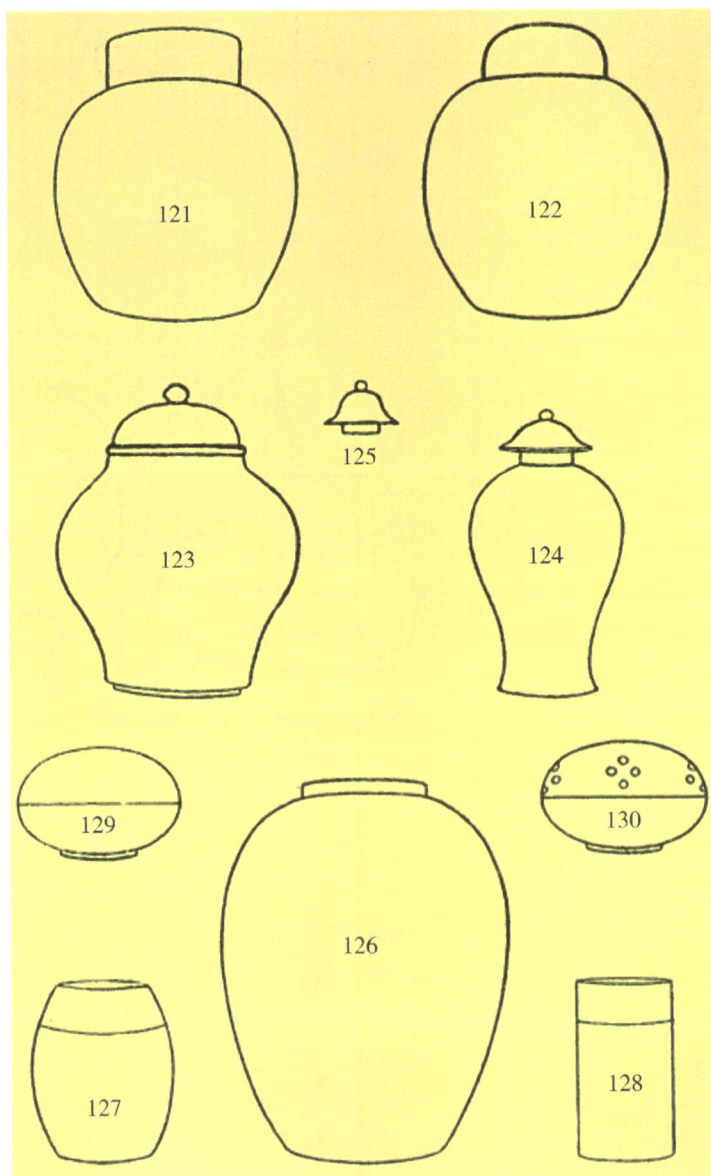

图 121—图 130

5.6 其他瓶子

图 131、图 132：鼻烟壶。这些鼻烟壶形状各异，颈窄，配软木塞子，塞子下方有一个小勺子（图 133），可以把鼻烟从瓶子里挖出来。可以看到，图 131 代表了中国古代松鼠和葡萄这一主题。

图 134：葫芦形瓶。

图 135：三葫芦形瓶。

图 136：朝圣者瓶。它们被做成扁平的，用一根绳子穿过瓶子上的 4 个环就可以背在朝圣者身上。

图 137：喷水瓶。在橡胶喷水瓶出现之前，人们用陶瓷喷水瓶喷玫瑰水和其他香水。

图 138：球形瓶（圆柱形颈）。

图 139：梨形瓶（颈长，靠近口部有领）。

图 140：水瓶。

图 141：酒瓶或酒罐。

这些瓶子有时被称为瓶形花瓶，但最好就叫它们瓶子，如果需要可以具体指明它们的形状。因为如果叫瓶形花瓶的话，会与图 104 混淆，图 104 现在叫瓶形花瓶。

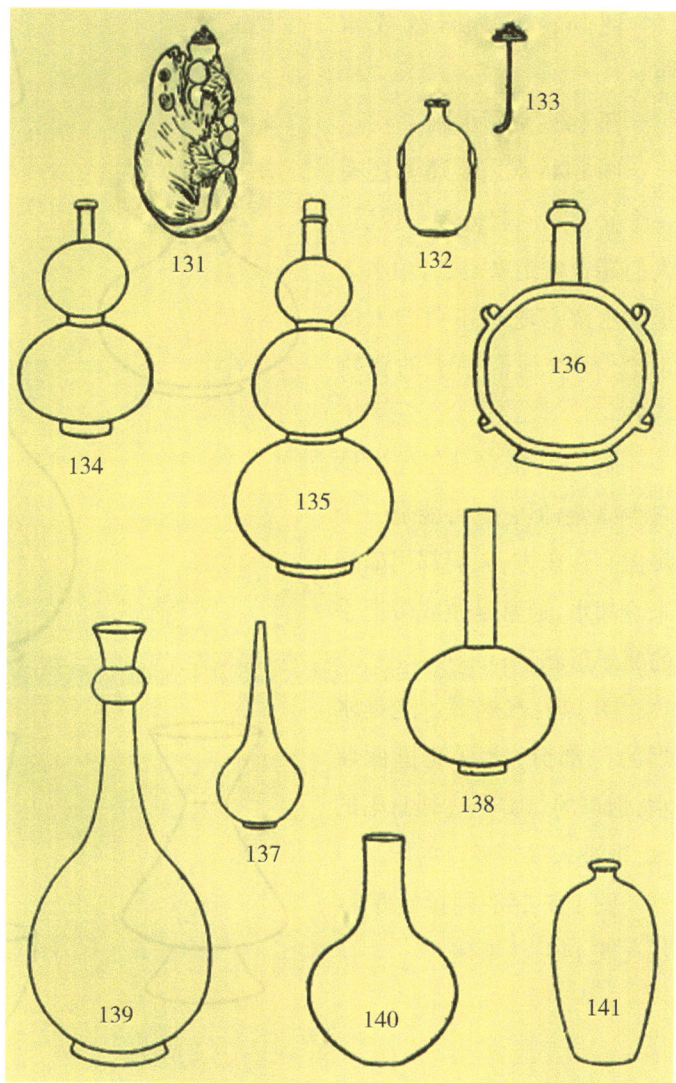

图 131—图 141

关于泪珠形瓶，当被问起时，中国人似乎对泪珠形瓶一无所知，记录中国风俗习惯的作家也没有提到过。因此，以这个名字大量进口到欧洲的小瓶子很可能是鼻烟壶，或者是定制的各种小瓶子在欧洲以"泪珠形瓶"的名字出售。荷兰人进口了大量的泪珠形瓶，用来装药膏。

5.7　波斯或伊斯兰风格的瓷器

图142：波斯酒瓶或水瓶。

图143：梨形水瓶。

图144：水瓶。通常还有一个盆与其一起使用。饭后，人们端着盆走来走去，用水壶里的水浇在吃过东西的人的手上，清洗他们手上的食物残渣。

图145：雅克马尔先生称它为凉壶，但它更可能是一个痰盂。在东方，人们都用凉壶来冷却水，通常是做成带把手的瓶子形状。

图146：水烟筒。这是水烟的一部分，水烟筒里面装水，烟草的烟雾经过烟筒里的水，再进入吸烟者口内。

图147、148：阿拉伯杯。

图149：波斯碗。

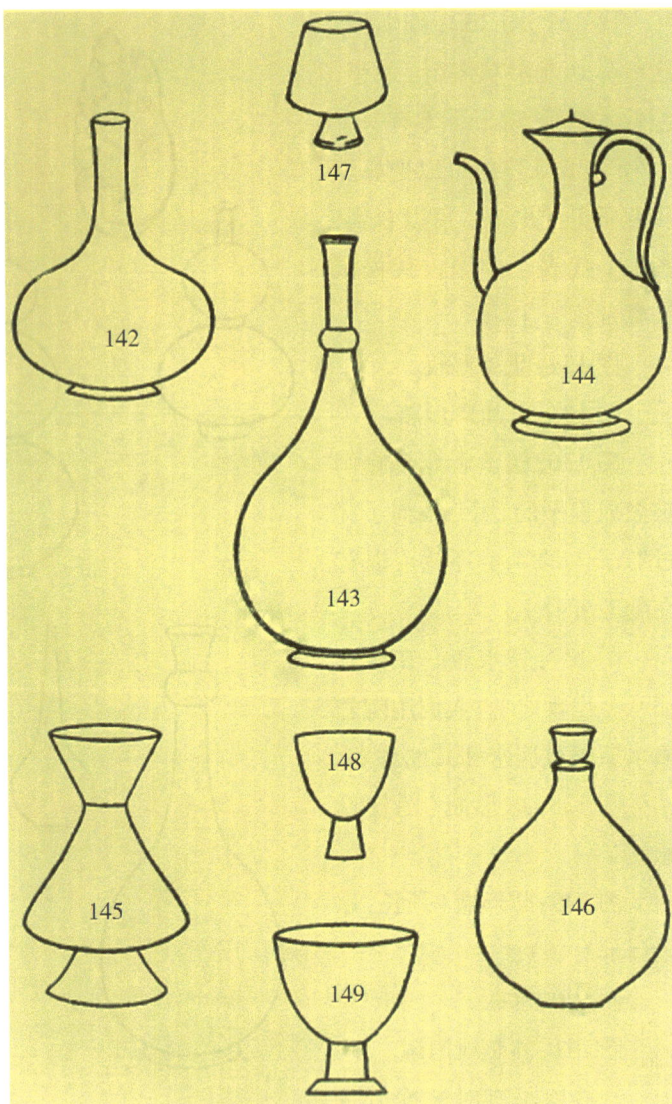

图142—图149

第六章　色彩

中国陶瓷最大的魅力之一便是其璀璨的色彩。陶瓷上色有 3 种不同的方式:釉下,如青花瓷;与釉料混合,如青瓷;釉上,就像大多彩瓷一样。如果是釉上,可能是单色,也可能是与釉料混合的,颜色就在表面,被称为珐琅。关于色彩变化的历史不是很清晰。中国人似乎是以非常缓慢的步伐,一步一步研制出我们经常在瓷器上看到的各种鲜艳的颜料,有时甚至是倒退而不是前进。早期釉料的颜色不太确定,所以难以定义。

不幸的是,几乎没有什么资料可以告诉我们,中国人是通过什么顺序,逐步发现各种能在瓷器装饰上使用的颜色的,也没有日期来记载这些发现。但现在人们普遍认为,绿色是第一个令人满意的可以用于装饰瓷器的颜色,它出现在青瓷上,颜色深浅不一,与玉相似。

其次应该是蓝色。但据我们了解,第一次明确提到某种特定蓝色的是宋真宗,他将"雨后天空的蓝色"作为皇宫中瓷器的颜色。它可能是一种釉,因为据说这些瓷器的底部是粗糙的黄色。有人告诉我们,这种瓷器,或者更准确地说,青瓷,在中国非常受人喜爱,以至于多年后,有人像宝石一样把它的碎片戴在身上。从宋真宗统治之后不到 400 年,就开始了明朝——这一事实与我们的理论相悖,即我们现在拥有比明朝时期更早的瓷器。

中国人声称从很早的时候就开始使用红色,但在明朝之前,他们能否把红色作为一种独特的颜色加以使用,是值得怀疑的。

除了上述这些,我们有理由相信,在明朝时期,白色、紫色、黄色、深棕色、黑色或其他类似的颜色以及描金也在使用,但可能并非每一种都用作釉料。

南京的大报恩塔由明朝第三位皇帝永乐帝开始建造,于 1430 年完工。塔的表面似乎是白色的瓷砖,瓷砖一面上了釉。九层塔上的屋檐由绿色的琉璃瓦搭建,而造型和装饰则是釉面陶器,使用了 5 到 6 种颜色——白色、红色、绿色、蓝色,有些作家说有黄色,还有些作家说有棕色。不幸的是,这并不能作为当时使用的瓷器颜色的确切证据,因为1664 年康熙皇帝对大报恩塔进行了大面积的修缮,据我们所知,大报恩塔可能已经完全被康熙重新粉刷过了。后来大报恩塔还进行了多次修缮,最终在 1856 年被摧毁。

在清朝之前,尽管中国作家对色彩进行了生动的描述,但色彩的亮度和清晰度有所欠缺,后来引入了我们现在所知的"基督色",弥补了这一缺陷。之所以叫"基督色",是因为康熙和后来的统治者在位期间,人们在一些传教士的帮助下对颜色做出了许多改进。

殷弘绪在 1712 年提到了棕色和咖啡色釉,说这是当时最新的发明,所指的必然是我们近期在瓷器上发现的亮棕色釉。与早期的暗褐色釉不同,我们还发现亮棕色釉主要用于盘子的边缘。

在蛋壳盘背面和其他清朝瓷器背面,我们还发现了金红色,似乎是在雍正时期传入的——这可能是在陶瓷作品中最早发现的金红色的年号。红色的色调从粉色到紫色不等,包括明亮的红宝石色。在粉彩类瓷器中,这些颜色用作珐琅。

据说在乾隆时期,人们发明了一种亮黑色釉料①。千万不要把它和彩绘陶器的黑底搞混,那是一种暗黑色,上面覆盖绿色釉料。

---

① 此处指的可能是乌金釉。其始于明成化年间,到清康熙乾隆年间极为盛行。

第七章　几何图案

几何图案在中国陶瓷的装饰里大量使用,因此有必要在这里指出一些常见的几何图案,以及它们一般的叫法。

图 150:回纹饰。这种形状主要用作带或边。《伦敦日本学会会刊》第三卷的第 1 部分和第 2 部分刊载了 F. T. 皮戈特先生的一篇关于回纹图案的文章。如图 150 所示,这个图案有时会排列成行作为几何图案出现。

图 151:T 形。

图 152:如意头。如意头常用作带或边。中国艺术家会不厌其烦地用各种形式再现如意头的各种新样式,它们数量众多,很难都列举出来。

图 153:栅格。有时它会用作带或边,有时会完全覆盖整个作品。

图 154:三角形或花形。

图 155:鱼骨形。

图 156:蜂窝形。蜂窝中如果有图 156 中 A 的图案,则称为"花形蜂窝";如果有 B 的图案,则称为"星形蜂窝"。

图 157:环形。环中也可能有花形或星形。

图 158:钻石形。有的是单纯的钻石形,有的则中间有花形。这种图案有时由双线组成,线如米粒,其中 4 粒呈直角排列成钻石形,因此可以被称为大米钻石形。

图 159:菱形。

图 160:铜钱形,可能取自图 25 的符号。铜钱形常用于青花瓷的装饰。

图 161:涡卷形。主要用于近期作品的装饰,有时用于雕塑瓷,烧制前在膏体中雕刻涡卷形。

图 162:鱼子形。这在早期和近期的瓷器作品中都可以找到。

图 163:八边形和正方形。这是蛋壳盘上常见的图案。

图 164:网格。

图 165:花瓣。

图 166:斑点。通常用于绿色珐琅上。

图 167:鱼鳞。

图 168:卷形。在近期的作品中经常出现。

图 169:Y 形。在中国瓷器上经常出现。

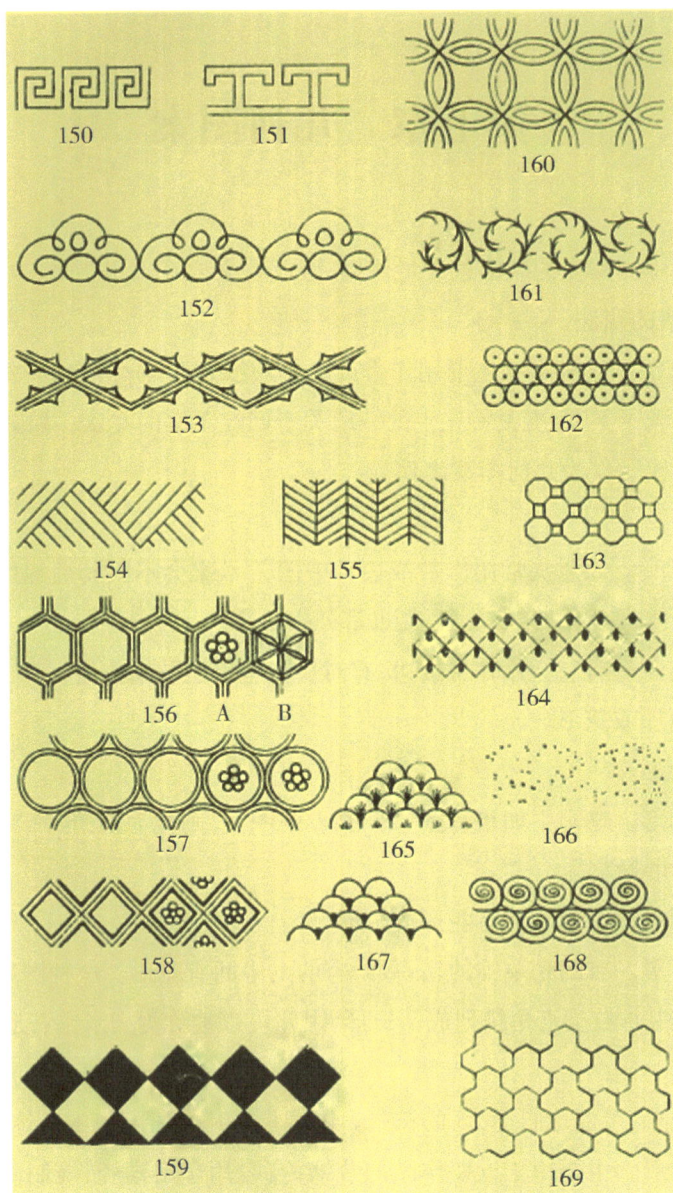

图 150—图 169

第八章 分类

雅克马尔先生曾对中国瓷器进行过分类。他的分类,似乎主要是以颜色为导向。A.W. 弗兰克斯爵士紧随其后,做了一个更加广泛和科学的分类,但正是因为这个原因,他的分类可能不容易被不熟悉瓷器的人理解。在本书中,我们主要遵循了 A.W. 弗兰克斯爵士的分类,将雅克马尔先生的分类作为补充。而在这两位作者都没有提供名称的情况下,我们就用现在普遍认可的名称来指代和描述。各种类别的作品相互交错,有时很难决定某些作品应该属于哪一类,而有些作品则是按照雅克马尔先生的做法,只能作为"例外"来处理。

8.1 白瓷

这里讲的白瓷并不是指以普通方式制造和上釉的一般瓷器,也不是指在釉面上涂上颜色的瓷器,而是指质地更细腻的瓷器,指那些像象牙一样白的瓷器。白瓷通常以印章、小雕像、动物雕像、杯子和其他小器皿的形状出现,这些器皿有的会打洞,其他的则用浮雕装饰。这些器皿中的大多数都没有标记,几乎没有什么信息可以使我们准确知道它们的生产年代。根据当地人的描述,白瓷在清代以前就有制造。我们有理由相信,从很早的时候开始,中国人就想办法模仿象牙,就像他们模仿玉石一样。似乎一开始,中国人对瓷器的重视并不是为了它本身,而是为了模仿更昂贵的物品。众所周知,瓷器在法国被称为"白瓷"。毫无疑问,它的年代差异很大,有些瓷器比其他的要古老得多。

图 170:这一瓷器不属于象牙类白瓷,而是一个白色无釉瓷盒或上等的白坯盒子。它长 3.5 英寸,高 2.5 英寸,宽 1.75 英寸,款识标记为道光年制,字凸起,装饰有浮雕景观。这些盒子一般是用来保存(印章用的)朱砂的,但如果主人家有丧事,印章则是用蓝色的颜料。在中国通常不签名字,而是在信件和文件上盖章。

图 171、172:印章。小方块形,由象牙白瓷制成。在这两个印章中,一个上面有老虎,另一个上面有狮子。图 173、174 显示的是印章底部。

"通常情况下,用一个代号来代替名字,或者用一个双方都明白的短语或句子来结束书信,从而避免任何签名,这已逐渐成为签署好友间书信的一种常见方式,而这无疑是源于对书信被截获和产生不良后果的恐惧。"①

图 173　　　图 171　　　　　　　图 170　　　　　　图 172　　　图 174

　　图 175：一个类似象牙的乳白色瓷茶壶，高 4 英寸，没有款识标记。这是从中国寄来的，是珍珠瓷的样品。装饰由高浮雕的竹节组成，底座无釉。

　　图 176：白色不透明花瓶，高 5.5 英寸，没有款识标记，底部施釉。与图 175 相比，它是由更粗糙的材质制成的，把它列入白瓷中，是来证明这个经常被冠以"朝鲜瓷"名字的物件，现在有充分的理由相信它来自中国。它通常用浮雕装饰，浮雕由传统的龙和叶子组成。叶子是如意头的形状，也可能是灵芝的形状，是长寿的象征。

图 175　　　　　　　　　　　　图 176

---

① 威尔斯·威廉姆斯. 中国［M］. 纽约和伦敦：威利与普特南出版公司，1848：476.

8.2 颜色釉瓷

8.2.1 裂纹瓷

和下面一类瓷器一样,裂纹瓷由白色或彩色的釉料组成,一般覆盖在类似于炻器的粗糙坯体上,有时坯体为红色。虽然现在是人工生产,但据说最初是被意外发现的。据中国人说,裂纹瓷在南宋时期就已经出现了。似乎有各种方法来产生这种效果,主要的原理是通过将作品突然暴露在低温环境下,从而使表面的釉比坯体收缩得更快,断成几段,当被烘烤时,就成了裂纹了。有时,在这些小裂缝中会加入黑墨水或红色颜料,从而提高裂纹效果。中国人完全掌握了这一工艺,以至于他们可以制造出任意大小的裂纹。小裂纹瓷器被法国人称为"鳟鱼",因为它与鳟鱼的鳞片很相似。

属于这一特殊类别的作品通常样式古老,装饰有狮子头、象征性的人物和常见的几何花纹带,采用浮雕装饰,通常是棕色的。这些作品通常是灰白色的裂纹,但是,在"全彩"类中,我们发现了裂纹瓷还有白色、青色、绿松石蓝色、苹果绿色。事实上,似乎只有红色没有被应用于这种工艺,也可能是出于某种原因,红色没有被应用于裂纹瓷。青花瓷在其他类别中,不然的话,我们也会看到带裂纹的青花瓷。

图 177

图 177:莲蓬形的笔筒,高度为 3.5 英寸,没有款识标记。这是一件精美的白色裂纹瓷。它的顶部有 7 个圆孔,毛笔可以放在里面。

图 178、179、180 是来自南肯辛顿博物馆的收藏,用来展示小、中、大 3 种裂纹。

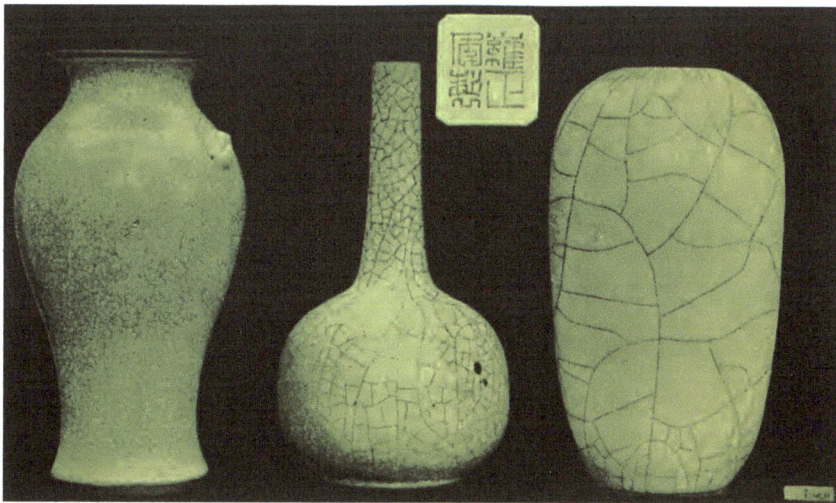

图 178　　　图 179　　　图 180

— 71 —

图 179 的款识印记做得很差——印有雍正的蓝印,底座和瓶子的侧面一样做得不好,所以蓝印的蓝色颜料在底座上也有。

图 181 也是来自南肯辛顿博物馆的收藏,顶部有如意花纹带,肩部有回纹饰,托上有菖蒲装饰。

图 181

8.2.2　青瓷

青瓷是“单色釉瓷”,被称为“整体一色”或“自色”瓷器。对于色彩爱好者来说,这可能是最有趣的一类。它深受上世纪(18 世纪)收藏家的赞赏,至今价格不菲。在所有各种各样的描述中,它可能是最能体现法国人镀金装裱技巧的一种。这一类瓷器的独特之处在于,彩色釉被涂在坯体上,并暴露在第一次烧制的极端高温下。这经常会导致釉料变色,因此会出现五颜六色的色调,法国人称之为艳丽,我们称之为“飞溅”。随着时间的推移,中国人无疑可以随心所欲地制造这种效果,有时可能会使用多种颜色的釉料来达到目的。不幸的是,"青瓷"一词有两种含义:(1)作为一个通用术语,制作器皿的物质被覆盖的彩色釉料盖住;(2)指一定范围内的绿色瓷器。因此,有时很难解释"青瓷"。这两种含义都适用的作品可能存在于我们拥有的最古老的中国瓷器样品中。埃及的统治者苏丹于 1487 年送给洛伦佐·德·美第奇的杯子据说是按照青瓷的工艺制作的,颜色也是青色。沃勒姆大主教的杯子也是青瓷(现属于牛津大学新学院)。这些杯子在当时很受重视,因为人们相信它们具有检测有毒食物的优点,当杯子装满任何有害的东西时就会改变颜色。青瓷的产生最初可能是中国人想要模仿他们最喜欢的各种色调的玉石,这些色调从深绿色到乳白色都有。从 16 世纪的普通青瓷,到我们在收藏家手中发现的青瓷,都深受追捧,而且没有人可以指导我们分辨两者的差距。但是看看明朝后期中国的动荡状态,我们把大部分精品归到康熙时期,而把形式和颜色更复杂的归到清朝更晚的时期,这可能不会错。"随着我们逐渐接近现代,裂纹瓷和青瓷失去了它们颜色深沉的特点,这是由于陶坯的变化,因为坯体变得更白了。"①

在任何类别中,我们都找不到比这一类更多的颜色和光彩。在此类中,几乎每一种颜色和色调都能见到。在形状上,这些作品也不同,有些是素面的,有些是刻面的,而有些则有凸起的装饰物,可能是人物、花或树叶,这些被称为"雕刻的""印花的"或"浮雕的"青瓷。

以下是一些青瓷颜色的名称:

青色、海绿色、豌豆绿、苹果绿、山茶花绿、各种色调的绿松石色、皇家蓝、深蓝、午夜的天空、牛血红、骡子血(不如牛血色黏稠)、鸽子血的颜色(更像宝石红色)、肝脏颜色、珊瑚红、番茄红、宝石红、粉色、丁香色、薰衣草紫、月光白、桃花色、碎草莓色、紫色、棕色、金属亮色和金属锈色、咖啡色、茶色、柠檬黄、帝国淡黄、芥末黄、稻草色、橙色、白铅色、灰色。

许多作品的色调差异很大,有时很难说它们属于哪种颜色。

8.2.3　舒芙蕾纹样装饰和玉石装饰瓷

图 182:酒罐。由深棕色的坯制成,这从无釉的底座可以看出来。它的高度为 9.5 英寸,没有款识标记。这件作品是一个古老的酒壶,从中国运来。它的表面覆盖着蓝紫色的釉,釉下的坯面颜色较浅,釉好像以小颗粒的形式施于坯面,这些小颗粒往下移动,导致酒罐的表面看起来有些斑驳。

① 阿尔伯特·雅克马尔.陶瓷艺术史[M].2 版.伯里·帕利瑟,译.伦敦:桑普森·雷欧与马斯顿有限公司,1877:49.

— 73 —

图 182

"舒芙蕾纹样装饰施于完全不透明的灰蓝色珐琅上。根据殷弘绪的描述,下面是这种装饰的实施方式:将适当浓度的颜色放在一根管子里,管子的一端用纱布盖住;通过另一端吹气,管子里的珐琅会凝结出充满空气的小水滴;这些小水滴在接触到作品的侧面时就会爆裂,变成连在一起的小圆圈,形成一个像精美的蕾丝花边的网状物。有时舒芙蕾纹样的颜色是蓝色的,更多的时候是胭脂红,这让作品看起来像紫色的珐琅。这种装饰常常会失败,小水滴不会爆裂,反而形成了小条纹,半融化般地进入粉蓝色的釉里面,因此产生了一种非常讨人喜欢的特殊装饰——玉石装饰,它的受欢迎程度不亚于舒芙蕾装饰。"①

这件作品显示了在这种情况下,颜色的颗粒是如何流动而不是爆裂的。

---

① 阿尔伯特·雅克马尔.陶瓷艺术史［M］.2 版.伯里·帕利瑟,译.伦敦:桑普森·雷欧与马斯顿有限公司,1877:52.

"毫无疑问,通过充气的方式,在温热的珐琅上产生了一种银点的感觉;人们会认为这是一种掺有金银粉末的漆。"

"舒芙蕾装饰应该被列为中国陶瓷最古老的艺术之一吗?对于银点舒芙蕾装饰,我们倾向于肯定。但蓝色和红色的花边状舒芙蕾装饰是属于 18 世纪的,至少我们所熟悉的样品是这样的,我们甚至遇到过这样装饰的花瓶,可以追溯到 1725 年至 1755 年。"

"值得注意的是,中国的葡萄虽然产量很大,但在中国并不用于生产葡萄酒,中国的酒是用大米发酵的,但在颜色和味道上都与我们一些不太烈的白葡萄酒相似。米在水中浸泡,再加上一些其他成分,浸泡相当长的时间;然后将液体煮沸,让它发酵,随后将液体全部从底部抽出,装入陶罐中,陶罐与古人留给我们的双耳土罐相似;残渣被用于蒸馏一种非常浓烈的酒,其强度几乎不亚于纯酒精,他们有时在用餐结束时会使用一个极小的杯子喝这种烈酒。当发酵好的时候,它在无色的外观和烟熏的味道上都很像浓烈的威士忌。"[1]

从颜色上看,图 182 这种器皿现在通常被称为"月光白瓷"。

8.2.4　牛血瓷

图 183:覆盖着牛血釉的瓶子,高度为 14 英寸,没有款识标记。底部和内部涂有白釉;宽平的无釉托磨得非常光滑,从而可以看出这件作品是由灰色的坯制成的。这类瓷器一般是这样的,釉从花瓶的边缘褪去,从而形成一条紫色的带子,下面开始才是正式的微黄的血红色。在灯光下看起来有斑点或凝结,因此,在法国,它得到了"牛血"这个名字,并因此而闻名。然而,"牛血"一词现在有时被用来表示一种更漂亮的宝石红色,它不是凝结的,而是完全透明的,更像葡萄酒而不是血。对两种截然不同的红色使用同一个术语是一个令人遗憾的问题,因为这很容易导致错误,而且后者似乎应该用单独的名称来表示,比如"宝石红",这样对这两种截然不同的釉料,就不会有疑问了。除了颜色是红色的之外,这件作品的釉面非常亮,所以很难拍摄,因此这幅插图只是清晰地展示了颈部上方的样子,不幸的是,摄影师没有捕捉到凝结的痕迹。

这可能是乾隆时期的作品。那些被认为属于康熙时期的作品,虽然颜色也从颈部褪去,但没有显示出紫色的带子。

图 184:一个深海绿色裂纹广口瓶,高 8 英寸,底部直径为 3 英寸,顶部直径为 5.5 英寸,没有款识标记。底座和凸缘托都没有上釉,而且很不平稳,所以必须对木质托进行整形,否则作品就会站不直。这可能是康熙时期仿制的明朝绿釉瓷器。图片中,从广口瓶口部来看,作品的内部看起来是白色的,但其实内外都覆盖着同样的深海绿色釉。

---

① 约翰·戴维斯.中国人[M].伦敦:查尔斯爵士出版公司,1836:309.

图 183   图 184

8.2.5 泼釉瓷器

图 185、186、187：泼釉瓷器。这 3 幅图提供了 3 种不同的颜色分布方式,从而呈现出泼釉瓷器的外观。似乎没有术语来表示泼釉的不同形式——然而这并不奇怪,因为几乎没有两件作品是完全一样的,任何描述一般都限于尽可能地记录颜色。这些作品很难拍照,花瓶肩部的白斑是由釉上的光线造成的,与颜色的泼洒无关。

图 185 所示的瓷器蓝中带红。

图 186 所示的瓷器为红色覆盖黄色。

图 187 所示的瓷器为浅黄褐色泼以红色。

图 185　　　　　　　　图 186　　　　　　　　图 187

8.2.6　彩色釉瓷

与上一类泼釉瓷器不同,这类器皿在上釉之前是在窑里烧过的——也就是烤过,或者说高温烧过。这是一种青瓷,但颜色是通过二次烧制后固定下来的,二次烧制的温度比首次烧制坯体时的温度低。结果是釉面看起来很薄,而且一般来说,颜色没有真正的青瓷那么丰富。有时作品被涂上单种颜色,但经常是多色的装饰,最常使用的颜色是黄色、绿色、蓝色、紫色和栗色。

这类瓷器的形状几乎和其他类别一样多。我们发现黄色的瓶子上装饰着蓝色和绿色的龙或其他怪物。如果是绿色鹦鹉的图像,很可能有栗色的翅膀,栖息在黄色的石头上。凡是没有凸起图案的瓷器,图案一般都是刻在坯上的。而这些器皿,一般来说,都比真正的青瓷要薄一些,这种器皿可以被称为"薄青瓷"。

图 188、189、190 是 3 个存放在南肯辛顿博物馆的罐子。专家认为它们属于明代,可以作为早期瓷器的样品,有些类似的明代作品仍然在中国仿制。它们是粗糙的器皿,人物和其他装饰是浮雕的。这些瓷器颜色主要有各种蓝色、紫色、黄色和白色。大英博物馆目录中对它们的描述如下:

图 188:罐子。明代早期瓷器,浮雕装饰,坯面用绿松石色、黄色、白色和棕色填充。壶身上是一幅风景画,画中官员们骑马、身着古装,旁边还有男仆走路随行。罐子上方是如意头,下方是传统的格子边框。有雕花的木托和木盖子。高度为 11.5 英寸,直径为

13.75 英寸。

图 189：罐子。明代早期瓷器，浮雕装饰，绿松石色坯面用蓝色、黄色、白色填充。罐身是一幅风景画，2 个人骑着马走向一座房子，旁边有 1 个拿着盒子的男仆步行跟随；画中还有 1 个骑马的官员和 2 个步行的男仆，一个男仆拿着琴，另一个拿着扇子。罐子上方是佛教的 8 个象征符号、莲花、涡卷装饰；下方是传统的格子边框。有雕花的木托和木盖子。它的高度是 12.5 英寸，直径为 14 英寸。

图 190：罐子。明代早期瓷器，体型巨大，外面有紫色和绿松石色的装饰，有些地方没有上釉（没上釉的地方可以看到坯的颜色）。罐身是一幅风景画，画中的人物骑马，有的戴着军帽，分别拿着旗子、长矛和棍子。其他人穿着平民的服装，其中一人拿着一把琴。罐子上方是一条花带，下方是格子边框，每隔一个格子里有一个图案。有雕花的木盖和托。高为 12.5 英寸，直径为 13.375 英寸。最后还要注意，这是一个胎面带孔的罐子。

图 188   图 189   图 190

图 191：黄色的瓶子，高度为 11.75 英寸，无款识标记。瓶身装饰有 2 只绿色的狮子，一只有蓝色的脸、背和腿，胸前有栗色的条纹；另一只有栗色的脸和腿。2 只狮子都有白色的眼睛。底座是凹进去的，颜色和花瓶一样，但是托的底部没有上釉。狮子似乎是被刻在坯里的。它们也可能是佛狗，因为狮子一般都是玩球的画面。

图 191

8.2.7　网状或镂雕瓷

这是中国人为了给他们的产品增添新意而采用的方法之一。

"有一套网状花瓶,其外侧完全被切割成几何图案,蜂窝状、圆圈交错,与另一个类似的普通的圆柱形花瓶叠加(套在一起)……网状外观也被应用于茶具。杯子的外部网络很容易让人用手握住它们,尽管它们所装的液体很热。这里有一些假的网状结构,网格开孔面是浮雕的。"①

---

① 阿尔伯特·雅克马尔.陶瓷艺术史[M].2版.伯里·帕利瑟,译.伦敦:桑普森·雷欧与马斯顿有限公司,1877:71.

图 192：陶制的瓶子，高为 14.5 英寸，无款识标记，底部无釉，内壁也无釉。外壁和颈部都涂有绿釉，外壁有镂雕，形成了云中二龙的图案。龙似乎原本有 5 个爪子，但由于某种原因，可能是为了防止制造商或其所有者陷入困境，每只脚被砍掉 1 个爪子，所以它们变成了四爪龙。

图 192

"五爪龙是皇权的象征。除非得到皇帝的特别许可，否则百姓不得使用或画它。有些人认为，由于皇帝代表着帝国，而五爪龙代表着皇帝，所以龙可以完全被视为中国的象征图案。其他人则认为龙是守护神——帝国的守护神。"①

---

① 贾斯特斯·杜礼特.中国人的社会生活［M］.伦敦:桑普森·雷欧与马斯顿有限公司,1868:530.

8.2.8 白泥装饰瓷

这类装饰包括人物、花卉和其他彩底上的白色装饰。半液态的白色黏土,专业术语叫装饰用的白泥,这些作品在烧制时,在瓷器上呈现出浮雕状,有点类似于韦奇伍德的装饰风格。这种白泥装饰一般出现在涂有蓝色、青色、棕色、灰色或淡紫色釉的作品上。它在中国似乎并不受欢迎,因为这类瓷器很少,这个类别的作品出产时在位的皇帝都不是很有名。

图193:广口瓷痰盂,无款识标记,覆灰蓝色的釉,有白泥装饰的花和人物。这件作品的底座在球体底部,因此托很高。托的内部和球茎内部一样,都覆盖着白色的釉。托上装饰着梅花和桃花。痰盂上的人物是一位穿着古装的绅士,清朝头型,画面上还有 3 个女孩和 1 棵棕榈树。痰盂的颈部有牡丹和其他花卉。

图 193

8.3 釉下彩瓷

8.3.1 青花瓷

在这一类瓷器中,蓝色涂在未烘烤的坯上,然后上釉并在非常高的温度下烧制24小时,因此它们只需烧制一次。而在彩瓷类中,先需要烧制一次釉,再将颜色涂在上过釉的瓷器上,然后在较低的温度下第二次烧制以固定颜色,因此,这些颜色出现在釉面上而不是釉面下。青花瓷的颜色则在釉面下。

中国作家提到了为元朝一位皇帝制作的蓝龙白盘,以及蓝花白盘。但青花瓷在英国的最早记录是奥地利的菲利普于1506年送给托马斯·特伦查德爵士的一些青花碗。

长期以来,青花瓷在荷兰备受推崇,在17世纪后半叶和整个18世纪,大量的青花瓷被进口到荷兰。在荷兰,青花瓷制作工艺被复制到代尔夫特生产的釉陶中。在法国,更流行的似乎是彩瓷类,英国也是如此。有时,欧洲市场上的青花瓷太多了,为了使其能够出售,人们不得不用红色、绿色和黄色对其重新上色,然后将这些颜色烧进去,所以在这种情况下,原本很多很好的作品被无情地毁掉了。事实上,这种重新上色似乎是欧洲的一项常规业务,除了荷兰。

在青花方面,和其他大多数物品一样,"最好的"是一个品位问题,但人们普遍认为,坯和蓝色越纯,作品就越好①。然而,许多收藏家喜欢瓷器有点偏色,认为带点绿色的瓷器比纯白的瓷器年代更久远。玛利亚特先生说这种色调"是由于使用了石灰"②;葛兹洛夫先生告诉我们高岭土是偏白的,白不子是带点绿色的,这可能与此有关。蓝色的变化范围从灰色,或有时几乎是黑色,到相当接近紫色。钴越纯,蓝色越好,灰色的色调是由于镍或铁的存在,而紫色是由于锰的存在。③

在明朝,人们很难得到优质的蓝色颜料,据说在成化年间已经完全没有蓝色颜料。在正德年间,中国人似乎第一次从外国人那里购买了钴,但从当时周边的环境来看,在康熙之前,他们能够免费或持续地获得欧洲钴的供应,似乎是非常不可能的。可以肯定的是,中国人一直以来都在使用本土颜料,可能是出于成本的考虑,而我们现在发现的青花瓷的色调是根据最初用于装饰的钴的质量而变化的。

这里不妨提一下,有些作品似乎是用比中国瓷器通常用的材料更软的材料制成的,

---

① 一件青花瓷要被认为是最优质的,应该掌握5点,可以用拇指和其他四指作为提示:(1)上好的蓝色;(2)上好的白色;(3)画作非常干净,轮廓和浓淡处理要细致;(4)器型要优雅;(5)釉面要光亮,没有破损。

② 约瑟夫·玛利亚特.陶器与瓷器史[M].2版.伦敦:约翰·默里出版公司,1857:393.

③ 查尔斯·葛兹洛夫.了解中国[M].伦敦:史密斯与埃尔德出版公司,1838:88.

但这些都属于清朝的瓷器。与其他类别一样,这些器物的质量各不相同。其中一些确实非常好,被那些了解它的收藏家高度珍视,但是这些作品的数量非常有限,随着它被更多人了解,其价值可能会增加。在美国,它很受重视,并且收藏很全。这种软坯的重量比硬坯轻,也可以在粉彩类和其他类别中找到。

在青花瓷的装饰中,每一种风格都可以找到,而主题从神灵、皇帝及其周围环境,到简单的树枝都可以呈现。想要了解所有作品的主题,我们需要对整个中国的历史、神话和经典故事都了如指掌。

图194:南肯辛顿博物馆中的青花罐子。它是一个粗制的器皿,没有款识标记。没有什么可以证明这件作品的年代,但是在装饰方面,它符合明朝后期的流行趋势。在拍卖目录中,它被描述为"罐子,中国制造,蓝色南京瓷,球状,画有人物和花朵。高11英寸,直径15.5英寸"。

图 194

这个罐子的主题似乎是花园里的2个文人,其中一个坐在桌子旁,身边有一个随从,随从拿着一根打结的手杖,手杖上悬挂着一个葫芦和一个卷轴。罐子边缘上有一条狭窄的藤蔓纹饰,罐子的颈部也有一条同样的纹饰,而罐子的肩部则有醒目的传统花卉图案。各种图案用双线分隔,而底座则用菖蒲的叶子装饰。菖蒲似乎一直受到中国陶瓷艺术家的青睐,因为我们发现在各种系列的作品中,早期和近期的都有这种垂直叶子的装饰。

"在中国第五个月的第一天(五月初一)的早上,每家每户都会在房屋的前门两侧和窗户上挂几片菖蒲和艾草的叶子。菖蒲的叶子又细又长,顶部渐渐变成一个点,类似于剑的大致形状。这些菖蒲的叶子就代表剑。据说恶鬼来到房子附近,看到这些叶子被挂在门上或窗上,就会把它们当作剑,然后马上就逃走了。"①

图195:一个深碟子。碟子上半部分向外弯折,形成一种陡峭的边缘。这个碟子直径13.75 英寸,高 2.75 英寸,没有款识标记,边缘是蓝色的。托的边缘没有上釉,而底座上有车轮的标记,上面覆盖着釉。这个盘子似乎被涂上了很薄的釉,以至于它的棕色坯胎似乎都露出来了。纹饰非常粗糙,装饰中间用双蓝线分隔。碟子的中部画有一个宫廷贵族坐在亭廊里,旁边有持扇的仆人。除此之外,侧面还有非常粗糙的藤蔓花纹图案和蓝线,形成 8 个大的和 8 个小的放射状格子,小格子里装饰着花,4 个大的格子里也有花。在剩下的 4 个大格子中,有 2 个饰有一个人扛着船桨,上面挂着渔网,还有 2 个饰着一个人用杆子挑着两捆柴。在中国,挑着柴的人代表着乡下的隐居生活,而拿着网的人代表着海边的生活——毫无疑问,这就是这个作品的意义。人和柴单独出现的情况并不少见,可能是指以下情况:

图 195

"据记载,王质在秦朝时很受推崇。一次,他在吉州的山中拾柴,进入了一个石窟,石窟里面坐着一些老人,正专心下棋。他放下斧头看下棋。在下棋过程中,一位老人递给他一个形状像枣核的东西,让他把它放进嘴里。他刚尝了一口,就'忘记了饥饿和口渴'。过了一会儿,一个老人说:'你已经来这里很久了,该回家了。'当王质拿起他的斧头时,发现斧头的柄已经腐朽成了粉末。当他回到自己的家时,他发现自从他离开这里上山后,

---

① 贾斯特斯·杜礼特.中国人的社会生活[M].伦敦:桑普森·雷欧与马斯顿有限公司,1868:565.

已经过了几个世纪,他的亲人也不见踪迹。"①

图196:与图195相同,也是一个深碟子,直径12.625英寸,高2.25英寸,没有款识标记。这个碟子边缘为蓝色,托的边缘没有上釉。中心装饰由双线分隔,分出8个大的和8个小的椭圆形放射状格子。8个大的格子中,4个格子有符号、4个格子有花;8个小格子花纹一致,为菱形花纹装饰和结。中间的装饰是用菱形花纹装饰围成一个八角形的区域,里面有2只鸟,还有从岩石上长出来的花。这是一个古老的盘子,可能是为波斯人制作的。

图196

这2个碟子的背面都有非常粗糙的装饰。

古代设计的盘子似乎总是将边缘(着色时)涂成蓝色。"印度瓷盘"的边缘一般是褐色釉,这种装饰似乎是在18世纪初开始的。可能在褐色边缘装饰开始之前,中国人一直用蓝色边缘装饰,所以中国人在仿制这些古老的设计时坚持使用蓝色边缘。

图197:盛酒器。感谢乔治·素廷先生,他让我们有可能在这个系列中加入一件带有伊丽莎白时代银质装饰的明代瓷器样品。从照片上看,其主题似乎是将一匹马拴在柱子上。这种瓷器无疑是作为大酒杯使用的,但我们不能妄下结论说,在很早的时候,中国人就制作了这种形状的瓷器来满足欧洲市场的需求。后来,由于西方习俗发生了变化,这种大酒杯被茶杯和更新形状的瓷器所取代。

———————————

① 威廉·迈耶斯.中文读者手册[M].上海:美华书馆,1874:239.

图 197

图 198：一个精美的瓷盘，直径 8.25 英寸，高 1.5 英寸，在 2 个蓝色的圆环内标有"大清康熙年制"款识。这件作品的绘画非常精细，设计由边缘的一条蓝线分隔，再往下四分之三英寸，有两条挨在一起的蓝线，这 2 条蓝线和边缘的蓝线之间的空间填上了蜂窝状的菱形花纹装饰。中间是一条四爪龙，前爪抓着一块椭圆形的石碑。龙的背景是火星云，整件作品被 2 个圆圈围绕。

这是一个非常古老的设计。"《浮梁志》中，有 5 张四开大的纸写满了为皇帝提供的瓷器清单。其中有 31000 个带花的盘子；16000 个带蓝龙的白盘；18400 个带云中双龙的花瓶或酒杯；11250 个白地蓝纹龙盘，龙的爪子上有抓着 2 个字：福（幸福）和寿（长寿）。"①

———————————

① 约瑟夫·玛利亚特.陶器与瓷器史［M］.2 版.伦敦：约翰·默里出版公司，1857：202.

图 199：一个粗制的盘子，直径 8.5 英寸，高 1.75 英寸，2 个蓝色圆环中有封印标记。这是一件蓝底白纹的瓷器，在装饰和质量上比上面的作品粗糙得多，更像属于元代的瓷器，上有"云中双龙"。背面有符咒、2 颗珍珠和 2 个卷轴（书）的装饰。底纹与山楂花（梅花）罐上的相似，只是这件作品的底纹用的是曲线而不是网状线。这一般被称为"大理石面"。

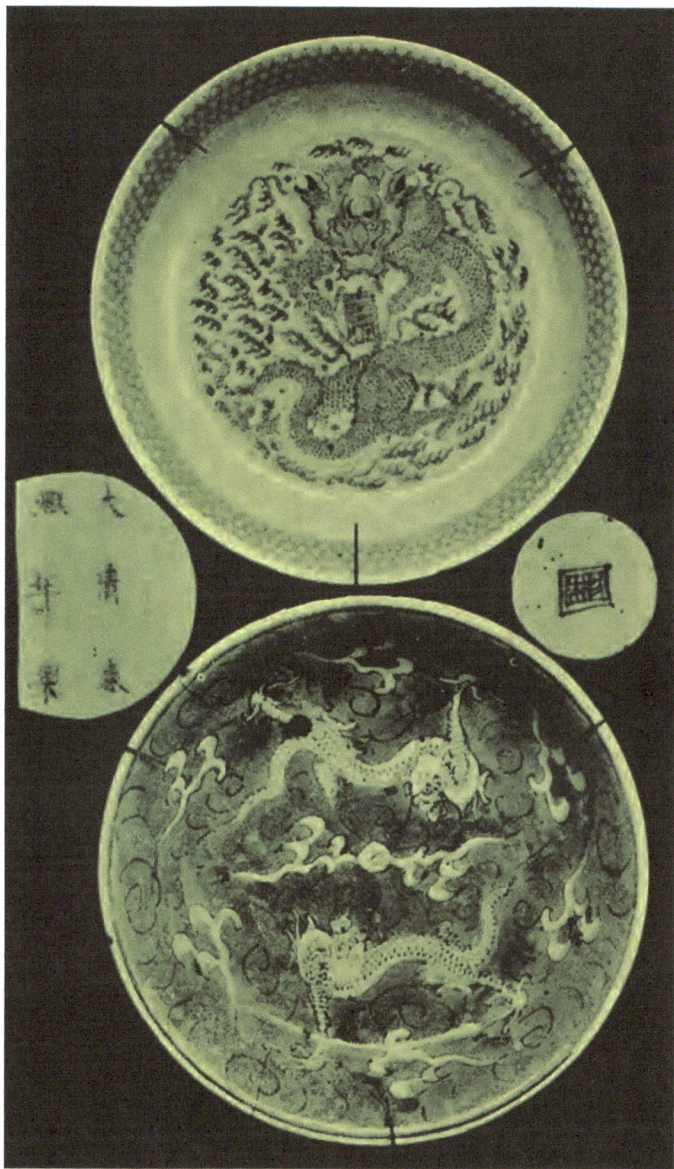

图 198（上）　　图 199（下）

图 200：一个圆柱形花瓶，瓶口有凸缘，高度为 17.25 英寸，没有款识标记。这是一件青花裂纹瓶。主题是寿星骑在鹿身上，后面有 2 个随从，而在花瓶的另一边有 2 个道士在鞠躬致意。我们注意到在罐子的颈部有回纹装饰带，图案顶部有如意头。

侍者携带的杖被称为结绳杖,经常出现在中国大人物的手中。物品系在手杖的末端不会滑掉。在这件作品中,朝圣者的葫芦瓶是长寿的象征,还有一个扁平的方形物件,可能是一本书,系在杖头上。这是一件康熙时期的作品。

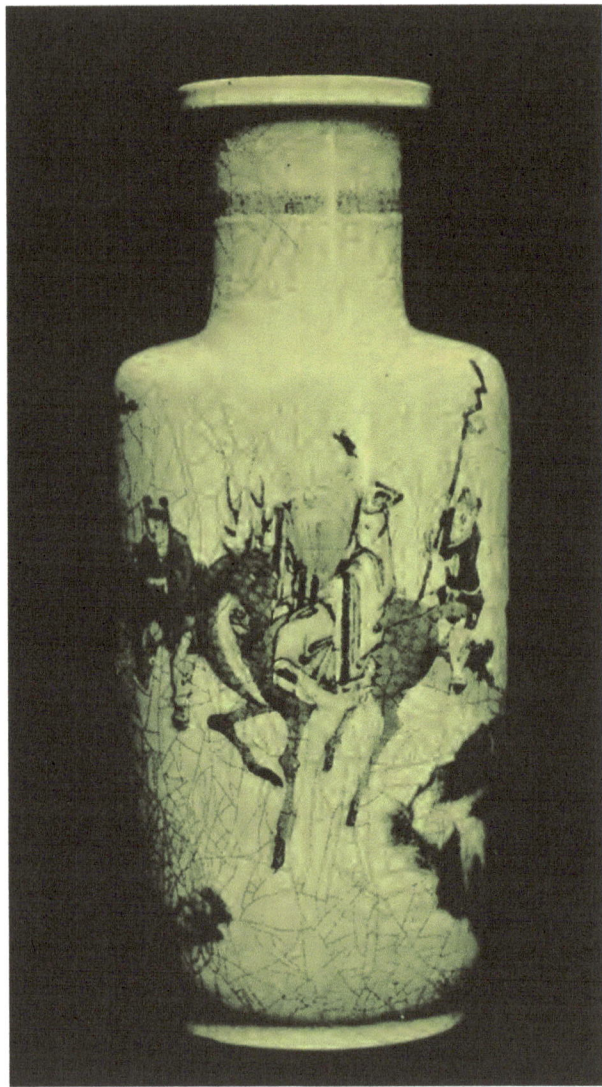

图 200

图 201:带凸缘口的圆柱形花瓶,高 17.75 英寸,直径 5 英寸,顶部和底部 5.75 英寸,没有款识标记,但有 2 个蓝色的圆圈。这是一件很好的装饰有风景的作品,在这件作品中,风景围绕着花瓶延伸,一气呵成。这个花瓶的顶部没有装饰,但是肩膀处有一串蝙蝠图案,一条如意头的花边;瓶颈处有一条希腊式的回纹装饰图案,上下都有圆点。这可能是康熙年间的作品。

图 201

图 202：广口瓶，高 19 英寸，底部和口部的直径为 7.5 英寸，没有款识标记。平的底座没有上釉。装饰没有任何线条分隔。下半部分装饰着常见的菖蒲叶子，叶子上方是一个灵芝藤蔓花纹带。上半部分画的是大花瓶，花瓶里有新年前人工培植的提前盛开的花草，作为美好愿望的象征。这个广口瓶上的蓝色比通常的要浅。它可能是康熙年间的作品。

图 202

图 203：花瓶。南肯辛顿博物馆是这样描述的："带盖的花瓶，碗形，中国产白色瓷器，带有蓝色的装饰，安放在路易十五风格的鎏金金属支架上。高 13 英寸，直径 8 英寸。"

路易十五从 1715 年到 1774 年在位。这个鎏金金属支架不一定能证明该作品的出产年代，但这个罐子可能属于 18 世纪上半叶。

这件作品的装饰是中国人非常喜欢的，在很早的时候就用在中国寺庙使用的金属容器上。就像其他图案一样，中国人总是不厌其烦地试图变换这种图案的形式。这种装饰的主要特征是如意头与涡卷的交叉使用，在镂雕的作品中，经常以这种方式形成网状结构。在这件作品中,如意头填满了传统的莲花纹饰。可以注意到,盖子上有三角形的几何装饰,在这件作品中,三角形用花朵填充,而不是用线条填充。

图 203

图204:圆锥形瓷罐,高9.25英寸,无款识标记。顶部应该有一个圆形的盖子。顶部和底部有白色花朵的"凡·戴克"风格装饰,显然是常见的莲花图案,中间是花枝。据说这种绘画风格是模仿中国人在宗教活动中长期使用的金属花瓶。毫无疑问,这一装饰最初是取自如意头。这可能是康熙年间的作品。

图203和图204号可以说是对同一主题的不同处理方式。

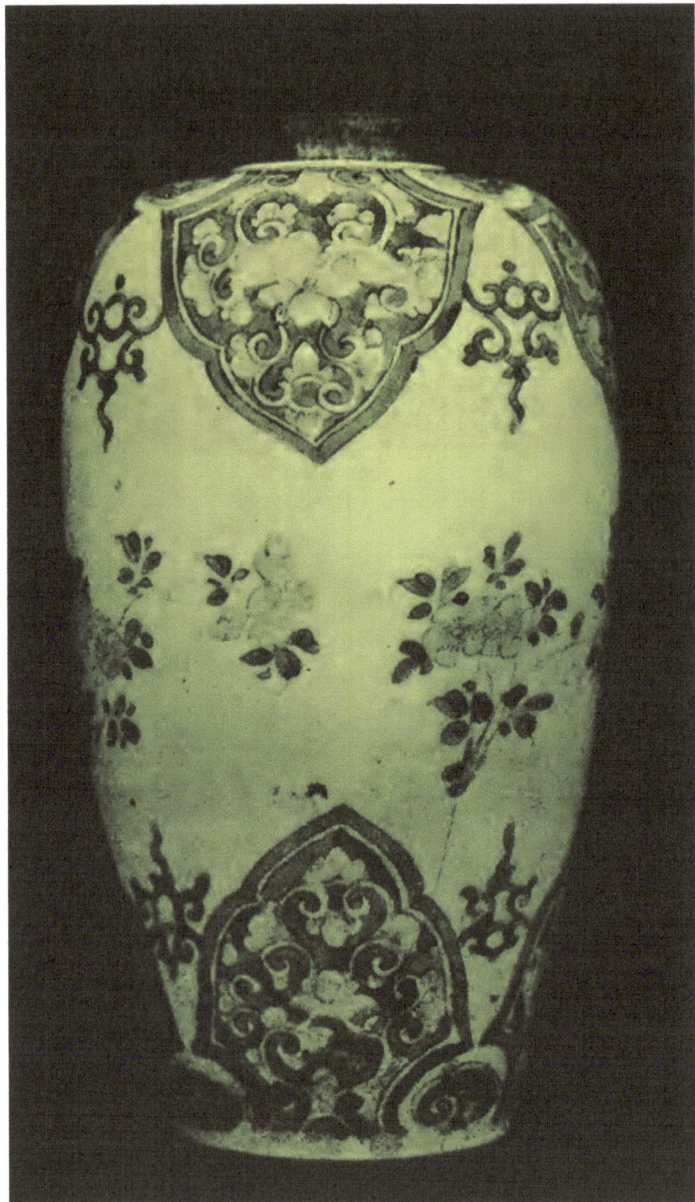

图 204

图 205：圆柱形短颈瓷瓶，高 9.25 英寸，没有款识标记，但有 2 个蓝圈。纹饰用 2 条蓝线分成 2 个大的预留区，下面的预留区被叶子和一朵大的传统花朵覆盖，花朵也只显示出一半。瓷瓶的一面是非常常见的花瓶图案，瓶中有两根孔雀羽毛和一块珊瑚，花瓶两侧各有一个三足香炉，可能是用来装画卷的。香炉上方是珍珠和镜子的符号，下方是树叶和一摞书。另一个预留区画的是一棵梅树，树上有 2 只鸟和 3 只昆虫。花瓶的颈部分为 3 部分，下部有 4 个符号，领子上有如意头，上部有 4 个带花头的茎。这种风格的精品属于康熙时期。这个花瓶顶部被稍微磨掉了，可能是为了消除瓶口边的一个缺口。

图 205

　　图 206：广口花瓶，高 17.25 英寸，顶部直径 8.5 英寸，底部直径 6.75 英寸，有叶子的
款识标记。除了两道三角形的花纹装饰，这只花瓶完全被格子装饰覆盖，顶部和底部共
有 8 个预留区，装饰着八仙。这种装饰并不罕见，但有些作品的质量比其他的好得多，它
们的价值也相应地增加，大多数可能是 18 世纪的作品。

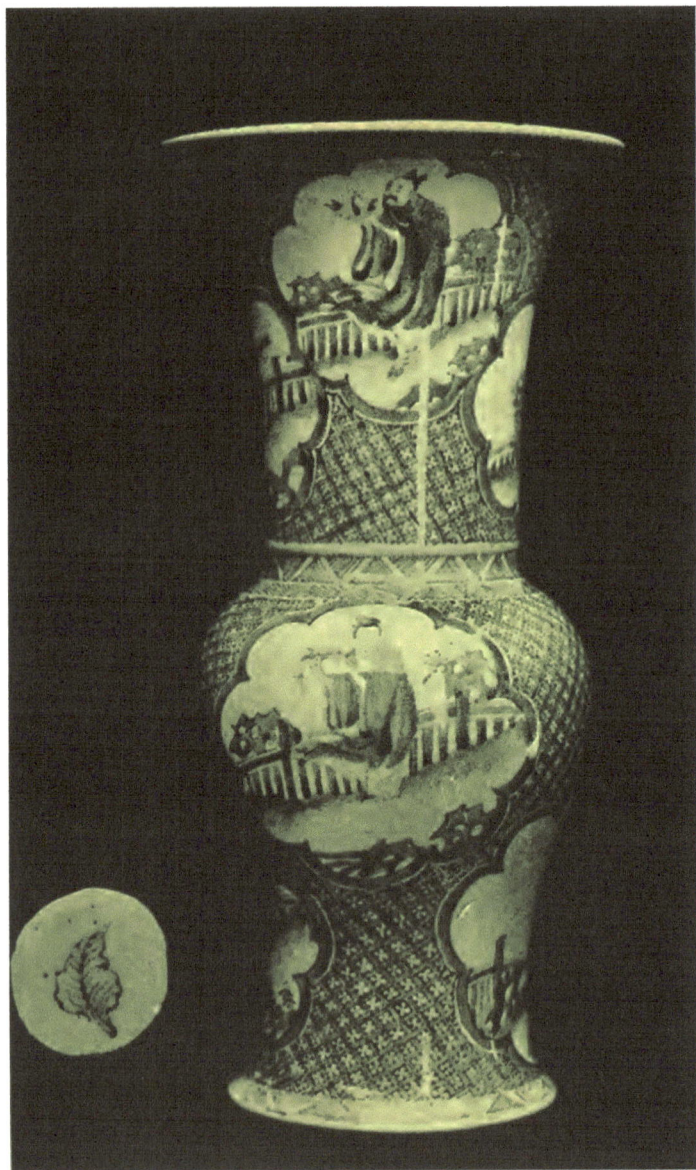

图 206

图 207：广口花瓶，高 18 英寸，没有款识标记。花瓶上的花是浮雕的，这种装饰风格被称为"浮雕山楂（梅花）"或"浮雕玉兰"。

图 208：圆柱形花瓶，高 11.5 英寸，没有款识标记，但有 2 个蓝色的圆圈。这种图案被称为"带状龙"。一般来说，这些作品质量很好，能卖出很高的价格。

图 209：紫菀碗，直径 8.25 英寸，高 4 英寸。用菊花作为标识。在这类装饰中，紫菀一般从中心向外辐射，如图所示。许多这样的紫菀作品都是非常精美的。

图 210：长颈梨形瓶，高 10 英寸，没有款识标记。这就是所谓的"扇形图案"，瓶身绘有装饰成扇形的图案。

图211:灯笼形花瓶,高5.5英寸,用树叶和细带作为标识。这个图案被称为"虎皮百合",这种图案很难描述,因为它由2个羽毛状的涡卷组成,中间有一朵花。这种图案的名字可能是某个荷兰名字的错误翻译。这些作品的胎和上色都非常精美。

图210(上)图211(下)　　　　　图207　　　　　图208(上)图209(下)

图212、213:一对带盖的糖罐,高6.5英寸,没有款识标记,但是有2个蓝圈。在罐口盖盖子的地方,没有上釉。这种硬币花纹图案,即一系列相互交错的圆圈,一般在质量好的瓷器上出现。这些作品可能是18世纪早期的作品。

图214:类似圆柱形的瓷器,高5.5英寸,无款识标记。和图212、213一样,它在盖子的凸缘和罐子边缘的地方没有上釉。这是一件非常好的青花瓷,其颜色很好,青花纹样以洗染法装饰,在精美的白底上展现得很好,而由常用的符号组成的装饰并不显得过分拥挤。它可能与图212、213的制作年代差不多(18世纪早期)。

图215:葫芦形瓶子,高6.5英寸,无款识标记。这是所谓的咖啡牛奶瓷器,从底部的棕色釉面到球茎顶部附近的蓝色几何装饰带都是棕色的;瓶子的其他部分是青花色。

"在瓶子的颈部和盘子的背面如果有浅黄色,通常是好瓷器的特征。蓝色的精细度和白底的清晰度决定了这种瓷器的价值。"①

————————————

① 约瑟夫·玛利亚特.陶器与瓷器史[M].2版.伦敦:约翰·默里出版公司,1857:214.

图 212 图 214 图 213

图216：碗，直径6英寸，高3英寸，底部2个蓝色的圆环中间印有"慎德堂制"的标记。碗上的这种图案经常会出现在瓷器上：一个莲花藤蔓中的小孩。这种图案被称为"光屁股男孩"。

图217：姜罐，高5英寸，用叶子作为标识。两边各有一位女士，一边绘有岩石，另一边是棕榈树；顶部的边缘有2个圆圈的装饰（2个圆圈中间有斑点）。这些瘦高的人物被荷兰商人称为"苗条的女郎"。

图 215 图 216 图 217

图 218：瓷质相当好的盘子，中间有凸起，直径 15 英寸，高 2 英寸，没有款识标记，有棕色的边缘。这个盘子的托被切掉了，也许是为了让盘子挂得更靠近墙壁。边缘的装饰由 1 条蓝线分隔，底部由 2 条蓝线分隔，中间的装饰可能是神话图案，其中一部分，有 2 位老人正在下棋，也许是为了争夺"楚河汉界"。盘子中间凸起的部分装饰着庭院场景，并在四周勾勒出了代表四季的牡丹、莲花、菊花、梅花。盘子的边缘背面有牡丹藤蔓纹饰，背面装饰有 4 朵牡丹。

《伯灵顿美术俱乐部中国艺术品展览图录》第 28 页写道："这种形状的盘子据说是专门为荷兰人装蛋糕而制作的，蛋糕放在中间的凸起上，而在凹陷的地方有某种用朗姆酒制成的酱汁，围绕着蛋糕。"

图 218

图 219：精美而厚重的碟子，直径 14.125 英寸，高 2.75 英寸，没有款识标记。托的边缘有轻微的釉面，并施以褐色颜料。其装饰由 5 对双线分隔，形成靶盘的形状，但距离不等，最大的花纹在侧面，上面布满了从 8 块石头上冒出来的传统花朵。盘子的背面，在托顶部和边缘的双环之间，有 6 朵大的传统花朵。这件作品被认为是具有波斯风格的作品。

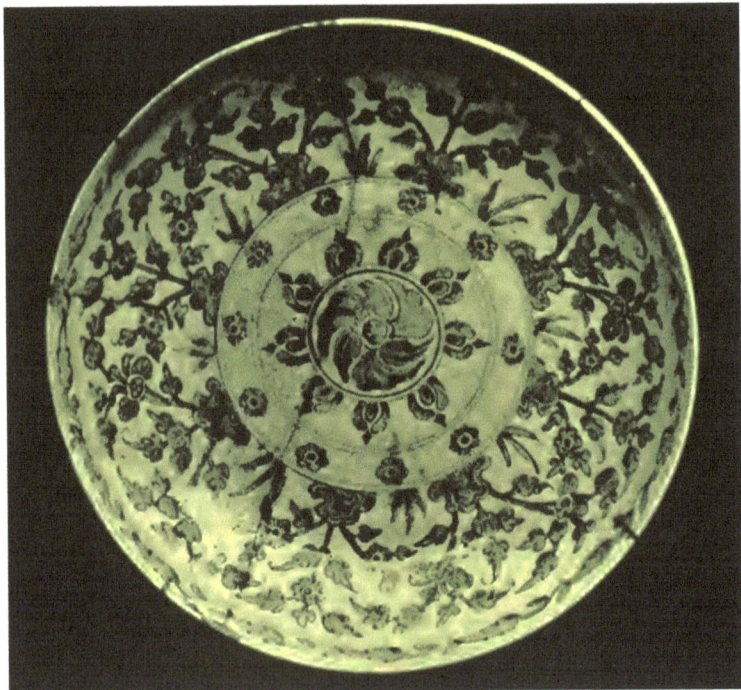

图 219

8.3.1.1　青花山楂（梅花）纹瓷

"山楂纹"，实际上是梅花装饰。梅花装饰在瓷器上出现很得早。最好的和最珍贵的山楂纹瓷器可能是在这个时期制作的。

再次引用 1895 年《伯灵顿美术俱乐部中国艺术品展览图录》第 22 页的内容："在网状的背景中，颜色非常不均匀地铺设在黑色直线的网格之间，像冰或水晶中的裂缝一样相互交叉，有时会获得一种很有深度和透明度的效果。这种网状背景的起源是有争议的，可能是基于他们对'裂纹'喜爱，也可能只是一种装饰的手段以获得颜色的多样性和深刻性。有时，这些黑线被画得非常清晰。有人认为，这些作品是源于早春时节梅花飘落，中国人很有诗意，可以构思出如此迷人的作品。"

图 220、221、222：虽然本身不是很好的样品，但是它们是所谓的"山楂纹"瓷器中可以找到许多梅花的 3 种。姜罐应该有瓷盖，但在大多数情况下，这些瓷盖已经丢失，这时一般用木制的盖子代替，形状与原来的瓷盖相似。如果有瓷盖，应该仔细检查，看它的图案是否与罐子本身相同，因为有的瓷盖找不到对应的罐子，这时会将之用在丢失瓷盖的另一个罐子上。在相同的质量下，一个有自己瓷盖的罐子比另一个只有木盖的罐子更值钱。

图 220：姜罐，高 8 英寸，无款识标记，底部上釉，在 3 个四叶草形状的区域里装饰着

— 98 —

符号。这就是所谓的"升茎山楂"。当花枝从顶部垂下来时,它被称为"降茎山楂"。

图 221:姜罐,高 6 英寸,无款识标记,但有 2 个蓝色的圆圈。底座施釉。罐身的花画成了十字形状的花簇,这被称为"球形山楂",因为只能看到花朵的中心。

图 222:姜罐,高 8.5 英寸,无款识标记,底部上釉。罐身的花被排列成三角形的花簇,也称为"球形山楂"。

图 220　　　　　　　　图 221　　　　　　　　图 222

8.3.1.2　青花软质瓷

图 223:精美的凸缘碟,直径 7.625 英寸,高 1.375 英寸,没有款识标记。托的边缘不上釉。几何边带用淡淡的蓝色圆圈分隔,中间装饰着一个大花盆,里面有矮松和竹子,还有花。侧面的格子被 4 个 W 形装饰隔断,里面有鱼的图案。背面的凸缘托上有 2 个蓝色的圆圈,一个在托的顶部,另一个在托的边缘。还有 2 朵梅花和 2 朵牡丹花的图案。这是一个软质瓷的作品。

图 224:精美的瓷盘,直径 11.875 英寸,高 0.875 英寸,没有款识标记,托的边缘没有上釉。这可能是一个装甜点的盘子,但是绘画风格与图 223 一样,都是出口欧洲市场的同类产品。可以看到,盘子里面的格子纹饰带同样被 W 形空间隔断。中间的装饰由柳树、牡丹等组成,这也是软质瓷器。

图 223

图 224

8.3.1.3　青花官吏(人物)瓷

图 225 和图 226 就是我们所说的"青花官吏(人物)瓷"。我们注意到,图 226 的表面,在椭圆形图案之间,散布了半球形的点,类似于鲨革,或者说按照中国的说法是"鸡皮"。在这两件作品中,椭圆形图案都是由窄的浮雕框架分隔的,正如一般的官吏(人物)

瓷一样,有 2 个大的和 4 个小的椭圆形图案,其余的表面都有花和叶的装饰。

图 225:带有狮子盖的倒置梨形罐,高 11.75 英寸,没有款识标记。由于这类瓷器的装饰是深蓝色的,所以在两个中国人互相施礼的地方不必着色,否则就看不清楚。这样做的效果是使人物看起来像在装饰的深处。

图 226:垂直的广口瓶,高 9.75 英寸,没有款识标记。这是普通的官吏瓷的形状。其纹饰与图 225 相似。这不是真正的"柳树图案"。以下是关于盘子上的"柳树纹"的描述,并给出了关于"柳树图案"的神话故事。

图 225　　　　　　　　　　　　　　　图 226

　　"画面右边是一个官员的乡间住所:前景是一个亭子,背景是一棵橘子树;右侧是一棵盛开的桃树。这座庄园被围在栅栏里。桥的一端是著名的柳树,另一端是园丁的小屋。在盘子的顶部左侧,是一个小岛,上面有一座小屋。画中的鸟儿是鸽子。画中有3个人:官员的女儿(手里拿着纺线杆)、官员的夫人、官员。故事是这样的:官员有一个独生女,她爱上了她父亲的助手张某,张某住在盘子上方小岛上的小屋里。官员不同意这桩婚事,这对恋人就私奔了,在园丁的小屋里藏了一段时间,然后从那里逃到张某岛上的家里。父亲拿着鞭子追赶他们,要不是神仙把他们变成了小鸟,他们早就被打死了。这种纹饰被称为'柳树图案',因为在他们私奔的时候,柳树便开始落叶。"

　　图227:有形边框粗制盘子,直径10英寸,高0.875英寸,没有款识标记。托上有薄釉,呈现棕色。除了中间的小六边形装饰着一朵花、几片叶子和2只蝴蝶,以及3个权杖如意头形的区域装饰风景之外,其他表面完全覆盖着这一时期彩瓷作品中经常用到的涡卷图案。在这个作品中,涡卷图案被白色的莲花所衬托。

图227

　　图228:粗制盘,直径9.25英寸,高1.75英寸,没有款识标记,边缘为棕色,托上有薄薄的釉,呈现棕色。装饰由权杖如意头构成的老式蓝色圆圈分隔,但边框是新式的,在众多称为"青花官吏(人物)瓷"的作品中,这种边框很有特色。在这个作品中,我们似乎找到了双菱形符号的痕迹,但最明显的特征还是上面提到的涡卷图案、花朵、蝴蝶和那些难

以描述的附属物,它们构成了这些蕾丝边带。中间的装饰是常见的中国风景。

图 228

8.3.1.4 青花印度瓷

图 229:精制的瓷盘,直径 8.625 英寸,高 1.125 英寸,以 2 个蓝色圆圈中的钻石丝带作为标记。装饰由边缘的蓝色单环和折沿底部蓝色双环分隔,单环和双环通过 4 个网状几何图案构成的带子连接,4 个带子中间的空隙用 2 束花来装饰。中间有 2 块岩石,上面长出了菊花和草;边缘背面有 2 束花。这件作品尽管无疑最初是用来装甜点的,但在质量和装饰上都优于前面提到的许多作品。

图 230:粗糙的瓷盘,设计与图 229 类似,材质不如它好。瓷盘直径 9 英寸,高 1.125 英寸,没有款识标记,有棕色的边缘,托的边缘没有釉。装饰由边缘的 1 条蓝线和下面的 2 条蓝线分隔,中间的空间用粗糙的几何纹饰填充。有 4 个预留区,每个空间里都有小树枝装饰。中心有一幅卷轴,上面装饰着 4 块空心岩石,形状像一座桥,一端有一道栅栏。岩石上长出了竹子、牡丹和其他花卉。卷轴的顶部和底部有花枝。

图 229（上）　　　图 230（下）

图 231：精美的瓷盘，直径 8. 125 英寸，高 1. 5 英寸，没有款识标记。托的釉面很薄。唯一的装饰是河流景观，河两边有亭子，中间有一只鸟。盘子本身是非常白的瓷器，蓝色也很正，装饰经过精心绘制。

图 231

图232：有形边框的精制白瓷盘，直径 8.75 英寸，高 1 英寸，没有款识标记，边缘为棕色，托无釉。蓝色比图 231 的颜色要浅，但装饰似乎也是经过精心绘制的。中心部分由一条蓝线和如意头组成的带子分隔，似乎是另一种河流景观，远处有一座佛塔，边缘有 2 根大的和 2 根小的花枝。

图 232

图 233：白色不透明的瓷盘，直径 11.125 英寸，高 1.125 英寸，由双环内四脚花瓶作为标记，托的边缘没有上釉。装饰由双圈和单圈分隔，双圈上方有 4 块石头，石头上长出了花，可能是梅花、牡丹、莲花和菊花，这些花的中间还有小花朵，所有这些花盖住了边缘部分。盘子中间摆着一个花篮，花篮的构图是非常常见的蜂窝状，还有三角形的纹饰图案。边缘的背面有 3 根花枝。这显然是一个餐盘。

图 233（上）　　图 234（下）

图 234：窄边蓝色深盘，直径 8.5 英寸，高 1.5 英寸，没有款识标记。边缘为棕色，托的边缘处无釉。装饰由 2 个双圆圈分隔。盘子的边缘覆盖有 4 对（8 个）青花装饰，为神

圣的宝石或珍珠。从双圆圈往下一直到盘子的底部,是一圈常见的如意头涡卷装饰;而在盘子中心的一片叶子上有一个花盆架,里面有花和花瓶。在花瓶中,我们看到了2根孔雀的羽毛、2个卷轴和1个如意头。在花瓶的瓶身上,我们还发现了一个如意(或权杖)的头。乍一看,中国艺术家把这些重物放在像叶子这样脆弱的支撑物上似乎很奇怪,但这可能是为了表明它是从玉石树上摘下来的树叶。

图235:波浪边盘,直径13英寸,高1.125英寸,没有款识标记。托的边缘呈棕色。在边缘有2条蓝线装饰,上面有16个如意头。盘子的中心装饰着花朵和一只蝴蝶,由2条蓝线围住,蓝线上有16个装饰区,里面交替装饰着头朝上和头朝下的花枝。

瓷器的边缘已经开始剥落,显示出盘子本身是由深色材料制成的。很难说这个盘子的边缘是否最初就是棕色。

图235

图236:棕色边缘的盘子,直径13.75英寸,高1.875英寸,托的边缘呈棕色。这个盘子的材料似乎和图235的盘子差不多,但是装饰明显不同,蓝色的色调也比较淡。靠近边缘的地方有一条蓝线,蓝线下方有4个蓝底白纹装饰,以及4个白底蓝纹装饰覆盖住边沿。中间有2个大花盆,里面是梅花和牡丹,旁边还有一个琵琶,由一个盖子或袋子保护。

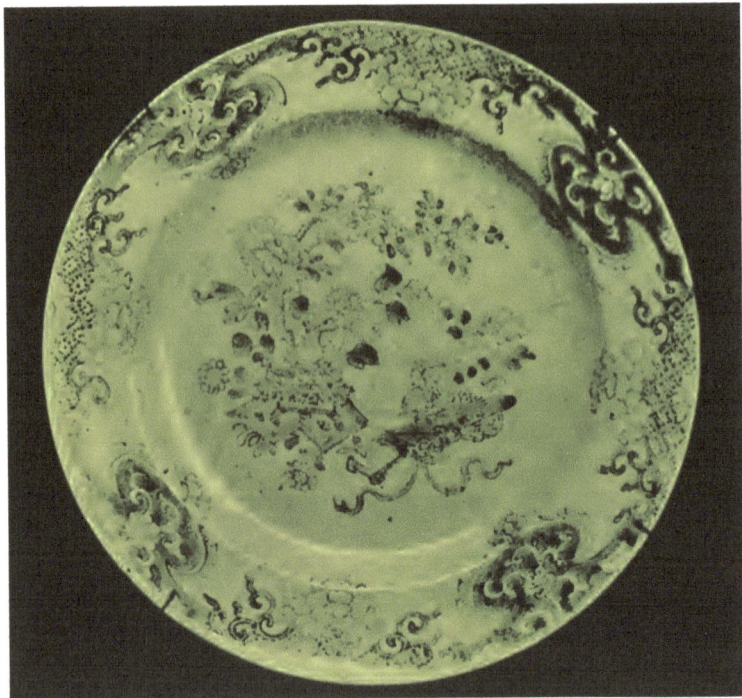

图 236

8.3.2　蓝色和其他颜色瓷

这一部分与上一部分的不同之处在于,作品在烧制前其他颜色是与蓝色一起使用的,而不是像大多数多色类作品那样在烧制后上色。

图 237:颈部被切断的锥形花瓶。这是一件精制瓷,高 8.25 英寸,标记为"大明成化年制"。装饰有 2 条四爪龙。这 2 条龙以蓝色勾勒,头部也是同样的颜色,鳞片是桃红色的。星云是蓝色的,但是在有球的地方,星云就会变成红色,就像这 2 条龙中间一样的颜色。这件作品可能是康熙年间的仿制品,中国人认为这种风格的瓷器是成化年间的作品。

除了红色之外,我们还发现了各种深浅不一的棕色,以及釉下的一种桃红色,但能经受住将陶坯烧制成陶瓷这种热度的颜色不多。桃花色的作品被称为"桃花瓷"。

"虽然皇帝将五爪龙占为己有,但官员和人民可以在某些情况下使用四爪龙。科举考场的一个门被称为'龙门',学子们在'龙门'里考试,成功通过考试的学子被说成是'跃龙门'。"①

---

① 贾斯特斯·杜礼特.中国人的社会生活[M].伦敦:桑普森·雷欧与马斯顿有限公司,1868:531.

图 237

8.3.3 红色与白色瓷

有些人建议将这些红色瓷器单独收集到一个类别中。在某些情况下红色是在釉下的,这时的作品应该属于"釉下彩瓷"部分,但更多的是釉上的红色。釉上红色往往由釉下蓝色的人物来衬托。有些作品覆盖着明亮的珊瑚色珐琅,这些被称为"珊瑚"。

8.3.3.1 釉下红色瓷

图 238:粗制花瓶,高 8.25 英寸,没有款识标记,但有 1 个蓝色的圆圈。瓶底有 2 个蓝色的圆圈,颈部窄领上下两侧各有 1 个圆圈,花瓶口也有 1 个圆圈。一面装饰有五爪

龙,另一面装饰有凤凰,剩余的空间都散布了星云,都是釉下红色。

这是一个古老的装饰图案,代表着皇帝和皇后,龙是皇帝的象征,凤是皇后的象征。

"皇帝认为自己是真龙的化身,真龙即 4 只脚上各有 5 只爪子的龙。他的龙袍上绣着龙的肖像,他的宝座被称为'龙椅',他的床是'龙床',他的脸是'龙颜',他的眼睛是'龙眼',他的胡须是'龙须',他写字用的笔被称为'龙笔',他的身体是'龙体'。"[1]

8.3.3.2　釉上红色瓷

图 239:瓷碗,有凹槽,有点像八边形,描金边,高 3.25 英寸,直径 7 英寸,用红色的道光印章作为标记。这件作品的釉面上覆盖着红色,装饰着竹子、梅花、牡丹和荷花,但都没有上色,以便在红底上显示出白色。

图 238　　　　　　　　　　　　　　　图 239

---

① 贾斯特斯·杜礼特.中国人的社会生活[M].伦敦:桑普森·雷欧与马斯顿有限公司,1868:530.

图 240：瓷鱼缸，高 7 英寸，直径 9.75 英寸，无款识标记。底座略微向内凹陷，上了釉，但底座边缘没有上釉。装饰包括 9 个红色的狮子在玩 3 个不同颜色的球，球为蓝色、黄色和粉红色；球上的丝带是铁红色的，与狮子的颜色相同。

"艺术家笔下的狮子尽管有一双大眼睛和一副凶猛的面孔，但绝不是一只可怕的野兽。它通常被描绘成有漂亮卷曲的鬃毛，在牡丹花丛中玩耍，或像小猫一样沉浸在与一块圣洁的宝石的嬉戏中。它与欧洲纹章中的狮子一样没有伤害性，与真正的'森林之王'更不相像。"[①]

鱼缸里面很普通，除了底部有几块深绿色的岩石，还有浅绿色的水草和 7 条红色的小金鱼。它们都被画得很小，似乎是为了显示装满水后缸底距离缸口很远。

这件作品可能是这种非常古老的中国传统装饰主题在 18 世纪的仿制品。在景德镇，我们看到在永乐年间，杯子上就有狮子滚球的装饰。

像这样的作品被称为"胭脂红"，它的颜色是铁红色的。

图 240

---

① 威廉·安德森.大英博物馆日本和中国绘画目录[M].伦敦：大英博物馆理事会，1886：324.

8.3.3.3　珊瑚红釉瓷

图 239 也可归入这一类。

图 241:瓶子,高 14.5 英寸,没有款识标记。釉面上覆盖着深珊瑚红色,其他的装饰在釉面下是蓝色的。作品的一面是一条四爪龙,周围是圆形的云彩或火球,每个火球都喷射 4 个火焰,这在关于龙的作品上经常见到。另一面是 3 条跳出水面的鱼,中间那条鱼嘴里有一个卷轴,卷轴上画了一条小龙,这无疑是指鲤鱼越过龙门的激流而赢得龙的地位。

图 241

"在日本,鲤鱼是活力和毅力的象征。它经常被画成跃过激流的样子,传说鲤鱼成功跃过激流就能晋升为龙。这种信念显然来自中国的传说,即鲤鱼在每年的第三个月跳跃激流,如果成功通过龙门的激流,就会变成一条龙。"①

图242:带盖的罐子,平底无釉,高14.5英寸,无款识标记。釉面上绘有珊瑚红色的波浪,波浪中有釉下蓝色的八仙,站在各种动物上。颈部有青花带,还有4个预留区域,都是红色的装饰。罐子的颈部装饰着釉下蓝色螃蟹和小龙虾。盖子的凸缘和颈部的装饰方法相同,但边缘处有一些绿色珐琅的叶子。盖身的装饰方式与罐身相同,一边是人物,另一边是雄鹿。

图 242

8.3.4 墨地彩瓷

雅克马尔先生对这类瓷器没怎么提过,这类瓷器的名称也不是从他那里提出的。这一类瓷器主要是各种形状的花瓶,上面覆盖着黑色釉,当仔细观察时,会发现在黑色上涂有绿色。这类瓷器的装饰通常由梅花图案组成,有时会与彩色花朵混合。理论上来说,

---

① 威廉·安德森.大英博物馆日本和中国绘画目录[M].伦敦:大英博物馆理事会,1886:224.

纯白色的梅花是早期的装饰风格,而彩色花朵是后期的装饰风格。

图 243:长方形的花瓶。这是这一类作品中的一个很好的样品,现存于南肯辛顿博物馆的乔治·索廷收藏。梅花枝悬挂在灰色的花茎上,其中一个花茎上栖息着一只绿色翅膀的金丝雀。从花瓶肩部的如意头可以看出在黑色上涂抹的绿色。在这件作品中,黑色的釉由白色的边缘衬托,这在长方形的作品中并不罕见,但这一类作品大多是完全用黑色釉覆盖的。

在这一类作品中还有一些花瓶、罐子和瓶子,只涂有黑色的釉,上面装饰着彩色的花朵或其他图案,或许可称为"纯墨地彩瓷"。

图 243

8.3.5 橘皮釉①瓷

法国人称呼它为"橘子皮",是因为它的表面是粗糙的,类似于橘子皮。这种器皿质地粗糙,是一种覆盖着釉的陶器,形成了橘子皮的表面。它通常是深色的,并装饰有彩色的人物。这种瓷器在很早的时期就开始制作。

图 244:六边形的罐子,高 11 英寸,直径 4.625 英寸,没有款识标记。胎棕色,较粗糙,覆盖着非常深的紫色(几乎是黑色)釉料,表面类似橘子皮,装饰着白色、绿色、黄色和棕色的人物。罐子顶部是变化多样的回纹边框,底部是普通的几何图形装饰,都是白色的,看起来更像是"小纸片"而不是珐琅。

图 244

---

① 所谓的"橘子皮"效果在非常精细的瓷器和陶器上都能找到。我认为这是一种特殊的珐琅工艺。——T. J. 拉金

8.3.6　素坯装饰瓷

　　这类作品与墨地彩瓷之间有一定的关系，但底色是黄色而不是黑色，不过，二者装饰方式基本相同，颜色和应用方式也类似。这类瓷器常见的是甜食盘，但也有下面的瓷器。

　　图245：长方形花瓶，有托和龙形把手，属于南肯辛顿博物馆的乔治·素廷收藏。这里我们又看到了白色的梅花、灰色的茎和白色的边缘，但在这件作品中，瓶子前景有一块大的蓝色珐琅石头，这并不常见。然而，托上的几何花纹装饰遵循了这类瓷器的一般规则，是黄底上的绿色网状花纹。

图245

图 246：甜食盘的一部分，总共由 19 个小盘组成，7 个六角形的中心盘和 12 个边缘盘，总直径为 18.25 英寸，没有款识标记。这个作品的颜色似乎是铺在未上釉的坯上的，所以看起来很薄，器皿的触感很粗糙。颜色一般由绿色、黄色、白色和灰色组成。在这个作品中，盘子的侧面是浅黄色的，底部和边缘是绿色的，在底部和边缘，灰色茎上的白色梅花从浅绿色的岩石上冒出来，花用黑线分隔。背面施有薄薄的白釉，背部和边缘的背面是绿色的，上面有黑色的竹子花纹。这种托盘有时装饰有人物，有时也有波浪和其他设计。属于这一类的茶壶一般都有藤条装饰的手柄。

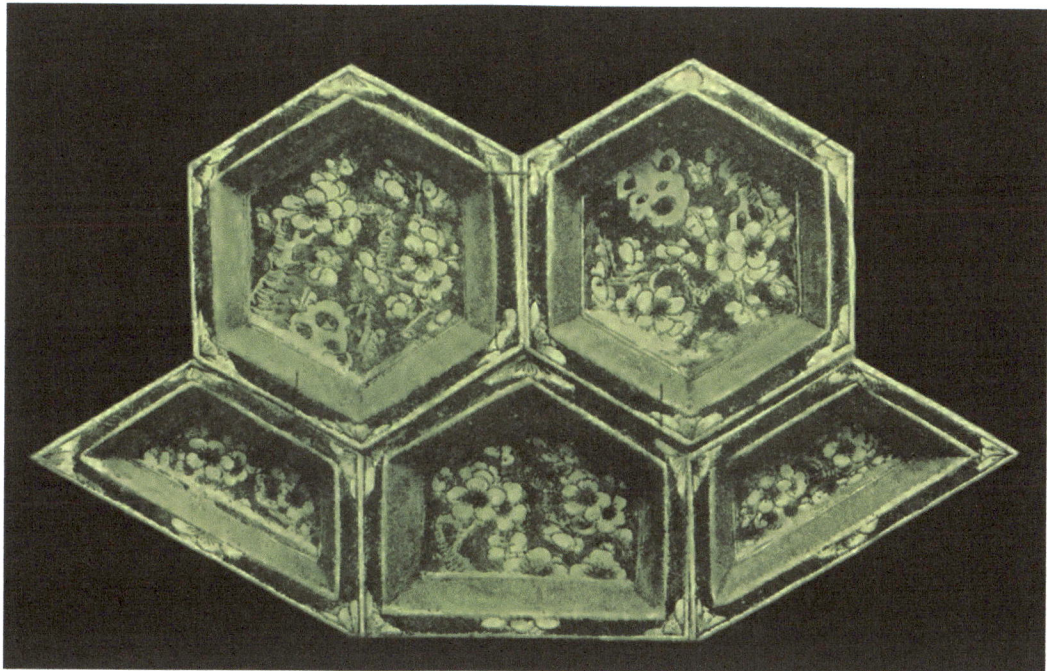

图 246

图 247：狮子及其幼崽，高 20 英寸，无款识标记。狮子几乎完全被亮丽的绿色釉所覆盖，但是我们在托上发现了这一类别瓷器的显著特征，即有淡黄色的底色、绿色的网状结构和浅色的花。可以看到，托的 4 个垂直的棱是模仿竹子的图案。狮子脖子上的项圈上悬挂有 2 个符咒，可能是代表珍珠。把狮子和麒麟混为一谈是很常见的错误，这也是情有可原的，但我们可以从麒麟的蹄子（不是爪子）和头上鹿角状的突起来与狮子进行区分。

我们已经看到，中国人用白瓷制作了许多人物，现在我们必须看一下那些用颜色装饰的人物。图 248、249、250 主要用绿色珐琅覆盖。不同类别的瓷器都有人物，人物的大小不一，其材料和颜色不尽相同。几乎所有关于动物的描述也可以在人物的描述中找到。通常人物年龄越大，它在形式、构图和颜色上就越粗糙。

图 247

图 248：欧洲人会认为这是张果老和他的竹筒，但这更像是曹国舅，不过他手里拿的是卷轴而不是笏板。

图 249：在中国非常受欢迎的人物组合，它恰当地说明了母亲正确抚养儿子所带来的好处。"苏靓是个寡妇，她的儿子宋洛不爱学习，她就用刀把当天织好的布割下来，这给宋洛留下了深刻的印象，他明白了不能中断学习，于是他立志读书，并且后来成了宰相。关于孟子和他的母亲，也有一个类似的故事。"①在男孩头部上方有一个树根，冬去春来，树根上会开出花来，那时它就会像一个小假山。

---

① 威廉·迈耶斯. 中文读者手册［M］. 上海：美华书馆，1874：154.

图250：女性形象,高9.25英寸,无款识标记。她右手拿着一个莲蓬,这表明该人物是八仙之一的何仙姑。她的头饰是荷叶形状的,我们会注意到,她外衣的披肩和腰带都装饰着如意头。

这些人物的托似乎是素坯,彩色釉薄薄地覆盖住素坯,而正面似乎是白瓷。

图248　　　　　　　图249　　　　　　　图250

8.3.7　粉蓝瓷

这类瓷器很容易从它的斑点外观中被识别出来,它们的颜色不是均匀地涂上去的,给人一种斑驳的感觉,法国人称之为"蓝色斑点"。蓝色在釉面之下,有时会延伸到整个表面。这类瓷器一般会用描金的几何图案装饰,在某些情况下也会用"白纸条"图案装饰。然而,最常见的是留白,在釉下用蓝色或红色装饰人物、花朵和符号,或在釉上用各种颜色装饰,在后一种釉上装饰中,通常采用"绿彩"风格。最好的粉蓝瓷大多是康熙时期的。

图251：粉蓝圆柱瓷瓶,没有使用其他装饰,高17.75英寸,没有款识标记。虽然图片中不能显示颜色,但它至少显示了蓝色的不均匀用法。如上所述,这些花瓶通常装饰有描金工艺,如图253的瓶子颈部或如图254的盘子的边缘所示。

图 251

　　图 252：瓷制花盆，高 9.75 英寸，上、下直径分别为 12 英寸和 6.25 英寸，用 2 个蓝色圆圈里的叶子作为标记。在上下两层共有 8 个不同形状的留白，交替地填充着花朵和动物。从图片中可以看出，花盆顶部有一只黄色的佛狗，佛狗的背是绿色和蓝色的，下部左边有 2 只野兔。

图 252

　　图 253：带盖的瓷罐，高 22 英寸，用 2 个蓝色圆圈中的兔子作为标记，有描金符号和饰带的粉蓝瓷。罐身和盖子上分别有 12 个、6 个莲花状的椭圆形图案，交替地填满了绿彩的符号和花朵。颈部有描金装饰，罐子的底部、中部、肩部、留白中间的蓝色区域也有描金符号。在图片中显示的 2 个带有符号的椭圆形图案底部，可以注意到有 2 个相互交叉的圆圈，可能代表臂环。

　　图 254：盘子，直径 16.5 英寸，高 2.15 英寸，用 2 个蓝色圆圈中的菱形符号作为标记。在留白的地方，花朵从蓝色的岩石中伸出，岩石像树干一样升起；一朵大的金红色牡丹占据中心，周围是绿色和金色的叶子，以及更小的各种颜色的花朵。可以注意到，花朵脚下的围栏是由万字符组成的。边缘和侧面的蓝色内装饰有描金的梅花图案。

图 253

8.3.8　深蓝瓷

　　图 255、256：一对圆柱形花瓶，高 13.5 英寸，以 2 个蓝色圆圈内两条头部相连的鱼为标记。这对花瓶是深蓝瓷的作品，用绿色和其他亮丽的珐琅彩装饰有彩色的人物。在涂上蓝色之前，花瓶上似乎已经画出了人物，因此人物面部、手和其他未穿衣服的部分仍然是白色的。除了顶部凸缘上的一个回纹带，这对花瓶上几乎没有使用描金。

　　可以注意到，在这对作品中，颜色使表面显得更平滑，而不像粉蓝瓷那样有斑点，为了与之区分，我们使用了"深蓝"这个术语。

图 255　　　　　　　　图 254　　　　　　　　图 256

8.4　釉上彩瓷

这是所有分类中规模最大、种类最多的部分,除了菊花—牡丹瓷,还有绿彩瓷、粉彩瓷、官吏(人物)瓷、蛋壳瓷和印度瓷,更不用说那些可能不属于上述任何类别的特殊作品了。

如前所述,在这一类瓷器中,颜色是涂在釉面上的,然后在较低的温度下烧制。但偶尔我们会发现部分装饰是在釉面下的。

中国人通常把多色类说成是"五色",指的是它们通常用红色、绿色、蓝色、黄色、紫色或黑色来装饰。

8.4.1　菊花—牡丹瓷

很难理解为什么雅克马尔先生要设立这个类别,因为它在现实中似乎并不存在。可能归为这一类别的瓷器要么属于绿彩瓷,要么属于粉彩瓷。

在此类作品中,有一定数量的作品装饰有牡丹或菊花,或两者兼而有之,与那些装饰有历史故事、神话人物或其他主题的作品不同,因此被称为菊花—牡丹瓷。然而,因为雅克马尔先生给出了菊花—牡丹瓷这一类别,读者可能会把一些作品归集在菊花—牡丹瓷的种类下,而不是把它们放在适合的五彩类和粉彩类中。

我们将从粉彩类开始,因为在它们身上,所谓的牡丹风格的装饰可以说是最明显的,包括从蓝色珐琅岩石中伸出的牡丹和菊花,通常还有一只凤凰,也可能有一两只蝴蝶。

在绿彩类作品中,花朵从地面,或从绿色、蓝色珐琅的岩石中伸出,而有些作品的装饰一部分是釉下蓝色。在这些作品中,似乎没有象征性的装饰,几何边框也很少使用。如果是真品,这些作品属于康熙时期①,当然,粉彩是后来才有的。

8.4.1.1 粉彩牡丹

图 257:球形鱼缸,高 16 英寸,直径 24 英寸,没有款识标记,底座上釉。侧面有 2 个淡褐色狮子头,应该有铜环穿过狮子头来抬起鱼缸。顶部的宽凸缘有红色的蜂窝几何饰带,被 6 个大的预留区域(装饰有风景)和 6 个小预留区域(装饰有花朵)分割。鱼缸的顶部和底部有一串蝴蝶和花朵,上下有红色描金的回纹饰边框。在这 2 个边框之间,缸身

图 257

---

① 18 世纪出现在日本的此类瓷器很明显只是中国作品的仿制品。——T. J. 拉金

覆盖着红色的涡卷纹饰,还有彩色的莲花藤蔓图案。2个大的预留区里有金色、红色和其他颜色的花朵,一只凤凰站在蓝色的岩石上,围栏上有如意头。2个小的预留区装饰着花朵。缸的底部是一个绿色的涡卷带,上面有粉红色的花朵。缸内原本装饰了鱼和水草,但由于使用了很长时间,这些鱼和水草装饰几乎被抹去了。这只鱼缸从中国运来,被视为乾隆时期的作品。

"龙代表皇帝,凤凰代表皇后。有人说凤凰只飞入过中国2次,而这2次到访均发生在3000多年前,因为当时有盛极一时的杰出人物在世。普通人不敢用凤凰的形象来达到他们的私人目的,除非在特定的场合和特定的情况下,按照既定的习俗才可以使用。但如果有人冒昧地以不符合习俗的方式使用龙或凤的形象,来达到自己的目的,那么毫无疑问,他很快就会对这种尝试感到后悔。几年前在这个地方(福建)发生的一件事说明了这一点。一位钱庄老板在银票的边缘采用了凤凰的形象作为他自己的设计。这些银票一经发行,一些官吏的仆人或差役就来向他索要一笔钱,而他认为这笔钱太多了,就没有给他们。官员们知道这件事后,采取了一些手段,从钱庄老板那里勒索了一大笔钱,最后导致钱庄老板身败名裂。他的罪行或过错仅仅是在银票的边缘使用了凤凰的形象,这被认为是对皇后特权的侵犯。"[1]

图258、259:2个六边形凸缘花盆,有带孔的托,显然是粗糙的石器,覆盖着白色的釉。釉上的装饰是用亮丽的珐琅彩画的,牡丹是艳红色,菊花是黄色和其他颜色,而鸟是

图258   图259

---

① 贾斯特斯·杜礼特. 中国人的社会生活[M]. 伦敦:桑普森·雷欧与马斯顿有限公司,1868:532.

不同色调的金红色。在花盆的内部，底部是黄色的，边缘是蓝色的，中间是其他颜色的。顶部的装饰是棕色的涡卷，用蓝色的空间和彩色的花来衬托。凸缘的几何装饰是描金的彩色图案。花盆没有款识标记，可能是乾隆时期的作品。

图 260、261：一对带盖的花瓶，质地粗糙，高 10.5 英寸，没有款识标记。上面有红色和粉色的牡丹和其他的花，叶子是孔雀蓝和浅绿色的珐琅；顶部和底部有粉红色的饰带，盖子上有绿色的饰带。根据颜色的总体色调，这些瓷器的正确类别是粉彩，但是从设计上看，它们完全属于所谓的牡丹类，因此把它们归为"粉彩牡丹"似乎更好。同样，如果粉红色出现在绿彩瓷中，我们通常不称呼它们为粉彩瓷，因为在绿色珐琅中或多或少地会混有粉红色，因此最好将其描述为"粉彩绿瓷"。

图 262：瓷碟，直径 8.75 英寸，高 1 英寸，没有款识标记，棕色边缘。在边缘处有一条浅绿色的饰带，上面有黑线画的网状几何图案，饰带被 4 个装饰花朵的预留区隔断。中间的菊花是深浅不一的金红色，其他的花颜色各异，从似乎是一块描金的岩石上长出来的。

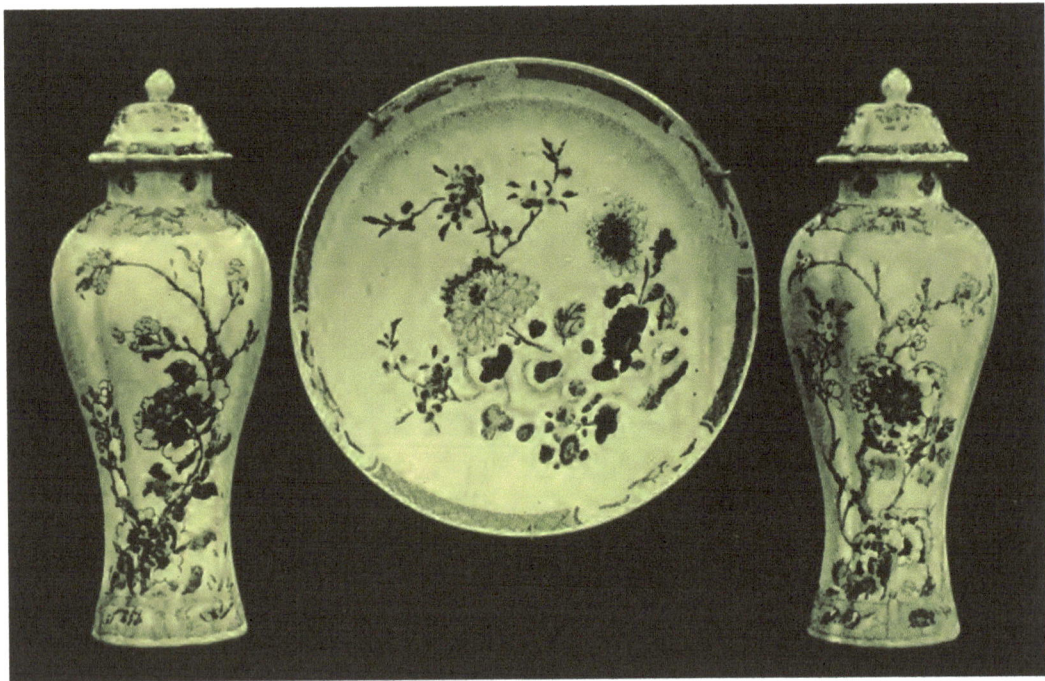

图 260　　　　　　　　图 262　　　　　　　　图 261

图 263：瓷碟，直径 15 英寸，高 2.375 英寸，没有款识标记，有 3 个支钉痕，边缘是棕色的。靠近边缘的地方有 3 条红线，将装饰分隔；上面 2 条线之间的空间在绿色的珐琅上绘制黑色网格，4 个预留区装饰了一朵暗红色花的各个部分。这种装饰主题完全是中国式的，凤凰站在蓝色珐琅的岩石上，岩石像树干一样耸立在它后面，岩石上还有玉兰花枝，各种红色和白色珐琅装饰的玉兰花正在绽放，并有绿色作为衬托。牡丹花中有 2 朵

是金红色的,另外 1 朵是暗红色,鸟的身体和如意头装饰的围栏也是暗红色。鸟的翅膀用绿色、蓝色和黄色的珐琅增亮,头部、颈部和尾部也是如此。尽管有支钉痕,但毫无疑问,这件作品源自中国。

图 263

8.4.1.2 简易牡丹

图 264:瓷盘,有描金的波纹边缘,直径 15 英寸,高 2 英寸,以双蓝环内有丝带的菱形符号作为标识。边缘背面有 3 根红色和绿色的花枝。纹饰由黑线分隔,但中间的分隔线是红色的,红线中间有描金。红线内装饰了一朵红菊花,菊花中心有描金。4 块岩石是黄色和灰色交替出现的,从岩石上长出了红色、黄色、灰色和蓝色的菊花。蓝色菊花离岩石最近,而且蓝色珐琅上照例有很多斑点,所以影响了设计的魅力。盘子边缘覆盖着 3 种图案的几何纹饰,6 个预留区交替填充了符号和花朵。长出蓝色菊花的岩石是黄色的,以灰色和蓝色珐琅为衬托。盘子上没有粉彩,可能是康熙后期的作品。边框上的几何图案使它在绿彩瓷类中占有一席之地,但是中心的装饰和预留区的装饰在设计和颜色上都与绿彩作品有很大的不同,所以为了区分开,我们在这里把它单独放在一个类别中,称为"简易牡丹"。事实上,它很难归类,这是 18 世纪初过渡时期的一个作品。

图 264

8.4.1.3 牡丹绿

图 265：瓷碟，直径 11 英寸，高 1.5 英寸，以双蓝圈内印章为标记，可能与 A. W. 弗兰克斯爵士《格林博物馆东方瓷器目录》一书中的图 160 相同。"'范'是制作者的名字，印在彩色瓷器上。"侧面和边缘有轻微的波纹，托的边缘只有一层薄薄的釉。图案由双红线分隔，分隔成 12 个格子，在格子边缘处有 12 个如意头。这些格子里装满了花，而在中心，花从蓝色珐琅的岩中涌出。背面有 4 根红色和绿色的花枝。

图 266：瓷盘，直径 10.75 英寸，高 1.375 英寸，以 2 个蓝色圆圈中的四足花瓶作为标记。图案由 2 条红线分隔，在边缘分隔为 6 个格子，里面装饰花朵。中间 3 朵牡丹分别为灰色、红色和黄色，从绿色底面上的蓝色珐琅岩石中伸出来，上面还有一只大蝴蝶和一只小蝴蝶。

这 2 个盘子的装饰主要采用绿色珐琅，它们可以被描述为"牡丹绿"，因为这类瓷器不像粉彩类那样有描金的红色。

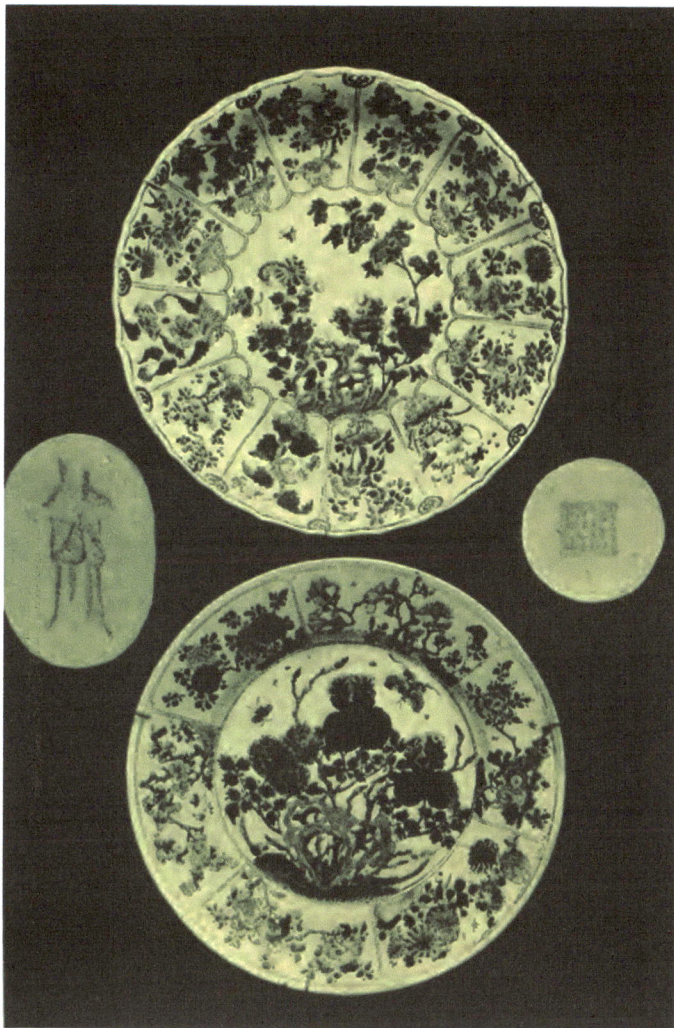

图 265(上)   图 266(下)

8.4.1.4 富贵牡丹

"在某些情况下,铜黄色、绿色和黑色一起构成了基本的色调,并形成了被称为'富贵牡丹'的一类瓷器。"①

图 267:六边形的中国酒壶,高 8.5 英寸,没有款识标记。这件作品或多或少有凹槽,底部的莲花花瓣是用模具浇铸的。装饰由 2 条红线分隔,在底部有 1 条绿色的饰带,上面有黑色的涡卷装饰,从饰带伸出红色和白色的莲花花瓣。壶身分为 6 格,格角用绿色和黑色填充。可以注意到,这个作品的花不是从石头上伸出来的,而仅仅是牡丹花枝。

---

① 阿尔伯特·雅克马尔. 陶瓷艺术史[M]. 2 版. 伯里·帕利瑟,译. 伦敦:桑普森·雷欧与马斯顿有限公司,1877:65.

酒壶的肩部和颈部下方有 2 层椭圆形的装饰，每层有 6 个。下层椭圆形之间用黑色填充，而在颈部中间的红绿领子处，呈现出一排红绿相间的菖蒲。壶嘴突出，向后弯曲，以防从壶嘴中倒酒出来时，里面的酒从壶口洒出来。壶盖有 8 个格子，里面装饰着鲜花。

"与此同时，酒在自由流通……我们喝酒用的是描金的小杯子，其形状像一个有 2 个把手的古董花瓶，并由拿着像咖啡壶一样大银器的仆人不断添酒。"①

图 268：有盖子、壶嘴、把手的杯子，高 4.5 英寸，直径 4 英寸，没有款识标记。这件作品在各方面都与上面的作品相似，装饰也是用红线分隔的。但它在底座有 1 条蓝线，绿色和黑色宽饰带上方有 2 条蓝线，而盖子上的球形把手顶部以及下面的 2 条蓝线都是釉下蓝。在这件作品中，花也不是从石头里伸出来的。

图 267   图 268

这些可能是 18 世纪的作品。在色彩上，它们与图 265、266 相似，准确地说，应该属于绿彩类瓷器，但是，"富贵牡丹"也是一个非常实用的名字，可以用来描述这种装饰风格。

---

① 约翰·戴维斯.中国人［M］.伦敦：查尔斯爵士出版公司，1836：305.

8.4.2　绿彩瓷

之所以如此称呼,是因为这类作品的装饰主要是绿色珐琅。虽然有些作品只是用花和几何图案装饰,但这可以称为一个伟大的历史分类,因为我们在其中发现了中国的皇帝、政治家、学者和将士,以及中国文学中著名的戏剧和爱情故事的场景,所有这些都用最亮丽的色彩被描绘出来。事实上,在这一部分中展示了中国过去几百年的生活,其社会习俗和历史得到了清晰的呈现,我们唯一的困难是对这些作品的创作背景了解不够多。

最漂亮的瓷器是那些绿色珐琅与釉下蓝色相结合的作品。这类作品可以分为 3 个部分——绿色加釉下蓝色、绿色不含蓝色、绿色加蓝色珐琅。最后一种似乎是目前最受欢迎的。

大部分的这类作品似乎属于康熙时期。绿彩瓷可以说是康熙时期的一个特色,就像雍正、乾隆两个时期以粉彩瓷为特色一样。

8.4.2.1　绿色加釉下蓝色

图 269:瓷广口瓶,高 1 英尺 9.375 英寸,瓶口直径 8.5 英寸,瓶底直径 7.25 英寸,没有款识标记,但是在未上釉的底部有一块釉。在这件作品中,釉下蓝色在很大程度上进入了构图中。装饰由双蓝线分隔,顶部有一圈网状的几何花纹装饰,主题是皇帝接受某个国家使臣送来的礼物。在皇帝的背后,其中一个牌匾和窗帘是蓝色的,前面的岩石和跪在皇帝面前的人穿的长袍也是蓝色的。前面的蓝色岩石上长出了绿色珐琅装饰的植物。岩石上方有华盖、旗子和执戟的侍卫首领,皇帝和其他大多数人物一样,身穿绿色珐琅长袍,并以铁红色为衬托。中间凸起的带子上装饰着黄色和红色的菊花和牡丹,还有绿色和蓝色的叶子,岩石是也是蓝色的。下部一侧装饰着红色的石榴,另一侧装饰着红色的桃子,叶子是蓝色和绿色的。这件是康熙时期的作品。

许多属于这个类别的作品,如果不是加入了少量的绿色珐琅,就会被归类为青花瓷。在这些作品中,蓝色一般都非常精细,绿色珐琅也是如此,有时绿色珐琅只不过是几片叶子。

图 270:长方形的花瓶,底部无釉,高 14.75 英寸,宽 4.75 英寸,没有款识标记。这件作品和上一件作品一样,构图大量使用了釉下蓝色。在欧洲人看来,这个作品的主题似乎是一个故事,故事内容装饰在长方形瓶身的 4 个表面,但中国人却不赞同。据说瓶身一面是《西厢记》中的场景,即书生张生与小姐崔莺莺在侍女红娘的帮助下终成眷属;另一面是汉朝著名将领韩信,正在向一个老乞丐问路;第三面取自《三国演义》,一位大臣设计杀死了太师董卓,这位大臣将自己的女儿貂蝉同时献给董卓和他的干儿子吕布,最终借吕布之手杀死了董卓;第四面据说是江革和他的母亲,江革是二十四个孝子之一。

图 269

　　"江革是南朝时期的文人和官员，他以广博的学识和正直、孝顺而闻名。在他年轻时，在那个动乱的时代，他从一伙强盗手中救出了他的母亲，并背着母亲走了很远的路。有一次他被魏国的军队俘虏，但他拒绝投降，最后被放回了自己的国家，没有玷污自己的名誉。"①

---

① 威廉·迈耶斯.中文读者手册[M].上海:美华书馆,1874:80.

图 270

在图片中,江革和他的母亲跪在某位君王(可能是魏王)面前,君王坐在椅子上,后面有侍从打旗。后面的窗帘是蓝色,作品肩部的每个角都装饰了一个符号。而在短圆柱形的颈部有 3 个彩色的男孩,有一块蓝色的石头和绿色的叶子。在底部,四面都有绿色的棕榈树和其他绿色的植物从蓝色的石头上冒出来。装饰由一条蓝线分隔。从伞上挂着的 2 个包袱可以看出,江革和他的母亲正在向君王辞行。

这件也是康熙年间的作品。作品颈部的男孩与"官吏(人物)瓷"没有任何联系,整个作品的装饰都是旧式的。中国人和其他东方国家人一样,可能是出于干净的目的,似乎从很早时候就有给孩子剃光头的习俗。

8.4.2.2　绿色不含蓝色

图271：祭祀杯，高2英寸，没有款识标记。这是一件明代的作品，绿色比康熙时期的作品要深，康熙时期的作品经常有鱼子状的几何装饰，看起来有斑点。这两个时期的杯子一般是绿色和黄色，或者说是浅黄褐色的。这些杯子上通常有传统的纹饰。

图272：蝴蝶瓷盒，高11英寸，没有款识标记。这是一个非常好的细网纹作品。它由2部分组成，主体安放在4只脚上，有凸缘边，一只狮子（佛狗）站在顶盖上，有红色和绿色的色彩装饰，非常精致。这是一件康熙时期的作品。我们在前面已经看到了中国人对蝴蝶的推崇，所以我们不必怀疑他们会用这些漂亮的笼子来安全地保存他们精选的物品①。

图273：奠酒杯，高3英寸，没有款识标记。这件作品属于康熙时期。

图271　　　　　　　　　　图272　　　　　　　　　　图273

图274、275：圆柱形的毛笔架，高5英寸，直径4.125英寸，没有款识标记，由厚胎制成。底座有车轮的标记，部分上釉，底座中间有一个洞并上釉。以绿色、灰色和黄色的珐琅颜色装饰，并以红色和黑色衬托。画面中有4个男性人物，大概是爷爷、儿子和孙子，还有一个仆人在爷爷身后拿着扇子，儿子走在前面，手里拿着门上挂的红布。主题可能是庆祝祖父的生日。

---

　　① 格朗迪迪埃先生在他的《中国陶瓷》中称这是一种礼器瓶，被称为"鼎"（香炉）。我在这里将之称为带有网状边的笼子。——T.J.拉金

图 274   图 275

"当一家之主到达七八十岁时,如果家庭条件好,就会购买寿衣和棺材的材料,并按适当顺序把它们都整理好,以便在深爱的父母或祖父母去世时做好准备,这是很平常的事。棺材完工后,要在棺材上放一块红绸或红布,作为吉祥的征兆。在年老的家人的每个生日,都要在门上挂上一些红绸或红布,直到他去世。"[1]

图 276、277:精制的瓷器,直径 8.375 英寸,高 1.5 英寸,以 2 个蓝圈中的叶子为标识。我们注意到,叶子的一边比另一边短,这种情况经常出现在这类作品上,它们就像图 288、289 上的叶子一样,似乎是一个独特的标记。

图 276 以红色、黄色和灰色的花为装饰,灰色的花茎从绿色的岩石上伸出来,还有 2 只蝴蝶和其他昆虫。而盘子的背面没有装饰。

图 277 中间的 2 朵红花和边上的 1 朵黄菊花从绿色的岩石上伸出来,上面有一对蝴蝶。背面装饰有 3 根红色和绿色的花枝。

绿色的石头和其他颜色使这些瓷器被称为绿彩瓷,但它们也可以被称为牡丹绿。它们可能属于康熙时期。

图 278:椭圆形深碟,粗制瓷,侧面有凹槽,边缘是瓣形,长 15.75 英寸,宽 12 英寸,高 3.75 英寸,没有款识标记,底部的托未上釉。装饰由黑线分隔,包括螃蟹、鱼、莲花和其他水草。碟子底部的 2 只螃蟹,一只是灰色的,接近黑色,另一只是铁红色的,而 2 条鱼是红色和金色。在侧面,2 条大鱼的头部和背部是深灰色,腹部是浅绿色,而 2 条小鱼是鲜

---

[1] 贾斯特斯·杜礼特.中国人的社会生活[M].伦敦:桑普森·雷欧与马斯顿有限公司,1868:161.

图 276（上）　　　图 277（下）

红色,螃蟹和小龙虾是灰色,水草是绿色珐琅。顶部的边框是斑驳的绿色釉面,点缀着红色的莲花,4 块预留区内各有一条红色的鱼。碟子背面顶部有几何边框,有 4 块预留区,每个预留区有红色和灰色的花各一朵,背面一边装饰梅花、鸟、竹子等,另一边是菊花和鸟,两端各有一根大的花枝。

这其实是一个盆,放在墙上的一个平背贮水器下面。

这可能是康熙时期的作品,这件作品的绘画和着色太精美了,不可能出自更早的时期。

图 278

图 279、280 中的瓷器质量与图 278 的相当,但后面有一个椭圆形的无釉斑(见图 94)。不过,这似乎不是年代的证明,因为粗制的青花餐具上也有这种标记,这似乎是在烧制过程中的一些支撑物留下的痕迹,使釉层脱落。

图 279:圆形的托盘或碟子,直径 8.5 英寸,高 1 英寸。这是一个粗糙的器皿,侧面有凹槽,瓣形的边缘。装饰由黑线分隔,有红色、金色、绿色和其他颜色的花,有鸟和蝴蝶。

图 279

侧面有绿色和红色的几何图案饰带，饰带下方是一排红色的如意头，饰带的 4 个预留区装饰了蝴蝶和花朵。盘子背面，边缘处有一圈红色的三角形纹饰，下方有 4 根红绿相间的花枝。

图 280：与图 279 类似的厚重粗制瓷，长 10.5 英寸，宽 6.75 英寸，高 1.5 英寸。装饰由黑线分隔，包括 1 根大的花枝和 2 只凤凰，两侧的边框由一排圆形符号组成，下面有结，下方是一圈红色的如意头。2 个大的预留区装饰了花朵。盘子背面，边缘处是一条红色和绿色的如意头饰带，下面是红色和绿色的花枝。

这些被认为是康熙早期的作品。

图 280

图 281：南肯辛顿博物馆是这样描述的："这是一个用来装箭的花瓶——'箭筒'，方形，顶部在红色釉面用珐琅彩装饰莲花；中间有浮雕的寿字和桃枝，底部有龙和凤凰，配有方形瓷底座，雕木的托。中国瓷器，高（包括托）19.25 英寸，底座高度 6.25 英寸。"

"骑兵的主要武器是弓箭，弓用弹性木和动物的角做成，用一根丝绳作弓弦。弓的强度是通过弯曲它们所需的力量来估计的，从 80 磅到 100 磅不等。射箭时，弓弦被卡在玛瑙或石头做的环后面，放在右手拇指上，拇指第一个关节弯曲，并用食指的中关节压在拇指上面。"[1]

"那些希望在军事训练中夺魁的人必须在指定的时间到他们所属地区的长官面前。在地方长官主持的第一次考试中，他们被测试射击熟练程度，每人射 3 支箭。在地方长

---

① 约翰·戴维斯. 中国人［M］. 伦敦：查尔斯爵士出版公司，1836：215.

官主持的第二次考试中,他们被要求在骑马奔跑时向一个靶子射出 3 支箭。第三次考试测试他们舞重剑、举石头、拉硬弓的能力。"[1]迈耶斯先生给出了"射箭艺术的 5 个类别"的名称。[2]

箭筒底座上的石碑是青瓷板,我们可以看到底部的 4 个如意头。

图 281

图 282:花瓶,高 18 英寸,没有款识标记,覆盖着绿色的斑点,上面镶嵌着各种颜色的珐琅、花朵和蝴蝶。可以注意到,蝴蝶被做成一对桃子的形状,桃子和蝴蝶一样,象征着婚姻。花瓶的装饰由绿色和红色的饰带分隔,瓶身有 2 个大的和 4 个小的预留区,颈部

---

① 贾斯特斯·杜礼特.中国人的社会生活[M].伦敦:桑普森·雷欧与马斯顿有限公司,1868:351.
② 威廉·迈耶斯.中文读者手册[M].上海:美华书馆,1874:317.

有 2 个椭圆形预留区。可以看到,大的预留区顶部的装饰采用了蝙蝠的形状,有一双如意形状的翅膀,象征着长寿和幸福。2 个大的预留区装饰着 2 只狮子,大的狮子是黄色的,背部和尾巴是绿色的,小的狮子是绿色的,背部和尾巴是灰色的。6 个小的预留区装饰有花朵。花瓶顶部的几何饰带被 4 个预留区分隔。肩部是一条白底红色的如意头饰带,它与一条红绿相间的三角形几何饰带连在一起。底部是一条绿色和黄色的椭圆形饰带,由少量的红色和灰色衬托。

图 282

如果不考虑这个花瓶的形状,椭圆形图案的分隔方式和花朵的绘制方式似乎表明这个花瓶的年代不会早于 18 世纪末。

图 283、284:一对广口瓶,高 11.5 英寸,顶部直径 4.75 英寸,底部直径 3.75 英寸,没有款识标记。中间略微凸起,瓶身装饰模压成莲花状的椭圆形图案,分 4 层,每层有 6 个椭圆形图案,每个椭圆形图案用 2 条红线分隔。底层图案是一个男孩和莲花交替出现;

第二层是一位女士,还有乐器和牡丹;第三层是女士、乐器和菊花交替出现;顶层是女士、乐器、菊花、牡丹。女士们穿着绿色、黄色和橙红色的衣服,男孩穿着红色衣服。花朵是红色和黄色的,从绿色珐琅的岩石中伸出。在瓶底用红色描画了三角形饰带。在这些作品中,绿色并不是主颜色,但是带有绿色叶子的花朵以及绿色的岩石,使它们属于绿彩类。

8.4.2.3　绿色加蓝色珐琅

图 285:带凹槽托的瓷碟,直径 10.75 英寸,高 2.125 英寸,以双蓝圆圈中的叶子为标记。装饰包括一位坐着的女士,她背后是绿色的岩石。她的上半身是绿色的,袖口和领子是蓝色的;下半身是黄色的,脚部的裙子是橙红色的;座椅的腿和框架是蓝色的,座椅的藤条面框架是黄色,藤条是红色的;旁边的围栏是绿色、黄色和灰色的,女士背后有小红花。可以注意到,有的地方的蓝色珐琅已经脱落了。

很多人认为这是一件明代的作品,但从颜色上判断,它似乎是康熙年间的作品,可能制作于康熙早期。

图 283　　　　　　　　图 285　　　　　　　　图 284

图 286:盘子,边缘有波浪纹,边缘和背面有轻微的螺旋状凹槽,直径 14.75 英寸,高 2.25 英寸,以双蓝圆圈中的叶子为标记。装饰由 2 条黑线分隔,2 条黑线中间是黄色的。边缘和侧面的装饰由 6 个几何装饰分隔,中间的空间填充了 2 朵花、2 个符号,还有 2 个

动物,一只是狐狸,另一只是怪物。这部作品的主题是 3 名骑在马背上的武士在互相追击,他们的旗手在他们身边奔跑,背景中还有一个执剑的武士在奔跑。第一匹马是斑驳的红色,第二匹是灰色的,第三匹是黄色的。骑在马上的武士穿着红色的衣服和灰色的盔甲。地上的 4 个人物穿着绿色和红色的衣服。岩石是绿色的珐琅,用蓝色和灰色来衬托。

在此类的一些盘子中,骑士们没有用长矛或戟,而是将一个球扔向对手。中国武士的技艺展示或多或少具有表演的性质。杜礼特先生告诉我们:"在某些时候,会有人占据街道表演,很多路人围观,这时街道可能会暂时无法通行。这个人会在玩一个重达几磅的铁球或铅球,连在一根结实但细小的绳子末端,绳子长 20 或 30 英尺。他把球往前扔,再用手中的绳子把它拉回来,球扔得大约有他的脖子那么高。球从他身边快速地飞过,几乎和他用绳子把球拉回来的速度一样快。球可以向他两侧飞出 12 或 15 英尺。这场表演的奇妙之处在于,这个动作表面上看起来很容易,其实做起来很难,球的速度很快,而且精确地向前和向后飞去,表演者一直都没有碰到球。如果球在表演时撞到他的头,很可能会把他的头撞碎。"[1]

图 286（上）　　图 287（下）

图 287:精制的瓷碟,直径 15.25 英寸,高 3.625 英寸,用 2 个蓝色环中的菱形符号作

---

① 贾斯特斯·杜礼特.中国人的社会生活[M].伦敦:桑普森·雷欧与马斯顿有限公司,1868:543.

为标识。在背面有 3 根红色和绿色的花枝。纹饰用黑线分隔。边缘和底部有 2 条红色的饰带,上面有白色的涡卷纹饰,底部用饰带将碟子中心图案分隔,边缘的饰带被 8 个预留区分隔,分别装饰有野兔、鱼、狐狸、小龙虾、野兔、鱼、狐狸和螃蟹。红色饰带之间的空间由 8 个放射状的预留区分隔,预留区呈灰色,覆盖着绿色珐琅的涡卷纹饰,其中 4 个预留区是山水,2 个是花卉,2 个是符号。在中部,浅绿色的岩石上有一条狭窄的蓝色,从那里长出红色、蓝色和黄色的菊花。红色的花瓣边缘施有白色,但蓝色的花瓣没有其他颜色衬托,看起来有些单调;黄色的花瓣和往常一样,有黑线衬托。顶部是一只凤凰。这件作品也可以被归为牡丹绿瓷。

图 288:瓷碟,直径 8.5 英寸,高 1.625 英寸,由双蓝环中的叶子为标记。盘中装饰着一个花篮,花篮顶部有丝带。边缘的饰带被 6 个预留区分隔,都装饰着蝴蝶,预留区之间交替装饰着几何图案和花朵,花朵的底色是斑驳的绿色。

图 289:瓷碟,直径 8.5 英寸,高 1.625 英寸,由双蓝环中的叶子为标记。这个盘子在各方面都与上一件相似,只是篮子的造型不同。

这两件也是康熙时期的作品。

这些装饰花朵的碟子的边缘饰带似乎变化不大,而且裂开的叶子标识出现的频率很高。大件的作品一般配有带凹槽的托。

这些盘子里的花篮可能是蓝采和的标志,也可能就只是普通的花篮。在中国,人们日常会收集花朵或把花当作

图 288(上)　　图 289(下)

礼物。

图 290、291：钟形碗，顶部直径 13.25 英寸，底部直径 6.25 英寸，高 6.5 英寸，以双蓝圆环内的封印为标记。顶部的几何纹带用双墨线分隔，中间是红色。纹带由装饰花朵的 6 个预留区分隔，3 种几何纹饰在 6 个预留区之间交替重复出现。碗身用双红线分隔出 16 个莲花状的格子，分两层排列。这些格子里交替着填满了花朵和各种颜色的怪物。蓝珐琅的花朵比一般的作品更精美，因为每个花瓣的边缘都描有白色的边。托上有一条装饰有黑色回纹的绿色饰带，碗内有一条墨线分隔的几何纹饰，纹饰上有 6 个预留区，3 个装饰有淡红色和金色的蟒，其余 3 个用其他颜色装饰狐狸、老虎和怪物。底部，在一个有棕榈树的风景中，2 只麒麟在玩耍。

这也是康熙时期的作品，除了质量上乘之外，也是件非常有趣的作品。蟒表示这是为五品的王爷或官员制作的，主人显然是在朝廷任职，因为上面还有官印的守护者——狐狸。老虎似乎表明主人曾在军队服役。底部的麒麟表示政府执政有方，这应该是所有官员都想实现的目标。而棕榈树可能表明，要想建立执政有方的政府，必须有安静的生活和思考。在碗的外部，有常用来代表四季的花朵，其寓意很难得出。可以注意到，蟒前面有 2 只爪子，后面也画了 2 只爪子，使它看起来好像有 3 条尾巴。

图 290　　　　　　　　　　　　　　图 291

图 292、293：圆柱形的花瓶，高 17.5 英寸，粗糙的蓝色圆圈内有叶子的标记，蓝色圆圈部分是双线，部分是单线。花瓶饰以珐琅彩，但是不像平常那样有玻璃光泽，主要是绿色、蓝色和灰色，用红色、黄色和黑色来衬托。花瓶口部有绿色饰带，上面用黑线勾勒出回纹饰；肩部有未上色的饰带，用红线勾勒出冰裂纹；瓶身用顶端为绿色、蓝色的梅花作

点缀,只露出一半的花。整个花瓶都覆盖有绿色、蓝色和灰色的石头,松树有灰色的茎、绿色的叶。花瓶的一面画的是一位年长的中国绅士,他在指引一位年轻人去找两位女士,年轻人拿着一把锄头;而另一面则是两位女士,显然是在等待某人的到来。这表明装饰的主题是尧把他的两个女儿交给舜。

图 292　　　　　　　　　　　　　　　　图 293

"舜是古代帝王尧选择的继任者,他与尧一起被尊为帝王之德的典范之一。他的父亲瞽叟在舜的母亲去世后,又娶了一个妻子,生了一个儿子,名叫'象';瞽叟更喜欢他第二次婚姻生的儿子,而不是他的长子舜,他多次试图将舜置于死地。舜虽然差点被害死,但丝毫没有减少对父亲和继母的孝顺,也没有减少对'象'的兄弟之爱。他在骊山耕种,他的孝心得到了动物和鸟类的回报,它们自发地来拖动他的犁,为他耕地。他在雷泽湖钓鱼,在黄河岸边做陶器。但他的父母和他的弟弟仍然试图谋害他。尽管他们试图通过放火烧舜的房子和让他下深井来害他,但舜总是奇迹般地活下来。在他 20 岁的时候,舜以他的孝心吸引了聪明和有德行的尧的注意,尧后来把他的两个女儿嫁给了他,并推举舜成为王位的继承人。"[1] "尧帝把她的两个女儿娥皇和女英嫁给了贤德的舜。传说有一次,两位姐妹王后陪同她们的君王舜到南方去,在旅途中,舜死在苍梧,姐妹俩在舜的墓

---

① 威廉·迈耶斯.中文读者手册[M].上海:美华书馆,1874:165.

前不停地哭泣。他们的眼泪落在周围竹子的茎上，变成了斑点，于是竹子有了一个新的种类——斑竹。这位君主的坟墓靠近湘江，因此，斑竹也被称为'湘竹'，而两位王后被神化为'湘夫人'。"①这大概是康熙时期的作品。

图294：这只盘子直径14.5英寸，高2英寸，用蓝色双环中的叶子为标记。它装饰过多，特别是在边缘，主要的颜色是绿色和红色。整个盘子有一种沉闷、沉重的感觉。如果盘子表面覆盖的装饰少一些，边缘用更多的白底来衬托，就可以避免这种情况了。首先，靠近边缘的是棕色和浅黄色的边框（不是釉），这对衬托这种设计没有任何作用；而除了几何图案非常紧密，覆盖了整个表面之外，还用绿色、黄色、蓝色和灰色珐琅装饰的花朵覆盖了整个表面。心形的预留区没有留白，而是用绿色珐琅填充，上面又有彩色的图案。4个预留区填充了常见的花瓶、符号、符咒图案，其中2个填充的是鸟和花，另外2个是松鼠和葡萄。8个几何图案各不相同，底部右边的那个是蛋壳瓷中常见的八边形和方形图案。

中心装饰是一个中式花园，有3位女士正在玩球，还有一位女士坐在走廊看着，后面有一个仆人用托盘递上茶或其他点心。房子的颜色为绿色和红色。

"在中国，什么事情都不能随性、任性或异想天开。盖房屋的人不可能按照自己的意愿来选择房顶瓦片的颜色或者按照自己的喜好来粉刷墙壁和门——这一点在中国的文学作品中有很多证明。我们在某个爱情故事中读到了这样一段关于皇室宅院的描述：'从上到下，只见绿色的搪瓷砖……围墙的墙壁闪耀着朱红色的光泽。'有人问这个住宅的主人是谁，另一人回答说：'你看到的是皇帝的乡村宅院。你难道没有注意到，房顶覆盖着绿色的搪瓷瓦片，围墙是红色的？哪个地方的官员或王公贵胄敢用这样的装饰？'"②

在这件作品中，这个亭子可能代表了一个古老的乡村宅院，但这些女士没有缠足，否则她们不可能玩球。右边的那位女士刚刚"用脚开球"，而左边的女士一手拿着扇子，正准备用她的另一只手回球。

"在他们的户外娱乐中，一个非常常见的活动就是用踢毽子。一圈大约6人以这种方式进行着他们之间的游戏，相当灵巧，厚厚的鞋底代替了拍子，偶尔允许用手来协助。"③

画面前面的池塘是绿色的，装饰有红色的金鱼和绿色的水草，池塘周围的栅栏是红色的。走廊上装饰着如意头图案、一匹马和一匹龙马，一些八卦图案出现在左侧花盆上

---

① 威廉·迈耶斯.中文读者手册[M].上海：美华书馆，1874：189.

② 阿尔伯特·雅克马尔.陶瓷艺术史[M].2版.伯里·帕利瑟，译.伦敦：桑普森·雷欧与马斯顿有限公司，1877：30.

③ 约翰·戴维斯.中国人[M].伦敦：查尔斯爵士出版公司，1836：318.

方飞舞的旗子上。边缘的背面装饰着 3 根花枝,有棕色的茎、绿色的叶子和彩色的花朵。

专家们认为这个盘子属于康熙时期。它有一种官吏(人物)瓷的感觉。也许我们在这里看到了粉彩的发展迹象,粉彩在雍正、乾隆时期得到了充分的发展。前面的孩子,也就是读者右边的孩子,剃了光头,但这还不足以使它成为官吏(人物)瓷。毫无疑问,在清朝之前,给小孩子剃光头是一种习俗。

图 295、296:一对六边形的花瓶,质地粗糙,短颈,敞口,高 12 英寸,直径 4.375 英寸,没有款识标记。底座平,无釉。瓶身装饰用双墨线分隔,六面装饰各有不同——两面展示一位女士,两面是花瓶和符咒,两面是岩石和花朵。顶部的边框是绿色的,有黑色的斑点和红色的花朵,边框底部是扇形的,每个角都有一个如意头。在花瓶的肩部有绿色的藤蔓花纹,有彩色的花朵,颈部有 6 根花枝。一些八卦的三行线出现在花瓶上。

图 295   图 294   图 296

图 297:瓷碟,直径 10.75 英寸,高 1.25 英寸。以 2 个蓝色圆环内的印章作为标记,印章文字可能是"禄"。装饰包括一个老人和一个年轻人坐在亭子里下棋,一位女士在一旁看着,而打着旗的仆人和马在外面等待。在古代,中国人用扁平的方棋子下棋,更像我们的跳棋棋子。

图 298:瓷碟,大小和标记与上面相同。装饰主题是一位女士坐在一张放着书籍和笔墨纸砚的桌子旁,她已经睡着了,梦见她正在和她的丈夫或爱人一起散步,正如左边的人物所示,她的丈夫或爱人可能在远方。

图 297（上）　　　图 298（下）

　　"他们对抽象概念的一些表现对我们来说至少是奇特和古怪的，这些奇特和古怪引起了我们的注意。一个是在这里插入的一个人做梦的图画。"[1]在这幅画中，一个女人坐在桌子旁睡着了，头伏在交叉的手臂上，而从她的头上伸出一幅卷轴，上面展示一个男人坐在一匹奔腾的骏马上。

　　这些可能是康熙晚期的作品。

　　图 299：梨形瓷痰盂，高 14.75 英寸，宽口，有凸缘，圆柱形的托，没有款识标记。底部略微凹陷并上了釉。瓶身上装饰的是八仙，颈部一侧是寿星，另一侧是西王母，以珐琅彩

---

① 威尔斯·威廉姆斯.中国[M].纽约和伦敦：威利与普特南出版公司，1848：174.

绘制。

图 299

图 300：粗制瓷盘，直径 8.75 英寸，高 1.125 英寸，以 2 个蓝色圆环中的四足花瓶为标记。图案是周穆王八匹著名的骏马，用红色和其他不可思议的颜色绘制，风景也是如此。边缘的菱形边框被 4 个填充花朵的预留区分隔。

"周穆王八匹著名的骏马每匹都有一个不同的名字。"[1] "他是西周天子，传说他统治期间政绩卓著。据记载，他在南部和西部边境对叛乱的部落进行了大规模的战争，并由他的驾车人造父驾着他的八匹骏马，征服了车轮轧过和马蹄踏过的任何地方。"[2]

---

[1] 威廉·迈耶斯.中文读者手册[M].上海：美华书馆,1874:158.
[2] 威廉·迈耶斯.中文读者手册[M].上海：美华书馆,1874:339.

图 301:精制瓷盘,直径 8.625 英寸,高 1 英寸,以 2 个蓝色圆环中的四足花瓶为标记。这个盘子上的蓝色珐琅和绿色珐琅一样多,这种设计也很常见。步行的随从用伞支撑着背上的包袱,似乎在指引马背上的绅士应该走哪条路。桌子和一组符号与亭子一样大。装饰用 2 条红线分隔。盘子的边缘上有绿色、蓝色、灰色、红色 4 个图案,由 4 种符号隔开。在侧面,一排倒置的如意头被 2 条红线分隔,红线内部为盘子的中心装饰。据说这个盘子的主题可能是一个中国武士在仆人的陪同下离开家去朝廷寻求官位。通常,这些特殊的盘子在装饰上使用的蓝色多于绿色。这个瓷盘和图 300 的瓷盘一样,虽然被归入这一类,但无疑最初是作为甜点盘进口的。准确地说,它们是印度绿彩瓷,但被放在这里是为了指出,迄今为止的习惯是不将任何带有标记的作品视为贸易瓷。

图 300(上)　　　图 301(下)

图302：瓷板，长14.25英寸，宽12.5英寸。它以角落里的印章为标记。这块瓷板是镶入托架来装饰桌子的。据说图案是8位罗汉在花园中的松树下交谈（松树是长寿的象征）。其中一个罗汉正在玩的动物不是狗，而是一种神奇的狮子（佛狗）。花园由竹子和席子围成，后面有一个香炉，香炉的烟萦绕到杉树的枝头，旁边竖立着一个花瓶，里面装着铲子和2根棒子，另外还有一根羽毛，可能是用来清扫香的残渣的。

瓷器表面凹凸不平，就像通常看到的官吏瓷那样。岩石是灰色，衣服是釉上绿色、灰色、蓝色，用红色和金色来衬托。灰色几乎接近紫色。这可能是18世纪末或19世纪初的作品。这件作品上没有粉红色，所以不能归入粉彩系列。画面上的人物没有穿官服，所以不能称为官吏瓷，看来只能把它当作晚期的绿彩瓷。

图 302

8.4.3 粉彩瓷

此类瓷器被命名为"粉彩"是因为装饰中或多或少使用了粉红色①。粉彩色调从粉红色到紫色不等，包括备受推崇的红宝石色调。粉彩通常应用于质地良好的胎身，以呈现瓷器上的珐琅，并且装饰通常覆盖了整个作品，以至于许多作品可能属于珐琅瓷类。大部分作品都装饰有人物，因此大多数此类装饰出现在官吏（人物）瓷、珐琅瓷、蛋壳瓷中。粉彩类瓷器将3种或4种类别的瓷器合为一类。没有哪一类的装饰比粉彩的种类更多，从大件粉彩到蛋壳盘子和碟子上的微型粉彩，一应俱全。在考虑这个类别的各个部分时，也许我们最好从"粉彩绿"开始，因为可能第一次在雍正时期使用粉彩就是应用在绿色上。

8.4.3.1 粉彩绿

毫无疑问，要在粉彩类的作品中找到一件在装饰中没有绿色痕迹的作品是很困难的，但是不要困惑，这一分类确实和绿彩瓷相似，两者之间除了引入粉红色代替旧的铁红色，或者粉色与铁红色共同应用之外，没有什么区别。人们习惯称这种作品为粉彩瓷，因为不管粉红色的数量有多少，都被认为是比绿彩瓷出现得晚，绿彩瓷是在引入粉红色之前制作的。但是对于粉彩的描述太多了，这很容易引起误解，因此，最好把这些作品单独归入一个部分，放在粉彩绿的名称下。

这种粉彩绿瓷绝不能与古老的官吏（人物）瓷混为一谈。通常情况下，其形状更加圆润，人物穿古老的服装。这些设计比粉彩类的其他瓷器更大胆，而且更类似于绿彩瓷的画面。

图303：有宽颈和圆柱形托的梨形花瓶，高8.75英寸，无款识标记。这无疑属于雍正时期。这个花瓶装饰有莲花图案，以及绿色珐琅和其他颜色的8个佛教符号。其中2个符号在颈部上方，2个在颈部下方，每个符号都有一朵莲花隔开；其他4个符号在瓶身上，每个符号下面都有一朵莲花。不幸的是，莲花符号没有在图片中显示出来，但是莲花是非常常见的那种，和其他符号一样有丝带。大多数与此类似的作品都属于绿彩瓷类别，但这一作品由于莲花中的红色和轻微的粉红色斑点而被归入了粉彩瓷类。也许正是在这些作品中，我们发现了粉红色的首次应用。

图304：瓷瓶，高15.25英寸，没有款识标记。这件作品主题为"八仙过海"，八仙站在各种动物上。瓶颈上有2个人物，我们看到蓝采和站在乌龟上，花篮挂在锄头的柄上，而韩湘子出现在一只小龙虾上。可以注意到，瓶颈上的人物，头的一侧有桃枝伸出，另一侧有灵芝卷图案。这些人物都穿着有绿色珐琅彩、粉红色和其他颜色的衣服。

---

① 一抹粉色就足够了。——T. J. 拉金

图 303

图 305：广口瓷花瓶，高 17.5 英寸，没有款识标记。这件作品和上一件一样，装饰没有用线条分隔。除了颈部底部的三角花纹带之外，装饰主题很随意地出现在瓶身，主题显然是一位文人和两位女士的故事。文人坐在桌前，桌上有书和蜡烛，他身后出现了文学之神——魁星，像往常一样，他用左脚把米斗踢到空中。

图 304   图 305

"文学之神,广受文人崇拜。他们能赋予文人写出好文章和诗歌的能力,也是评判人们各级各类考试成功与否的权威人士。中国人认为有两颗掌管着世界上与文学有关的事务的星星。其中一颗是魁星,据说是第二十八星宿中的一颗。另一颗星是文曲星,他的形象被塑造成一个坐着的英俊男子。魁星也被塑造成一个男子,但长相极其丑陋,头部有两个弯的突出的长角。他单脚站在一条大鱼的头上,另一只脚抬起;他的一只手拿着一支巨大的毛笔,另一只手拿着一顶帽子,就像一个毕业班的班长所戴的那种。尽管文曲星不被视为魁星的助手,但魁星的画像总是放在文曲星的前面。"①

---

① 贾斯特斯·杜礼特.中国人的社会生活[M].伦敦:桑普森·雷欧与马斯顿有限公司,1868:210.

魁星的形象正好描绘在花瓶的弯曲处,因此我们不能在图片中清晰地看到他。这件作品饰有绿色珐琅、粉色和其他颜色。

图 306:棕色边缘的瓷盘,直径 13.75 英寸,高 1.75 英寸,没有款识标记。可以注意到,菱形饰带有绿色的斑点,散布在上面的花朵是红白相间的梅花,6 个预留区用黄色条纹分隔。装饰的主题是两位女士在一条船上,前面那位女士脚下放着一个花篮,这就是蓝采和;另一位是她的随从,手里拿着灵芝。两位女士上方有一只蝙蝠,象征长寿和幸福。作品的粉红色出现在女士们的衣服上。关于在瓷器上经常见到的红色圆盘(这幅图和下一幅画都有),一位中国朋友写道:"无论是红色还是单纯的圆形,这些圆盘都代表着太阳,象征着光明的前景,光明驱走了黑暗。"

图 307:瓷碟,直径 14.125 英寸,高 2.25 英寸,没有款识标记,有棕色边缘。瓷盘装饰着一个清晰的蓝采和的女性形象,她右肩的锄头上挑着一篮子花,但在这幅图中,篮子

图 306(上)　　图 307(下)

里装是牡丹和木兰花。粉红色只出现在袖子上,外衣的主体是浓郁的深绿色,而裙子则是我们在早期作品中发现的铁红色。头顶上有 4 只蝙蝠,蝙蝠是五福中的第一福,右边岩石底部生长的灵芝是长寿的象征。人们对这些带有咖啡色釉面边缘的瓷器有偏见,但它们的历史可以追溯到 18 世纪初,所以现在是时候让我们接受它们了。

一位中国朋友写道:"图 306、307、308 的主题是一样的,描绘了八仙之一的蓝采和前

往西方，为居住在那里神仙庆祝生日。"由此可见，这些作品很可能最初在中国是作为生日礼物的。

到目前为止，我们所见到的粉色都带有红色的色调，但是，在这个部分结束之前，我们必须看一下图 308 和图 309。这两幅图的粉色已经有了略带紫色的色调，就像粉红色的丝绸被染上了蓝色。这应该是后来的发展，是为了给粉色的色调带来新意，许多这样装饰的作品都非常漂亮。如今，所有的彩绘类作品都偏向于更多的装饰，这样的想法需要付出比之前的作品更多的工作——在质量相同的情况下，可能是这样的，但像图 308和图 309 这样的作品，人物单独凸显在白底上，比那些填满了人物和其他装饰的作品更具艺术性。

图 308   图 309

图 308：圆柱形花瓶，高 15.5 英寸，无款识标记。这件作品涂有略带绿色的青瓷釉，顶部有棕色的边缘。装饰主题是蓝采和作为女性形象站在一个筏子上，筏子似乎由展开的兽皮制成，筏子的尾部站着一只鹳，象征着长寿，而 2 只蝙蝠在头顶上盘旋，可能象征着双倍的幸福（不过，还有其他 3 只蝙蝠在花瓶的另一边）。她常用的花篮放在她的脚边，而她好像在划筏子。她的肩膀上覆盖着毛皮披肩，披肩下面是蓝粉色的外衣，白色裙子上的浅绿色流苏使她的服装非常得体。蓝采和似乎比其他任何一位神仙都更频繁地

出现在粉彩绿瓷中。

图 309：花瓶，高 15.5 英寸，没有款识标记。装饰包括 2 位女士，身着相同的粉红色衣服。托上有花瓶纹饰，颈部有符号图案。

这两件花瓶都属于乾隆时期的作品。

粉彩绿是一个非常有趣的分类。大多数作品都具有很多的装饰，许多作品非常漂亮，而且很可能在将来会有更高的价格。然而，这些花瓶并不是成对出现的，这对它的价格不利。但图 393 似乎表明，这些花瓶摆在壁炉台上与其他瓷器不太搭配；图 391 则表明，壁炉台两端可以不摆放花瓶。

8.4.3.2　全粉彩

在这类瓷器的白色预留区中，我们经常会发现一些细微的装饰风格，这是乾隆时期的一个主要特征。

图 310：粗瓷的瓶子，高 14.5 英寸，没有款识标记。镀金的底座（路易十六风格）覆盖着粉红色的珐琅。一条黑线将瓶身分隔出 2 个大的预留区和瓶颈 2 个小的预留区。大的预留区装饰着中国古老的图案，即 2 只鸡在牡丹丛中，后面有一棵梅花树，上面是蝴蝶。小的预留区填充了牡丹花枝和一只鸟。

路易十六于 1774 年至 1793 年在位。在这件作品中，底座是新式的，可能只是表明法国人认为这种对瓷器的装饰是属于那个时期的。在这方面，他们无疑是跟得上时代的。

这类作品的粉红色珐琅遍布整个表面，为了区别这一分类，它可以被称为"全粉彩瓷"。

至于公鸡和牡丹的主题，一位中国朋友写道："这两样东西在中国

图 310

最早的记录中就提到了：公鸡在早晨打鸣，甚至在棺材里我们都要放一根公鸡的羽毛，这样公鸡就可以让死者早早踏上他的地下世界之旅；牡丹是许多古诗的主题，被认为是富贵之花，而且是中国真正的本土花卉。"

8.4.3.3　粉彩和其他色调

图 311、312：南肯辛顿博物馆描述："碟子，瓷器，茶碟形状，有彩色和描金的装饰。内圈是双列的 8 种佛教标识，中间有'寿'字样，外圈是 7 种珍贵的东西，印章为蒙古文，指道光帝的女儿寿安固伦公主（这可能是皇家陶器厂为寿安固伦公主制作的瓷器的一部分）。中国 19 世纪早期制作，直径 7.125 英寸。"

画面中的 7 种珍贵的东西是：

1. 金轮或圆盘。

2. 玉女。

3. 马。

4. 大象。

5. 财神。

6. 将军。

7. 神奇的珍珠。

这个盘子拍了两张照片，目的是想要清除所有符号上的光线阴影，但这似乎是拍摄这些圆形瓷器时无法避免的。

图 311（上）　　图 312（下）

8.4.3.4　珐琅粉彩

图313:蛋壳杯,直径2.625英寸,高1.625英寸。茶碟,直径4.25英寸,高0.625英寸。没有款识标记。装饰覆盖了整个表面,只有边缘没有装饰。粉红色的菱形装饰带有黄色边缘。在圆形装饰中,4个是黑色的,其余是白色、浅绿色或蓝色,填充了粉红色的花朵和带有绿色叶子的水果(桃子和石榴)。较小的圆形采用白色珐琅装饰。

图313

在这件瓷器里,粉彩、蛋壳和珐琅,这3个类别都得到了体现。

图314:圆锥形的鱼缸,高16.75英寸,直径18英寸,没有款识标记。如底部所示,胎身为淡褐色。在顶部,有一个狭窄的斜面凸缘,上面覆盖着菱形图案,下面有浅绿色、黄

色、粉红色和蓝色的涡卷装饰,这是整个鱼缸的主要颜色。缸身被分成 16 个木条状的格子,深蓝色、黄色、粉红色和绿色重复了 4 次。在这些格子上绘有牡丹、菊花和其他粉色、白色、红色、淡紫色的花朵,后面还有木兰花。在蓝色木条的顶部有一只蝴蝶。在底部绿色底上绘有一条白色、粉色、黄色和豆绿色的莲花饰带。在缸内,白釉上饰有大型的红色金鱼和绿色水草。这件作品可以说是"粉彩珐琅牡丹"。由于没有白瓷底,似乎可以把它归入"珐琅彩"类,在装饰上它是"牡丹—菊花"类,而在颜色上它是"粉彩"类。

图 314

8.4.4　官吏(人物)瓷

此类瓷可以说"名如其瓷"。严格来说,这个名字只适用于装饰有身着"官服"的人物的瓷器,但现在经常被用作一般术语,包括大约同一时期生产的、装饰方式与涉及人物基本相同的各种瓷器。

之前我们所看到的中国贵族和绅士都穿着长长的飘逸的长袍,腰间系着腰带,头发卷起来放在头上,再盖一个软软的盖子——也可能是宫廷头饰。在这一类瓷器中,人们剃发,扎着辫子。

我们可以肯定,所有这样绘制的瓷器一定是 1644 年以后制作的。不幸的是,我们也不能说所有带有旧式服装风格的瓷器都是在那之前制作的,因为毫无疑问,在清代,中国人继续模仿和复制明朝的作品。而且,在接受了儒家学说之后,清朝的统治者不可能反对他们模仿中国的贤人以及这些贤人数千年来穿着的服装。事实上,我们已经看到,在戏剧表演中,演员必须穿着旧式服装。似乎有各种理由相信,我们所知道的官吏(人物)瓷器在雍正时期之前并没有生产,可能是贸易公司发现向欧洲提供装饰方式与中国人的习惯和风俗相一致的瓷器对他们有利,所以才有了这种说法。那时,清朝的统治已经牢固确立,对改变服饰的情绪已经消失,所以统治者和百姓都没有必要反对向欧洲人提供他们想要的东西,更何况出口瓷器对统治者和百姓都有好处。

雅克马尔先生告诉我们,在 1664 年,有 44943 件罕见的日本瓷器抵达荷兰;但坎普弗先生说,在 1690 年,当他去日本时,每年只允许出口"大约 100 包瓷器"到荷兰。因此,如果上述数量是 1664 年在荷兰收到的,即使考虑到从日本经由中国间接运到雅加达,大部分货物仍然是来自中国而非日本。

中国的制造业规模似乎一直比日本大得多。雅克马尔先生和其他人认为,许多被认为是日本原产的瓷器其实是清朝时在中国制造并从中国运到日本的。官吏(人物)瓷很少有款识标记,商人们知道试图把它们当作明朝的东西是不可能的。此外,欧洲家庭需要一些日常使用的器皿,满足这种需求的瓷器以进口的官吏(人物)瓷和印度瓷为主,其中大部分与许多以旧式风格装饰的作品一样古老,并装饰有明代标记。

关于官吏(人物)瓷器上的人物,约翰·戴维斯爵士说:"夏季的极端炎热和冬季的极端寒冷,再加上在户外生活的普遍习俗,可能是造成官员的夏季和冬季服装存在广泛而明显区别的原因。夏天的帽子是由竹篾或类似于竹片的物质编织而成的一个圆锥体,官员会在圆锥体的顶端按其等级装饰一个红色、蓝色、白色或镀金的球。从这个装饰球在帽子上插入的地方开始,在帽子的四周,有一条条,或者说一束束,深红色丝绸或红色马鬃的流苏。在帽子的前面,有时会安上一颗大珍珠。冬季的帽子,不是圆锥体,而是更贴合头部;帽子边缘用黑色的天鹅绒或毛皮做成,完全翻上去,前面和后面翻得比两侧高一点。圆顶形的顶部也有一个与夏季帽子相同的圆球,表示佩戴者的官阶等级;从圆球在帽子上插入的地方垂下来一束精美的深红色丝绸,正好盖住圆顶。在寒冷或炎热的天气开始时,每个省的首领(总督)会戴上他的冬帽或夏帽。这一情况会在官方公报或朝廷通告中公布,通知他省里的每一个官员都做出同样的改变。1816 年,率领使团前往广州的官员(当时在级别上高于总督),以这种方式戴上了冬帽,并向他所经过的省作了示范。

"在室内,他们通常在寒冷的天气里戴着一顶小的瓜皮帽,有的是普通的,有的带有装饰品。

"上层阶级的夏季服装是一件轻薄的丝绸、纱布或亚麻布的宽松长袍,平时不穿时挂起来，需要穿用时，则用结实的绸缎腰带将长袍扎起来，腰带在前面用玛瑙或玉石的扣子固定。在闷热的天气下，宽松的袖子就使人自在和舒适许多，脖子那里也不会受到束缚，这就是这件衣服的独特之处。他们腰带上系着各种物品，如扇子、烟草袋、打火石和铁块，有时还有一个里面装着小刀和筷子的护套。冬天的衣服几乎和夏天的衣服一样宽松，不如欧洲人的服装保暖和舒适，同时也更不利于身体的活动和行动。冬天，在一条长到脚踝的丝绸或绉纱制成的裙子外面，他们会穿一件大袖子的紧身夹克，称为"马褂"，或穿骑马的上衣，其长度不低于臀部，通常完全由毛皮制作，但有时是丝绸或绒面布制成，里面有皮。脖子在夏天完全裸露，在冬天用丝绸或毛皮制成的窄领加以保护。他们宽松的衣服总是折叠到右胸，在那里从上到下，每隔几英寸就用带环的镀金或水晶纽扣（水晶纽扣用在服丧期间）扣住。

"下层社会的人们夏天穿的衣服是宽松的，裤子与古代的荷兰马裤没什么两样；但到了冬天，一条难以描述的紧身裤被穿在外面，系在两侧，让上面提到的那件宽大的衣服以一种不太舒适的方式披在身后。所有买得起袜子的人都穿棉质或丝质的长筒袜。在冬天，有一定地位的人穿布、缎子或天鹅绒的靴子，鞋底通常是厚厚的白色。他们的靴子和鞋子的底很厚，很可能是由于他们没有鞣制好的皮革这样的物质，较薄的一层皮革足以排除湿气。

"中国人的礼服是非常华丽和漂亮的。礼服的颜色通常是深蓝色或紫色，而下面的长裙通常是一些更浅、更漂亮的颜色。在国事活动中，长裙会用丝绸和金丝绣上龙或其他装饰，非常华丽，而且花费很高。他们的床上不铺单独的床单，桌上也没有桌布。也许可以说，中国人拥有一个优势，那就是没有欧洲那些不间断的、经常是荒谬的时尚变化。在这里，时尚的唯一制定者是京城的礼部，而对他们的规定有实质性的偏离会被认为是比单纯的错误行为更糟糕的事情。他们的工作不仅是规定所有祭祀或仪式场合的形式，他们对人们所穿的服装也制定了需要严格遵守规则。在皇宫里，不同级别和不同礼仪场合的服装，在剪裁、颜色和材料方面都有明确规定，其精确程度不亚于欧洲的任何宫廷。清朝，108 颗念珠（朝珠）成为 9 个官阶等级礼仪服装的一部分。朝珠是由一个几乎和鸽子蛋一样大的石头和珊瑚做成的项链，一直垂到腰部，并根据佩戴者的官阶用各种珠子加以区分。还有一种较小的只有 18 颗珠子的念珠，僧侣们用它来祈祷和念经。普通人有时会把它戴在腰间，并给它起了个名字叫'香珠'，因为它会散发出麝香的香味。戴在腰带上的各种附属物，如香囊、点烟斗用的铁块和打火石盒等，一般都是用最好的丝绸刺绣。刺绣也是中国女性的主要技艺之一。

"鼻烟壶在中国很常见。鼻烟壶是椭圆形的，长度不到 2 英寸。瓶塞上挂着一个小勺子，类似于取胡椒粉的勺子，用它把一部分鼻烟放在左手的拇指最下端的关节处，这样就可以把鼻烟举到鼻子上。这些瓶子的材料一般是瓷器或斑斓的玻璃，以相当高的技巧刻成浮雕的样式;或用岩石水晶刻上小型人物或文字,以一种很难描述的方式呈现。

"正如我们之前所注意到的,男人的头部总是剃光,除了顶部,从顶部垂下的小辫子与满族人的习俗相一致。唯一的例外是,在守孝期间允许头发长长。中国人的胡须很少,剃刀的主要功能是剃头,因此剃头、刮胡子都由别人完成。

"未婚女性将长发垂下,绾起头发是结婚的准备仪式之一。头发向上扭到后脑勺,装饰有鲜花或珠宝,头发用两个簪子交叉卡住。她们有时戴着代表凤凰的饰品,由黄金和珠宝组成,凤凰翅膀展开,喙悬在额头上方,饰品装在弹簧上。一段时间后,妇女在头上戴上丝绸头巾,代替其他装饰。年轻女性的眉毛被勾勒成一条细小的曲线,就像每月初三、初四的新月,或柳树的嫩叶。粉色和绿色是妇女经常穿的两种颜色,只限于女性,从来没有在男人身上见过(这在瓷器中并不适用,在瓷器装饰中,艺术家们不可避免地经常为他们的男性人物绘制上这些颜色的衣服)。(女性)普通的衣服是一件丝绸的或者棉布的大袖子长袍;里面是一件长衣服,外衣有时是粉红色的;下面是宽松的裤子,裤口系在脚踝上,正好在小脚和紧身鞋上面。中国人有一句谚语是这样说的:'长袍藏大脚。'意指掩盖缺陷。尽管如此,清朝统治者还是很明智地保留了满族女士们自然大小的脚,然而,在其他方面,她们的穿着几乎与其他中国人一样,并同样在脸上抹白色和红色的粉。

"劳动阶级的男子适合穿便服,以方便他们工作。在夏天,只有一条宽松的棉质长裤,用绳子绑在腰间,上面穿着一件同样宽松的衬衫或罩衫。在热天,上面的罩衫干脆脱下来,只穿裤子。夏天,他们用竹片交叉编织成非常宽大的伞形帽子保护头部不受阳光照射,冬天则用毡帽代替。在雨天,他们用一种菖蒲或芦苇做成的蓑衣挡雨,水从蓑衣上流下来就像从房顶流下来一样。

"很大一部分农民不穿鞋,但有些人,特别是那些背负重物的人,会穿上稻草凉鞋来保护脚。

"无论是男人还是女人,都流行让左手的指甲长得很长,直到它们看起来非常像树懒的爪子。由于指甲很脆,容易折断,因此当指甲很长的时候他们会用薄薄的竹片来保护它。

"中国皇室成员的衣着和装备有严格的规定。有些人用孔雀的羽毛做装饰,有些人则可以使用绿色的轿子。

"丧礼的服装颜色是白色、暗灰色或灰白色,用水晶或玻璃的圆纽扣代替镀金的纽扣;帽子上表示等级的装饰球以及深红色的丝绸都要取下来。由于中国男人剃了头,让头发长出来就表示失去了亲人,处于哀悼期——这与一些留长发的民族在哀悼期剃头发的原因相同。

"在皇帝去世时,他的数亿臣民都保持着与每个人的父母去世时相同的做法。整个国家在100天的时间里都不剃头、不剃须,而穿丧服的时间则更长,所有政府官员都从帽子上取下球珠和深红色的丝绸。"①

虽然约翰·戴维斯爵士没有提到，但值得注意的是，在中国和日本都有为幼童剃头的习俗，女孩在一只或两只耳朵上方留下一束头发，男孩则在头顶上留点头发。

这些细节在研究官吏（人物）瓷上的人物时很有意义，可以指导我们了解很多东西。通过他们的帮助，我们可以从男人的帽子上看出是夏天还是冬天的场景，女士们的发型可以显示她们是已婚还是单身，等等。很少有画作能仔细地显示出官员的确切级别，但以下摘自伯里·帕利瑟夫人翻译的雅克马尔先生《陶瓷艺术史》的内容，可能会引起读者的兴趣。它与威尔斯·威廉姆斯先生《中国》中的内容相似，但更详细。

"在改变服装的过程中，有必要创造一些标志来描述不同等级的官吏。他们是：

"第一等级：帽子有一个黄金纽扣，上面有一个珠子的装饰，并且帽子顶上有一个透明的红宝石的椭圆形纽扣。紫罗兰色大衣，胸前有一个方形的官补，后面也有一个官补，上面绣着鹈鹕（仙鹤）的形象。腰带上装饰着4颗玛瑙（玉石），上面镶嵌着红宝石。同一等级的军官在他们胸前的补子上装饰麒麟。

"第二等级：帽子有一个黄金纽扣，上面装饰有小红宝石，帽子顶上有一个经过加工的不透明的红色珊瑚纽扣。外套的官补上有一只金色的母鸡（锦鸡）。鎏金腰带上有4个金子做的牌子，上面镶有红宝石。同级军官的官补是一只狮子（狻猊）。

"第三等级：帽子有一个黄金纽扣，帽子顶上有一个蓝宝石纽扣，是透明的蓝色。孔雀的羽毛只有一只'眼睛'。官补绣有孔雀。腰带上有4块金子做的牌子。同级军官们的官补上绣着一只豹子。

"第四等级：帽子有一个黄金纽扣，用一颗小蓝宝石装饰，帽子顶上有一个天蓝色石头做成的不透明纽扣。官补是一只鹤（雁）。腰带上有4个金子做的牌子，有一个银质的纽扣。同级军官的官补是一只老虎。

"第五等级：帽子有一个黄金纽扣，上面有一颗小蓝宝石装饰，帽子顶上有一颗白色透明的纽扣，官补上绣着一只白色的野鸡（白鹇）。腰带有4个金牌子，有一个银色的纽扣。同级军官的官补上有一只熊。

"第六等级：帽子顶上有一个不透明的白色海洋贝壳制成的纽扣。羽毛不是孔雀的，但是蓝色的。外套上的官补上绣有一只鹳（鹭鸶）。腰带上有4个圆形的龟甲做的牌子和一个银扣。同级军官的官补上有一只小老虎（彪）。

"第七等级：帽子上有一个黄金纽扣，上面有一个小水晶装饰，帽子顶上有一个纯金的纽扣。官补上绣有一只鸂鶒（鸂鶒）。腰带有4个圆形银牌。同级军官官补上绣有犀牛的图案。

---

① 约翰·戴维斯.中国人［M］.伦敦：查尔斯爵士出版公司，1836.

"第八等级:帽子装饰有一个黄金纽扣,帽子顶上也有一个黄金纽扣。官补上绣有一只鹌鹑。腰带上有 4 个公羊角做的牌子和银质的纽扣。同级军官们的补子也是犀牛。

"第九等级:帽子装饰有一个黄金纽扣,帽子顶上有一个银扣,都经过加工。官补上有一只麻雀(雀)。腰带有 4 个黑色角做的牌子,有银扣。同级军官补子是海马(与马的模样相似,中国古人认为海马是一种水陆都能行走的神兽)。

"至于制作官吏瓷,需要特别说明一下。它比较厚,其波浪形的表面表明它是通过铸造和模压制成的。有时它还带有浮雕装饰。花瓶的器型一般更纤细。

"装饰通常是彩绘而不是珐琅,具有革新的一面。粉彩色的色调由于描金而略带紫色。还有淡紫色、水绿色、明亮的铁红色、黄棕色、锈色等各种颜色。在人物、服饰和花朵的绘制中,笔触的技巧显示出来了。这是一种通过点画以及通过平行或交叉的设计获得的造型。微缩的人物被小心翼翼地绘制在瓷器上,并且服饰的层次分明。"①

雅克马尔先生将官吏(人物)瓷分为 7 个类别,更多的是通过装饰而非器物的描述来分类的:

(1)绘画主题被框起来的作品,以墨为背景,有金色边框。

(2)包括所有预留区域中间部分覆盖描金涡卷图案的作品,预留区域边框有时是描金的,有时是釉下蓝色。

(3)可以通过黑色的边框来识别,边框上有描金的希腊图案,一般与铁红色的底色结合在一起。

(4)斑驳的底色,设计奇特,总体为铁红色和黑色,带有粉红色的花纹和其他鲜艳的颜色。

(5)皮格纹。

(6)波浪纹。

(7)官吏青花瓷。雅克马尔先生说:"这种风格在法国以蓬帕杜的名字出现。"18 世纪这类瓷器在欧洲被大量仿制。蓬帕杜夫人在 1745 年至 1764 年期间在凡尔赛,这正是我们预测这些官吏瓷大约到达欧洲的时间。

8.4.4.1　古代官吏(人物)瓷

图 315、316:卵形广口瓶,高 17.75 英寸,用 2 个蓝圈作为标记。它的形状模仿老式的圆柱形广口瓶,但显示了官吏(人物)瓷的硬度。人物比平常更醒目,但颜色是官吏(人物)瓷常用的粉、红、黄、蓝、绿色。底部的饰带可能是为了体现带有如意头的官帽。图案

---

① 阿尔伯特·雅克马尔.陶瓷艺术史[M].2 版.伯里·帕利瑟,译.伦敦:桑普森·雷欧与马斯顿有限公司,1877:95.

表现了中国流行的一些游戏,图案是连续的,其中一部分在颈部,另一部分在瓶身。在图316中,顶部有3个人坐在地上用类似钱币的东西玩一种游戏,他们身后是放风筝的场景,随后是其他手持标识和符号的人物(见图315)。下面,在图316中,在2名打旗人之后,是3个骑着木马的人,其中一个人手上拿着一片荷叶,模仿一把伞。这些人之后是玩狮子游戏的人(见图315);而在玩狮子游戏的人后面,其他人正在一小片水面上玩玩具船(图片中没有显示出来)。

图315   图316

"在中国农历的一月,以及偶尔在一年的其他时间,成年人中有一两种娱乐活动,也许值得一提。其中一种是舞狮。用竹片和纸板做成一个巨大的狮子形象,上面覆盖布,布涂成狮子的颜色。由2个男人或男孩抬着,他们把头和肩膀放到狮子的身体里,但他们的腿和身体的一部分在下面露出来,大约是狮子前腿和后腿应该出现的地方。表演者的头部被隐藏在狮子的身体里,身体和下肢部分有时会用衣服覆盖,衣服以适合他们的方式着色。狮子有一个巨大的头,而且可以张大嘴,所以扮演它前腿的人可以很清楚地从狮子的嘴里看到外面,这样前面的那个人可以清楚地看到该往哪里迈步,而后面的人必须尽可能地跟着走。一个模仿巨大珍珠的绣球由某个人拿着,他跑在狮子的前面,或在狮子走的路上飞奔横过,目的是用绣球吸引狮子的注意力,并刺激狮子来追绣球。人们认为狮子非常喜欢玩绣球。"①

———————————

① 贾斯特斯·杜礼特.中国人的社会生活[M].伦敦:桑普森·雷欧与马斯顿有限公司,1868:549.

图317:与上一件相似的花瓶,高18英寸,没有款识标记。主题是一个年轻的中国人,他刚刚订婚,坐在轮椅上,由一个仆人从后面推着去他的未婚妻家,后面有一个仆人拿着要送给女孩和她家人的礼物。"礼物包括一对银色或金色的手镯;为她的家人买的各种食物,如猪蹄、2只鸡、2条鱼等。"[1]作为回礼,女孩的家人会送来一些手工做的镀金的花、一些挂面和馒头。这些花是用来分给家庭中的女性成员的。在中国人看来,这些礼物对至亲的人是好兆头。我们注意到,他出发时的环境充满了各种好兆头——红布条、硬币等。在花瓶的颈部,家里的已婚妇女看着他出发,她们也可能是女方家庭的女士,在礼物到达时检查礼物。

图317

图318:粗瓷的蜡烛支架,底座没有上釉,高7.5英寸,没有款识标记。背面是白色釉面,装饰着玫瑰花枝。顶部是一个蓝绿色如意头的形状,有铁红色的边缘。下面的板子上装饰着一位拿着花瓶的女士,在她身边有一个女孩。她们身着铁红色、紫色、蓝色和绿色的衣服。后面的树和栅栏也是铁红色的。底部的龙头是铁红色的,有绿色的耳朵和睫毛,镀金的角。从龙的口中伸出蓝绿色的烛台,这个烛台也有一个类似的龙头,在其张开

---

① 贾斯特斯·杜礼特.中国人的社会生活[M].伦敦:桑普森·雷欧与马斯顿有限公司,1868:47.

的口中放着豆绿色的烛台,边缘是铁红色。托盘上装饰着金红色的玫瑰和绿叶,托盘也是铁红色边缘。描金巧妙地融入整个画面。

图 318

图 319:瓷碟,精制瓷器,直径 9 英寸,高 1.75 英寸,有红色道光印章标记。背面边缘处有 5 只红色的蝴蝶,描金边缘有轻微的瓣形。碟子正面除了主题图案,没有其他装饰,主题图案覆盖了整个碟子。下面是对主题的描述:

"在渔民们春季或秋季举行的祭奠水神的活动中,有漂亮的灯笼展示。游行队伍中不可缺少的部分是一条龙。龙一般为 50 英尺或更长,由轻巧的竹篾制成,大小和形状像一个桶,用彩色棉布或丝绸条连接和覆盖,两端是张开嘴的头和飞舞的尾巴。这种怪物象征着深水的统治者,由人用杆子抬着头和每个关节在路上走,杆子上悬挂着灯笼;他们边走边扭动和挥舞龙的身体。在龙的前面有巨大的鱼的形象,同样挂着灯笼,音乐和烟花的响声伴随着游行队伍不断对路边的鬼怪发出警告。当它在黑暗的街道上蜿蜒前行时,呈现出非常辉煌的景象。"①

图 319

在这幅画中,总共有 94 个人,而几乎每一种颜色都用了珐琅。龙身是绿色的,有红色的骨架和角,而它的头是粉红色的。桥是蓝色的,有白色的方块,桥拱门的石块是黄色的。房屋的台阶也是蓝色的,屋顶的瓦片是褐色。桥尾的岩石由各种蓝色构成。靠近房子的一个人拿着一个蓝色和绿色的鱼像,他下方的另一个人拿着一个白色的羊像。在伞下的 2 个主要人物拿着马的形象,可能是为了看起来像骑在马背上一样。这些人穿着各种颜色的衣服,他们携带的动物形象以及龙身体都是灯笼。杜礼特先生说"这是一种流行的活动,被称为'舞龙灯'"②。

8.4.4.2 万字符官吏(人物)瓷

图 320:瓷制暖手炉或炭火炉,直径 9.5 英寸,高 5 英寸,没有款识标记。这实际上是一个带盖的双底碗,中间是圆筒形素坯,可以将点燃的木炭放入其中。圆筒的底部有孔,这样灰烬就会落在底层,而底部的洞用于清除灰烬,并作为通风口。盖子是带孔的,因此圆筒可以穿过它,盖子可以随时拿掉。里面是白釉。这件物品用于中国南方潮湿和寒冷

① 威尔斯·威廉姆斯. 中国[M]. 纽约和伦敦:威利与普特南出版公司,1848:83.
② 贾斯特斯·杜礼特. 中国人的社会生活[M]. 伦敦:桑普森·雷欧与马斯顿有限公司,1868:532.

的天气中取暖。

图 320

在托上，或者说在灰盘上，我们发现菖蒲图案的轮廓是绿色和粉色，而主体则覆盖着蓝色的万字符几何花纹，有 8 个预留区，装饰了穿着古代服饰的人物，八仙图案出现在盖子上。边缘饰带是黄色的，有粉色的如意头。这件作品被列入这个系列，是为了提醒人们注意这样一个事实，即偶尔会遇到一些乍一看不属于官吏（人物）瓷类的作品，但仔细一看，却发现是用古代人物装饰的，不能说完全是官吏瓷的形状和颜色。4 个铜把手连在碗身和盖子上的 4 个描金龙头上。这件作品可能产于 19 世纪中叶早期，是那些特殊的作品之一，很难按标准确定它应该属于哪个类别。

图 321：带把手的杯子，棕色边缘，底无釉，高 4.875 英寸，直径 4 英寸，没有款识标记。1 个大的预留区装饰有人物，4 个小的预留区装饰粉色叶子，除此之外，这件作品完全覆盖着蓝色的万字符几何纹饰。杯子里面是普通的白色釉面。

图 321

8.4.4.3　花边官吏瓷

图 322：精制瓷碟，直径 8.125 英寸，没有款识标记。边框是由花和叶子组成的，被 4 个描金棕榈叶的预留区分隔。在中部是冬天的场景，一位戴着冬帽的绅士靠着一棵常青的冷杉树，他将一篮子甜食递给一位女士，女士正在辅导站在桌子旁看书的女儿，女仆在后面拿着扇子。这只碟子原本是茶具的一部分，颜色很特别，黄色、棕色和灰色在很大程度上取代了这一类中常见的绿色、红色和紫色。

图 322

8.4.4.4　蝴蝶花边官吏瓷

图 323：普通的甜点盘，直径 7.75 英寸，高 1 英寸，没有款识标记，用鲜艳的颜色绘制，画面是 2 位女士在协助一个男孩放风筝。

"在放风筝方面，无论是他们的风筝的各种结构，还是他们使风筝上升的高度，中国人无疑比其他国家的人更胜一筹。他们有一种非常薄而坚韧的纸，由废丝绸制成，与劈开的竹子结合在一起，非常适合做风筝。这些风筝被做成各种形状，从远处看，有时无法将它们与真正的鸟类区分开来。通过圆孔、振动芯或其他物质，他们设法让风筝产生巨大的嗡嗡声，类似于陀螺的声音，这是由于空气快速通过风筝而产生的。在一年中的某个特定季节，不仅男孩，就连成年男子也会参加这种娱乐活动。"①

---

① 约翰·戴维斯. 中国人 [M]. 伦敦：查尔斯爵士出版公司，1836：318.

"在这个地方（福州），每年九月初九是在城市和郊区的最高山丘上放风筝的节日。中国人解释说，在古代，有一个人被一个可能知道未来的人告知，在某个特定的日子里，他的房子或财产会遭遇一些灾难，所以他在那天早上带着所有的家人去了山上，尽可能地在山上度过这段时间。晚上回家时，他发现他的家畜都死了。那一天就是九月初九。于是人们在九月初九上山，从而避免了他们在家里可能遭遇的任何灾难。为了愉快地消磨时间，他们带着风筝放飞。这被称为'登高'。这一天如果天气好，空中就会出现各种大小、各种形状的风筝。这些风筝形状千奇百怪，有的是某种鱼，有的像蛇，还有一些类似野兽的形状，从 10 英尺到 30 英尺长不等，大小与实际的野兽相称；有的像各种鸟、虫子、蝴蝶，或四足动物；有的像人在空中飞行；有的则是八面体，模仿八卦。大多数风筝上的动物都有华丽的色彩。每年，福州知府都会就放风筝一事发布特别公告，警告人们九月初九不要在黑角山发生骚乱。每年的这一天，都有一名小官吏带着一大批衙役在山上驻扎，维持秩序，以便在出现任何骚乱时予以平息。在天气好的时候，每年都有很多人在这一天到黑角山上放风筝。"①

图 323

---

① 贾斯特斯·杜礼特.中国人的社会生活[M].伦敦:桑普森·雷欧与马斯顿有限公司,1868:410.

8.4.4.5　黑边官吏(人物)瓷

图 324：与图 323 类似的甜点盘，直径 7.75 英寸，高 1 英寸，没有款识标记。边缘的装饰由铁红色的龙组成，龙的周围是黑色的云和火星云，与中心装饰的粉色、绿色和蓝色形成对比。其效果不仅仅是让人赏心悦目，更让人惊艳。

这 2 个盘子都是在 19 世纪初从中国带来的，此后一直收藏在一起。

图 324

8.4.4.6　描金涡卷官吏(人物)瓷

图 325：精制广口瓶，高 11.25 英寸，顶部直径 5.25 英寸，底部直径 3.5 英寸。

顶部的饰带以及罐肩上的饰带由 2 个大的椭圆形图案分隔，都是釉下蓝色。侧面的 4 个小的预留区由铁红色的涡卷纹饰分隔，预留区中间的空隙用金色的涡卷图案填充，上面有铁红色的玫瑰花和叶子。图片中 2 个大的椭圆形显示一位女士穿着紫色的衣服，有绿色的装饰，一位男士穿着蓝色珐琅的衣服，一个小女孩穿着铁红色的衣服。从男士的袍子的褶皱可以看出，在这些晚期作品中，当使用蓝色珐琅时，他们似乎能够更好地处理色调。桌边的女孩穿着绿色的长袍，颜色很浅，但绿色与珐琅混在一起，这样显得很透明。这个女孩手里拿着一只如意，上面挂着一个香囊。底部的岩石没有上色，用墨汁涂抹成钻石形状的图案，岩石上的叶子是绿色的。

广口瓶这样放置以便能够显示侧面 2 个小的椭圆形图案；下面的椭圆形内有一只站在栖木上的鸟。

图 326：精制的带盖罐子，高 12.5 英寸，没有款识标记。盖上有描金狮子。

图 325   图 326

图 327：锥形短颈蛋壳花瓶，高 15 英寸，没有款识标记。口部的窄饰带，以及两侧大的预留区的饰带，都是釉下蓝色。瓶身 2 个较小的预留区和颈部 4 个小的预留区没有特别的分隔线，其余的表面覆盖着描金的涡卷纹饰。在小的预留区上方和下方的涡卷纹饰

中有玫瑰和其他花朵,但在图片上很难发现这些。画面上的人物都穿着官吏服,风景也画得非常细致。

图 327

图 328:六边形花瓶,带盖,高 18.5 英寸,宽 6.5 英寸,没有款识标记。盖子顶部有狮子。在这个花瓶中,6 个侧面的尺寸是相等的。椭圆形图案由描金涡卷纹饰分隔,其余表面也由描金涡卷图案覆盖。大的椭圆形图案上有人物和风景,小的椭圆形图案上有花和风景。托和底座上釉。

图 328

8.4.4.7　红底官吏（人物）瓷

　　图 329：带狮子盖的长椭圆形罐子，高 9 英寸，没有款识标记，质地粗糙，有 2 个龙形把手。在这件作品中，2 个大的预留区、两侧的 2 个长的预留区，以及盖子上的 4 个小的预留区，都是用紫色的涡卷花纹来分隔的。作品的主体是用铁红色覆盖的，用描金的"Y"

形几何花纹装饰。罐颈上有孔雀蓝的帷幔,上面有紫色花朵以及黑色小块,小块上有描金的几何花纹。人物是通常的红色、紫色和绿色,后面有红色和紫色的风景。

图330:带狮子盖的蛋壳罐,高12英寸,没有款识标记。2个大的和8个小的预留区,以及盖子上的2个预留区,都由描金的涡卷装饰分隔。罐身用铁红色覆盖,上面用黑色和描金绘制了"Y"形的花纹图案。4个小的预留区和盖子上的2个预留区填充了紫色的山水。两边的上部预留区装饰着黑色和深褐色的2只鸟。2个大的和中间两侧的预留区装饰着一组人物,这些人物的颜色是常用的明亮的官吏(人物)瓷色彩,后面是紫色的水,远处是红色和紫色的风景。

图 329   图 330

8.4.4.8 花卉官吏(人物)瓷

图331:带狮子盖和树枝形把手的卵形罐,没有款识标记。这款罐子所属类别的显著特征是叶子和花,高浮雕覆盖了整个表面,但预留区除外。在这件作品中,大部分叶子是绿色的,花是彩色的,也有花是白色的,在彩色的底色上显示出来。这种描述一定不能和下面的类别混淆。

图 331

8.4.4.9 波浪纹官吏(人物)瓷

正如雅克马尔先生所说:"精美的锯齿状波纹、花冠和花束被压印在胎身中,釉料浸入凹陷处后,以青瓷的方式呈现出来。这种装饰最特别的地方在于釉下的蓝色,而椭圆形主题图案往往是珐琅彩的。"[①]

还必须提到的是下面一类。

[①] 阿尔伯特·雅克马尔.陶瓷艺术史[M].2 版.伯里·帕利瑟,译.伦敦:桑普森·雷欧与马斯顿有限公司,1877:97.

8.4.4.10 皮革纹官吏(人物)瓷

该类型见图 226。"在椭圆形图案中间的所有空间里,都有半球形的点,类似于粗面皮革,按照中国的说法,是'鸡皮'。当装饰花瓶时,底色被称为'铜绿'。皮革纹凸起部分的釉料会脱落,呈现白色,在玻璃纤维珐琅上没有光泽。皮革纹的花瓶绘画一般都很好,但质地总是很粗糙。"[1]

8.4.4.11 条纹官吏(人物)瓷

虽然条纹类属于官吏瓷时期,而且一般都有官吏瓷的形状,但它并不都是用官吏人物的形象来装饰的,因此不一定属于官吏瓷类。这些作品有凹槽,可以用粉色、绿色、黑色、白色、黄色和其他颜色的条纹来装饰,因此而得名。

图 332:带盖条纹官吏罐,没有款识标记。预留区是凹进去的,以便有平坦的表面来绘制花卉和人物。当椭圆形图案呈现各种形式的时候,就像这个作品一样,拍卖目录会把它们称为"异形面",而不叫涡卷和叶子形状的预留区。

图 332

---

[1] 阿尔伯特·雅克马尔.陶瓷艺术史[M].2 版.伯里·帕利瑟,译.伦敦:桑普森·雷欧与马斯顿有限公司,1877:97.

8.4.5　蛋壳瓷

这类瓷器之所以被称作"蛋壳瓷"，是因为它们的厚度应该不比鸡蛋壳厚。中国人声称早在15世纪就拥有制作蛋壳瓷的技艺，但据我们所知，蛋壳瓷的出现并不早于18世纪，虽然中国人可能用这个词来形容早期被认为是非常薄的瓷器①。蛋壳瓷多以官吏人物为纹饰，官吏（人物）瓷的部分插图（见图327、330）为蛋壳瓷，粉彩瓷中的图313也是蛋壳瓷。但为了读者的方便，我们将一些最常见的蛋壳瓷类型归为一类，并作为一个单独的类别对待，而不是将它们分散在其他分类中。

图333、334：一对精制瓷碗，直径5.75英寸，高2.625英寸，有"大清康熙年制"标记。2只五爪龙印在这对碗的胎骨上，每只碗两边各有一条龙，只有在特定的光线下才能看到。碗上装饰有蓝色、紫色和黄色珐琅的玫瑰花，叶子是绿色的珐琅。一边的玫瑰是双朵的，另一边是单朵的；两边各一根花枝，中间有一只蝴蝶。

这些碗被中国人称为蛋壳瓷，由于它们的重量很轻，越轻的被认为是越有价值的。它们可能属于18世纪初，可以作为18世纪末最好的一类瓷器的早期标本。

这些碗上的釉料很特别，当拿着它让阳光照耀时，它会反射出彩虹般的色彩。

图333　　　　　　　　　　　　　　　　图334

---

①　如果对着光线看一件非常精美的蛋壳瓷，那么从背面可以非常清晰地看到瓷器正面的绘画。1897年，一件乾隆时期的精美蛋壳瓷单品的价格从50英镑到75英镑不等。——T. J. 拉金

图335、336带领我们朝着下一个统治时期的著名蛋壳瓷又迈进了一步。可以看到，这些瓷器日期标记是普通文字，印章的标记方法还没有流行起来。这是蛋壳瓷上发现的最早的标记。人们似乎没有给薄胎瓷做标记的习惯，因此这些带有雍正时期标记的薄胎瓷罕见。

图335：背面深红色的半蛋壳瓷盘，直径6.25英寸，高1.375英寸，以蓝色"大清雍正年制"为标记。我们注意到，"大清雍正年制"分成了3列，而不是像通常情况下的2列。这件作品比图336装饰得更好，用粉红色、蓝色和其他颜色的明亮色调画得非常精致。边沿部分有6个装饰区，分别是3个花篮和3个香橼支架。在这里，我们看到了出现在后期瓷盘上的同样完美的绘画。它所需要的就是减少瓷器的重量，以达到我们所知的完美的蛋壳瓷的效果。

图336：背面深红色的蛋壳瓷盘，直径5.875英寸，高1.25英寸，以蓝色的"大清雍正年制"为标记。背面是这个作品中最好的部分，正面只有2朵牡丹和一些从蓝色的珐琅石上冒出来的小花，上面有一只蝴蝶在飞舞，都是粗略的画法。背面是深红色的珐琅，底部照例是薄胎瓷，没有上色。这只盘子的粉色和前一只盘子一样，都是玫瑰粉色，没有任何蓝色的痕迹。

图335   图336

图337：南肯辛顿博物馆这样描述："盘子，中国的蛋壳瓷，以蓝色为底色，有一位先生在桌前演奏音乐，还有家具、花瓶等，有蓝色涡卷边框。直径8.375英寸。"

这是一件罕见的作品，因为蛋壳瓷很少有单色的，特别是釉面上的蓝色。吹笛子的先生似乎穿着旧式的服装，但他周围的环境与蛋壳瓷上的官吏人物基本相同。我们还可以看到不带铃铛的栖木上的鸟,以及装有铲子和钳子的花瓶。一个长方形的花瓶里装着如意权杖,后面的支架上放着桃子和石榴。巴黎吉美博物馆的格朗迪迪埃收藏有一个类似的盘子。

图 337

图 338:南肯辛顿博物馆这样描述:"盘子,中国的蛋壳瓷,中央绘有花朵,绿色边框,深蓝色边缘有金色涡卷纹饰,边缘为粉色。直径 8.375 英寸。"

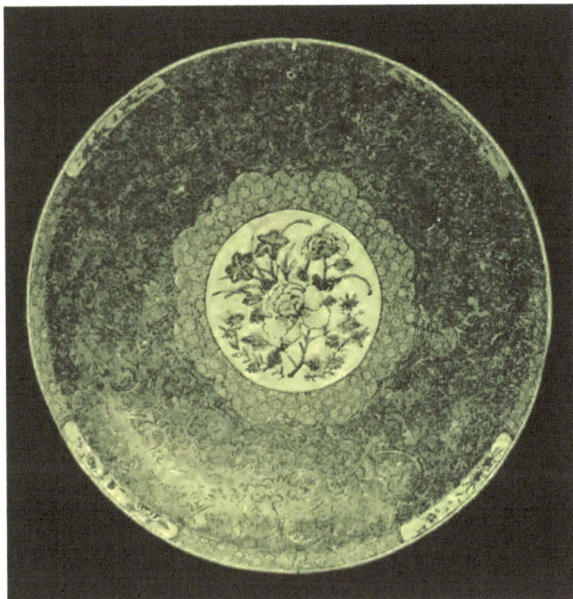

图 338

这 2 件作品显示了蛋壳瓷上装饰的多样性。

图 339：南肯辛顿博物馆这样描述："盘子，中国的蛋壳瓷，绘有 2 只公鸡和花，粉红色的边缘。装饰有花朵和玫瑰色的边框。直径 8.25 英寸。"

图 339

图 340：南肯辛顿博物馆这样描述："盘子，中国的蛋壳瓷，白底，中间用珐琅绘有一篮子花，边缘绘有花朵。外面以粉红色为底色。直径 8.25 英寸。"

图 340

图 341：蛋壳瓷碟，直径 8 英寸，高 1.5 英寸。背面除中心外，均为紫色。边缘有一个非常浅的绿色几何饰带。宽大的粉红色边框由 3 个装满鲜花的预留区分隔。画面是 1

名女士和 2 个女孩。这名女士坐在乌木榻上。在这类盘子的装饰中,大量使用黑色与其他颜色。后面的花瓶装里有拂尘、毛笔和卷轴。

图 341

　　图 342:蛋壳瓷盘,直径 8.75 英寸,高 1.375 英寸,无款识标记。边缘有一条浅蓝色的饰带,粉红色的边框有 4 个预留区,里面填充了鲜花和水果。盘子的侧面是浅绿色的,有黑色的网格。画面主题是一名正在跳舞的女孩。

图 342

图 343：蛋壳瓷碟，直径 8 英寸，高 1.625 英寸，没有款识标记。背面除了中间的部分，均为紫色，中间的部分为白色釉面。边缘没有装饰，盘子的侧面有一个宽大的黑色八边形和方形边框。边框和边框里的 4 个预留区用狭窄的金带分隔。每个预留区都有一朵不同的花作为装饰。预留区下方是一条狭窄的粉红色饰带，饰带上用深色的笔画了斑驳的涡卷图案。中间的画面是一位女士，右臂挎着

图 343

一个篮子，左手拿着一条鱼，似乎刚从背着鱼篓的渔夫那里拿过来。男孩一只手拿着一个风车玩具，另一只手似乎在指着他们要走的路。后面的树可能是柳树，从老的树干上重新发芽；而左边的树是那些开着红花的树之一，这些花和树在蛋壳瓷盘上经常见到。

图 344：蛋壳瓷盘，直径 8.5 英寸，高 1.375 英寸，没有款识标记。背面除了中间的部分，均为紫色，中间的部分为白色釉面。这个盘子的侧面装饰与图 343 完全一样，但中间的主题是一对在船上的男女。女人正忙着晾晒衣服，而男人正在喂 2 只鸭子，毫无疑问，他们的家在船上。作为背景，有一块深浅不一的蓝色、绿色和棕色的大石头，石头长出一棵树，后面有一条小河；而右边是一棵开花的树，树干为红色。

图 344

约翰·戴维斯爵士这样描述广州："必须注意到，在广州的人口中，有相当大的一部

分居住在河上,他们大多数居住在帆船、驳船和小船上。小船很多是'蛋壳屋'船,因为它们的形状类似于鸡蛋的纵切面。船一般不超过10英尺或12英尺长,大约6英尺宽,而且非常低,一个人几乎无法站在里面。'蛋壳屋'的屋顶由竹子或席子组成,形状像马车,非常轻,可以很好地抵御糟糕的天气。"[1]

图345:蛋壳瓷盘,直径8.375英寸,高1.5英寸。背面除了中间的部分,均为紫色。这就是所谓的七层装饰的盘子,主要的颜色是粉红色,从边缘开始:(1)一条孔雀绿的窄带;(2)粉红色的边框,有4个预留区,4个深蓝色的涡卷花纹支撑着4朵描金的莲花;(3)浅蓝色的"Y"形几何纹饰;(4)浅绿色、黄色和粉红色的边框;(5)粉红色的边框(类似于第2层),有4个预留区,填充深蓝色的涡卷和描金的花或符号;(6)蓝色的饰带,有网格花纹图案;(7)叶子的边框,有描金的"Y"形几何花纹。主题是2位女士、2名男孩和1个女孩。这3个孩子显示了儿童剃头的不同风格——由于男孩和女孩的穿着相同,我们只能通过他们的发型来区分他们。

图 345

"许多父母在孩子一个月大时给孩子第一次剃头后,允许头发在头顶某个部位生长;如果是男孩,头发就长成小桃子的形状和大小,直到8岁或10岁,甚至到16岁;如果是女孩,往往允许头发在头的一侧或两侧生长。许多中国人似乎不知道为什么要留下这束头

---

① 约翰·戴维斯.中国人[M].伦敦:查尔斯爵士出版公司,1836:27.

发。有些人解释说,留在男孩头上的头发是为了保护头骨的柔软部分。他们似乎都认为这是个好兆头,或者是一种魅力,有利于孩子的健康或福气。

"有时无论是'桃子'形状的头发还是辫子,都不允许留,整个头部都要定期剃光,直到孩子大约 6 岁或 8 岁才可以留头发。如果他是父母的独生子,而且是在他们结婚后很久才出生的,父母会给他起了各种贬义的名字或绰号,如'小乞丐''小废物''小邋遢',认为这样他就能活下去,而且没有鬼怪或厄运会损害他的健康。渐渐地,当他看起来健康了,他们就允许他的头发像其他男孩一样生长了。"①

"已婚女性的头饰很好看,甚至很优雅。在头发前面的结里,常常插着一根管子,里面可以放一枝或一束花。在南方省份,在头发上戴鲜花的习俗相当普遍,特别是在为出门而打扮时。而北京的妇女用人造花来弥补天然花的不足。"②

图 346:蛋壳瓷盘,直径 8.5 英寸,高 1.375 英寸。除了背面的中心部分,背面和前面都是紫色的。有 5 个白色的预留区:中间的预留区装饰了一只站在蓝色石头上公鸡;侧面的 4 个预留区装饰着花朵。

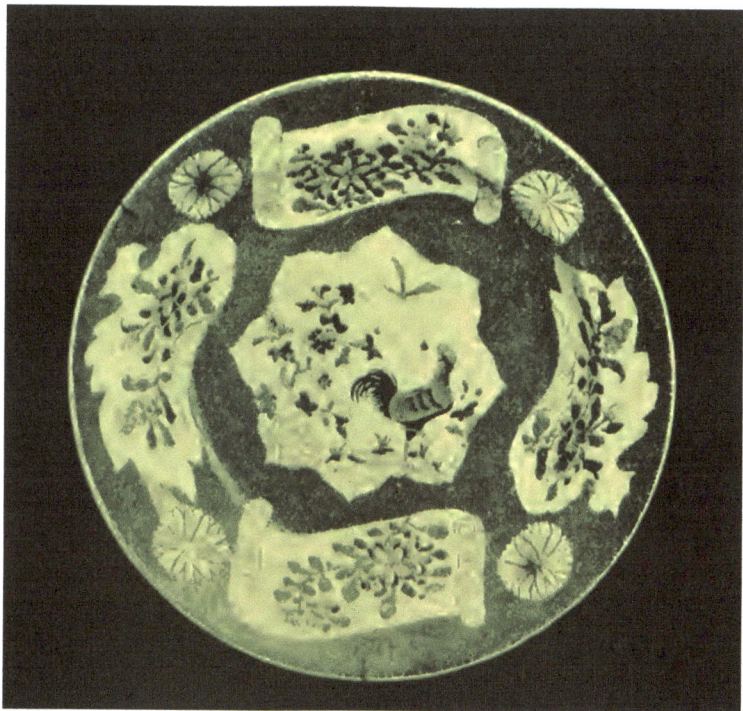

图 346

这些瓷器只是部分地说明了这一类别中所遇到的各种瓷器。在 18 世纪末,装甜品

---

① 贾斯特斯·杜礼特.中国人的社会生活[M].伦敦:桑普森·雷欧与马斯顿有限公司,1868:96.
② 威尔斯·威廉姆斯.中国[M].纽约和伦敦:威利与普特南出版公司,1848:34.

的蛋壳瓷似乎已经被广泛使用,而且并不昂贵。果盘的形状似乎与盘子相同,只是更大,直径为 12 英寸,盘子背面的颜色从紫色到玫瑰色不等。这些蛋壳瓷盘中有些完全是用描金和黑色装饰的。

图 347:镂雕六角形蛋壳瓷灯笼,无款识标记。框架是粉红色的,镂空的部分没有上色,中间有一个小的圆形预留区,上面装饰着人物和风景。可以注意到,无论是镂空的部分还是实心的部分,每个侧面的几何图案都不一样,而且顶部、底部、中间都有莲花。

这些蛋壳灯笼的形状和装饰都不一样。

图 347

灯笼在中国人的生活和习俗中起着突出的作用。灯笼节(元宵节)在每年的第一个月圆之夜举行,在这之前的一些日子里,许多商店似乎主要是在出售各种灯笼图案和特殊类型的灯笼。

"有些灯笼是立方体的,有的是圆形的,像一个球,或者是椭圆形的;有的是各种动物的形状,四足的或两足的。有些灯笼在点亮的同时可以在地上滚动,像一个火球;有些像公鸡和马,可以架在轮子上;还有一些,当用蜡烛或油点亮时,其内部的一些装置会旋转,加热的空气向上升起,成为旋转的动力,其中一些包含轮子和人像,并通过加热的空气旋转,制作得非常巧妙。灯笼主要由红纸制成,上面的小孔呈线条状,形成一个个具有吉祥意义的汉字,如福、寿、乐,当这些灯笼点亮时,这些汉字的形状清晰地显示出来。有的灯笼可以用手柄提在手上,有的则放在墙上或房间的一侧。它们会被涂成黑色、红色或黄色,红色通常占主导地位,因为这是欢乐和节日的象征。最昂贵和最漂亮的是用白纱或薄薄的白丝绸做的灯笼,上面用各种颜色精心巧妙地画着历史场景、人物或物体。几乎每一个有名望的家庭都会以某种方式庆祝灯笼节盛会,或多或少都会花钱展示灯笼。这是一个非常欢乐的时刻。"[1]"有些人晚上在街上挂灯笼,认为这是件好事,是件有功德的事。这种灯笼通常由大约 1 英尺的竹子或木板条制成,也可能更长,上面覆盖着薄而粗的白纱或者白纸。照亮街道的费用不是由官府支付的,如果有灯笼照亮街道的话,也是由附近的店主和那些附近受益的人支付费用。现在,除了这些悬挂在街道两旁和商店门前用于商业目的的灯之外,还有许多其他的灯悬挂在黑暗的地方或小巷的拐角处,这大多是为了获得长寿或从疾病中康复而许的愿,但从表面来看,这可以帮助夜行者找到他的路。"[2]"人们经常在寺庙的某个特定的神仙面前许愿,并点起灯笼,一个月或一年一次,只在特定时间的晚上点灯笼许愿,也有可能白天和晚上都点,这要看当地的惯例。他们通常请寺庙看守人买油和剪灯芯。有时,人们更愿意向神仙许愿并点起灯笼,灯笼通常挂在自家大门前,在这种情况下,是由他自己或他的家庭成员来剪灯芯。许多人还向神仙许愿,在他们用于许愿的灯笼上写上相应的神仙的名字。在神仙的生日那天,家人一般会献上肉、鱼和蔬菜等祭品。在每个月的初一和十五,他们会定期烧香,祭拜他们写在灯笼上的神灵。人们所祈求的愿望多种多样,如生男孩、疾病康复或买卖成功。"[3]

举行结婚仪式时,"男人们还会为新郎送上一对灯笼,挂在他的门前"[4]。

8.4.6　印度瓷

印度瓷包括出口到欧洲的所有大量瓷器。它的主要装饰风格与官吏(人物)瓷一样,但不能说就是明朝瓷器。大多数情况下,瓷器的形状是欧式的,其中有碟形盘子,它们是为适合某些特定的个人品位而专门订购的,或者是急于交付一批欧式形状的货物而匆忙制作的。这一类瓷器主要是由荷兰和英国的东印度公司的贸易瓷器组成。在很大程度

---

① 贾斯特斯·杜礼特.中国人的社会生活[M].伦敦:桑普森·雷欧与马斯顿有限公司,1868:385.
② 贾斯特斯·杜礼特.中国人的社会生活[M].伦敦:桑普森·雷欧与马斯顿有限公司,1868:449.
③ 贾斯特斯·杜礼特.中国人的社会生活[M].伦敦:桑普森·雷欧与马斯顿有限公司,1868:486.
④ 威尔斯·威廉姆斯.中国[M].纽约和伦敦:威利与普特南出版公司,1848:58.

上，它不是直接运输的，而是由荷兰人或由英国人通过加尔各答和孟买购入的，由于是从印度运到欧洲，因此得名"印度瓷"。

官吏（人物）瓷有一部分就属于这一类，但官吏（人物）瓷由于其所装饰的图案，被作为单独一类列出来，而我们把用花和其他图案装饰的作品，包括许多欧洲元素的作品，如那些带有纹章装饰的作品，都归入"印度瓷"的分类下。

"在有花卉的印度瓷器中，我们必须区分本地类和外贸类瓷器。"① "装饰花卉的主要种类有菊花、玫瑰、石竹、银莲花、瓜叶菊、各种小花，以及更少见的鸡冠花。为了绘制花朵，艺术家在粉色上使用了深红色，在灰色上使用了黑色，在黄色上使用了红褐色，艺术家还用不自然的黑色笔触加深了叶子的颜色。"②

8.4.6.1　古朴边框的印度瓷

图 348：瓷盘，直径 10.75 英寸，高 1.75 英寸，没有款识标记，但有 2 个蓝圈。纹饰由黑色圆圈分隔。边缘覆盖着 2 种几何纹饰，被 6 个边缘有黄色饰带的预留区隔开。可以注意到，预留区内符号上的带子交替变化，每 3 个是一样的。其中 2 个符号似乎是扇形的，另外 4 个取自民间八宝。侧面留白。在中间图案的楼梯脚下，2 位身着旧式服装的绅士正在互相问候（其中一位是访客），而一位随从则拿着带来的一些礼物。三人中的两人穿着绿色珐琅的衣服，另一个是灰色衣服，而后面的岩石是绿色和蓝色的珐琅。这可以说是印度瓷器类中的绿彩瓷。

图 349：瓷姜罐，高 8.25 英寸，没有款识标记，但有 2 个蓝色的圆圈。顶部和底部的几何花纹饰带被 4 个填充蟒蛇图案的预留区分隔。罐体布满了花，看起来更像海葵。这些罐子不能与中国人所说的"千花"作品混为一谈，"千花"是一种美丽的缠枝花，在大多数情况下覆盖了整个瓷器的表面。有时，这些罐子上没有花，而是装饰着蝴蝶，更常见的是，这些作品以菊花—牡丹的风格进行装饰。

图 350：瓷姜罐，高 8.25 英寸，有 2 个蓝圈，但没有款识标记。几何花纹饰带与上一件作品相同，但这件作品的装饰是莲花和鸳鸯。叶子和水都是绿色珐琅，但叶子的珐琅更厚重，有红色和灰色的花。

经常可以见到倒置的梨形罐子，有些常见的是大号的，用同样的瓷器制成，装饰方式与这些姜罐相似。

---

① 阿尔伯特·雅克马尔.陶瓷艺术史［M］.2 版.伯里·帕利瑟,译.伦敦:桑普森·雷欧与马斯顿有限公司,1877:98.

② 阿尔伯特·雅克马尔.陶瓷艺术史［M］.2 版.伯里·帕利瑟,译.伦敦:桑普森·雷欧与马斯顿有限公司,1877:100.

图 349　　　　　　　图 348　　　　　　　图 350

8.4.6.2　印度瓷器——带官吏瓷边框的粉彩牡丹

图 351：瓷盘，边缘切成 8 个波浪形，背面用红色描画了 4 个灵芝。直径 13.75 英寸，高 1.5 英寸，无款识标记。边缘没有采用常见的直的几何花纹饰带，而是用 6 个不规则的波浪形装饰物来装饰，上面布满了棕色的卷纹，用粉红色的牡丹填充。中间的花朵被围在一个有红色边缘的描金饰带中。

图 351

8.4.6.3 印度瓷器——带符号的粉彩牡丹

图 352：棕色边缘的瓷盘，直径 15.5 英寸，高 1.875 英寸，无款识标记。这件作品的装饰用红线分隔，边缘覆盖着 2 个几何花纹饰带，外侧的饰带是棕色的卷纹，内侧的饰带是粉红色的珐琅，有黑色的网格。这些饰带中间有 8 个预留区，预留区用绿色带子为边框，并交替填充了花朵和符号。中间的装饰包括一片棕色的叶子，上面有描金的纹路。叶子上面是八仙的符号。中间装饰上方是 2 棵大的牡丹。在所有这些粉彩花盘中，无论是中心还是边框，颜色似乎都是用毛笔涂抹的，并在花瓣的一端大量沉积，这使得这些作品具有漂亮的阴影效果。在牡丹中，颜色是向花的中心堆积的；但在荷花中，这个过程是相反的，颜色流向花瓣的顶端。

图 352

8.4.6.4 有符号的印度瓷器

图 353：厚瓷盘，直径 16.25 英寸，高 2.75 英寸，没有款识标记，但有 3 个支钉痕的标记。这件作品的边框是普通的几何花纹带，白底上的菱形图案与粉红色底上的粉色菱形图案交替出现，花纹带由 6 个填充符号的预留区分隔。中心装饰是一篮子花和水果（桃子和石榴）。

图 353

8.4.6.5　有羽毛边框的印度瓷器

图 354:厚瓷盘,直径 16 英寸,高 2.5 英寸,以 2 个蓝色圆圈中的野兔为标记。在这件作品中,我们发现边缘以新风格装饰,几何花纹带换为波浪形的椭圆形图案,并装饰有描金的羽毛,在白底上绘有花朵。在中间装饰中,水里有一条棕色鲤鱼和一条红色鲤鱼,红色鲤鱼在棕色鲤鱼的前面;两侧有水生植物。这可能只是 2 条金鱼的图片,但也可能指的是以下提到的"二十四孝"之一。

图 354

杜礼特先生提到了冒泡的喷泉和跳跃的鲤鱼："在汉代，姜诗非常尽职尽责地服侍他的母亲。他的妻子庞氏用比他更孝顺的方式对待他母亲。他们的母亲喜欢喝离家六七里远的河水，庞氏就习惯去那里取水给婆婆喝。婆婆也非常喜欢吃剁椒鱼，而且不喜欢单独吃，总是邀请邻居一起吃。姜诗和妻子总是想方设法为母亲做鱼吃。有一天，他们房子边上突然冒出一股泉水，泉水的味道和六七里外的河水一样，而且每天都有一对鲤鱼跳出来，他们把这些鱼拿去给他们的母亲吃。"①

8.4.6.6　白珐琅藤蔓印度瓷器

"有一种非常特别的白珐琅花和叶子的漂亮装饰，像是刺绣一样，在玻璃釉上形成一种没有光泽的锦缎图案，非常迷人。这种刺绣的装饰非常漂亮，以至于许多极好的作品只用这种装饰，不用其他装饰。"②

图 355：盘子，直径 13.875 英寸，高 1.5 英寸，没有款识标记，棕色的边缘。蓝色的珐琅线靠近边缘，有十字形的装饰物。边缘有白色珐琅的藤蔓纹。侧面有蓝色珐琅的涡卷装饰。中间是金红色的大牡丹，上方是 2 个黄色花蕊的蓝色珐琅旋花，在这些花中，蓝色珐琅上覆以黄色，所以它们比普通的蓝色珐琅花更好看。

图 355

---

① 贾斯特斯·杜礼特.中国人的社会生活［M］.伦敦：桑普森·雷欧与马斯顿有限公司，1868：368.

② 阿尔伯特·雅克马尔.陶瓷艺术史［M］.2 版.伯里·帕利瑟，译.伦敦：桑普森·雷欧与马斯顿有限公司，1877：98.

图 356:盘子,直径 15.5 英寸,高 1.75 英寸,没有款识标记。棕色的边缘别出心裁地加上了描金。靠近边缘的地方有 2 条黑色线,中间是描金的。边缘有白色珐琅的藤蔓图案。侧面覆盖了描金的涡卷图案,上下都有黑色线分隔。中间的图案是 4 个欧洲人和 1 条狗,其中两人比其他的要矮得多,画面不怎么协调。一个高的人正在滚动一个木桶,而另一个高的人身穿金红色外衣和铁红色斗篷,头上戴着一种冠冕,正在指挥工作。河对岸(河用蓝色珐琅)是建筑物,旁边有帐篷,远处是船只的桅杆。这个场景可能是在给某条船装水。按理说,这件作品应该归入外国设计的瓷器类别。

图 356

8.4.6.7　印度瓷器——雉鸡盘

图 357:深盘,直径 14.25 英寸,高 3.125 英寸,没有款识标记。背面有 3 根红色的玫瑰花枝。边缘为棕色。紧挨着边缘的是一条狭长的绿色带子,上面有黑色的网格花纹,由 8 朵半花分隔。再下方是 4 根花枝装饰。侧面有一条宽的饰带,粉色和绿色在 4 个预留区之间交替出现。这些预留区用蓝色线分隔,内部填充花朵,粉红底绘有黑色网格花纹,绿色底绘有黑色回纹装饰。中间是 2 只银色的雉鸡,站在蓝色珐琅的岩石上,还有 1 朵黄色的花、1 朵白色的花、2 朵大的粉红色的牡丹,以及其他的花。装饰由 6 个红色圆圈分隔。

图 357

8.4.6.8　印有图案的印度瓷器

图 358：深盘，直径 14.75 英寸，高 2.375 英寸，没有款识标记，但有 2 个蓝色的圆圈。边缘的背面和瓷盘背部装饰有一个粗略绘制的几何花纹带，以及釉下蓝色和其他颜色的

图 358

3 根大花枝。在盘子的正面,装饰由釉下蓝色的 3 条双线分隔。边沿是素色的,唯一的装饰是在烧制之前印在胎上的藤蔓图案。然而,除了顶部的部分,这些装饰在照片上都没有显示出来。侧面是一条有斑点的绿色带子,上面还有红色和白色的花朵。4 个预留区里都是小花。盘子中间,在有红色边缘的绿色和灰色的平面上,放着一个装满红花的篮子,上面有一根松树枝。

8.4.6.9 印度瓷器——鸢尾花图案

图 359:瓷盘,边缘有形,直径 13.125 英寸,高 1.375 英寸,没有款识标记。中心的装饰围在一个描金的带子里,有鸢尾花形的装饰。从一块蓝色珐琅的岩石上长出一簇棕色的叶子,叶子纹路用红色描绘,茎用白色的珐琅装饰。这些都被彩色的花朵衬托着。边缘有 2 簇较大的花和 2 簇较小的水果。

图 359

8.4.6.10 印度瓷器——广州槌棒瓷

图 360:广东粗制槌棒瓷,平底无釉,瓣形边缘,边框弧形,直径 13.375 英寸,高 2.125 英寸。这件作品的表面并不光滑,而是有一些工具的痕迹,在烧制前,它被棒槌之类的工具敲打过,以使坯胎结合在一起,因此得名。在图片中,它看起来像一个晚期的青花瓷

盘,但主要颜色是粉红色。侧面是一条粉红色的带子,上面有粉红色的网格花纹,被 4 个绿色的预留区分隔,预留区装饰有一只描金蝙蝠。边缘用粉色装饰,并用绿色、蓝色、金色以及其他颜色衬托。中间是粉红色的玫瑰花枝。

图 360

8.4.6.11　棕色釉面的印度瓷器

图 361:南肯辛顿博物馆是这样描述的:"带盖的罐子,瓷器,圆形,向上膨胀。棕色,上釉,绘有水果,并在白色叶形预留区绘有成组的花朵。中国 18 世纪制作。高 14.25 英寸,直径 9 英寸。在波斯购买。"

正如我们所知,这些棕色和咖啡色的釉料是在 18 世纪初发明的,大量的这种器皿似乎已经被进口到欧洲,但它们似乎没有什么艺术价值。

8.4.6.12　印度瓷器——番荔枝图案

"这是一种特殊的装饰,我们称之为'斑驳的叶子',是非常有名的。其主题是一组尖叶——一些叶子是釉下蓝色,另一些呈淡绿色、粉红色或黄色。在底部展开一朵大的观赏花,有凹口的粉红色花瓣,纹路绘成黄色,花蕊是黄色或略带绿色的,有粉红色的条纹。尽管它的压痕过重,但很容易就能认出是番荔枝的花。这些叶子的形状和大小会让人以为它是栗子树,而它们的颜色则让人想起东方人所喜爱的三色梧桐树——它用绒毛装饰

图 361

自己,从浅绿色到红色,经过中间色调的变化。在这些叶子后面,以及在作品的边缘,有精致的铁红色、黄色、玫瑰色或蓝色的小珐琅花。"[1]

图 362:精致的瓷盘,直径 10.5 英寸,高 2.125 英寸,没有款识标记。边缘描金,托略微上釉。装饰覆盖了整个表面,并且是用珐琅彩。蓝色和红色叶子的纹路是描金的。黄色叶子的纹路用红色或绿色描绘,绿色叶子的纹路则用棕色或更深的绿色描绘。花是红色的,花瓣翻起的地方可以看到背面有黄色,茎是浅绿色的。背面有 3 根蓝色珐琅的小花枝,花中有黄色。

① 阿尔伯特·雅克马尔.陶瓷艺术史[M].2 版.伯里·帕利瑟,译.伦敦:桑普森·雷欧与马斯顿有限公司,1877:100.

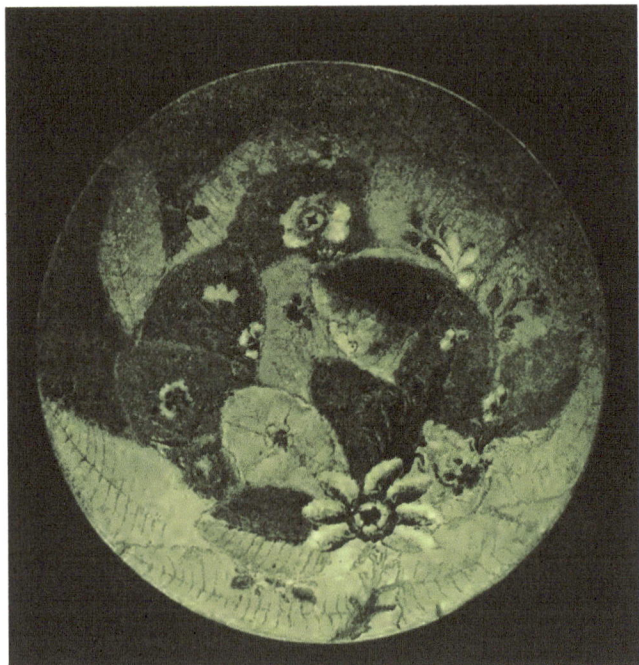

图 362

图363：欧洲风格的碟子，长9.625英寸，宽7.75英寸，高1英寸，瓣形边缘。背面平且无釉，显示出盘子是由粗制素坯材料制成的。边缘的背面上了釉，装饰着4根蓝色的花枝，有红色的花朵，2种颜色都在釉下。这是番荔枝图案的甜点盘之一，在18世纪末被运往欧洲。蓝色非常浓密，但颜色似乎是用珐琅彩。在这些供欧洲市场使用的瓷器中，大多有一个或大或小的空间被叶子覆盖着，上面散布着花朵，在某些瓷器的花朵中有一只凤凰。

图 363

8.4.6.13 印度瓷器——甜点盘

在 18 世纪,普通的甜点盘几乎都是用船运过来的。下面的盘子可以作为甜点盘的标本,但甜点盘的图案设计种类太多,本书不可能对它们做任何总结性的介绍。

图 364:边缘有形的盘子,直径 9 英寸,高 1.125 英寸,没有款识标记。装饰是公鸡站在一块蓝色岩石上,岩石上有 3 朵大的牡丹花,顶部有蝴蝶。粉红色的边框上有一串彩色的花朵。

图 364

图 365:边缘有形的盘子,直径 8.5 英寸,高 1 英寸,没有款识标记。装饰是公鸡站在一块蓝色的岩石上,还有牡丹和其他的花。边框是粉色和棕色交替的几何花纹,中间有花和符号。

这种被称为公鸡盘。

图 366、367:瓷质甜点盘,装饰有穿中国古代服饰的人物。

图 366 所示的盘子直径 9.25 英寸,高 1 英寸,没有款识标记,主要的颜色是暗紫色和粉红色。主题似乎是一个哲学家或高官,一手拿着他的权杖,另一只手指着凤凰。凤凰的尾巴和胸部是绿色的珐琅。侧面的带子是粉红色的,几何花纹的图案用黑色线绘制。关于这些经常见到的三角形栅栏,一位中国朋友写道:"这些栅栏是用木头做的,我认为是一条下坡路的栅栏,而不是桥梁的护栏,因为图中没有出现水。"

图 365

图 366

图 367 所示的盘子直径 9 英寸,高 1 英寸,无款识标记。这个盘子的主要颜色是粉红色,马是铁红色的,而黑色主要用在房子的构图中。边缘的花颜色差异很大,而侧面的饰带是粉红色的,上面有黑色的网状线。主题似乎是一位士兵辞别一位女士,而一位老先生在门口挥手告别。

图 367

图368：盘子,直径9.25英寸,高1.125英寸,无款识标记,装饰着红色牡丹、棕色和绿色的叶子,2个卷轴,以及如意头。边框有3个粉红色和3个浅蓝色的装饰,中间有棕色的涡卷图案和花朵。

图 368

图369：盘子,直径9.25英寸,高1.125英寸,没有款识标记。装饰是深粉色的花朵。边框的装饰为粉色的花和绿色的叶子,并有3个粉色和3个棕色的装饰物。

图 369

8.4.7　珐琅彩瓷

　　在绿彩瓷类别中，人物是在白底上用珐琅画的，但在珐琅彩瓷中，我们注意到瓷器整个表面都覆盖着彩色的珐琅，它的名字就是由此而来。

　　图 370：三足香炉，高 11 英寸（含把手在内），至顶部边缘高为 9 英寸，直径 7 英寸。香炉以"大清嘉庆年制"为标记，用红色写在凸缘上，凸缘上应该配有一个盖子。装饰是

图 370

深紫色的底上绘有 8 个佛教符号,还有莲花和涡卷图案。作品肩部黄底上绘有蓝色的如意头,凸缘和把手的回纹图案是蓝色和黄色的。符号和莲花图案为粉红色、白色和黄色,有绿色的叶子。脚部有回纹饰带。把手的顶部和底部都有蝙蝠的装饰。读者会注意到左边把手上的裂缝,从中可以看出作品是由白瓷制成的,在脚的底部也可以看到白瓷。香炉内部覆盖着浅绿色的珐琅。

这个香炉是在一家旧瓷器店里淘到的,盖子不见了。威尔特郡军团的第二营(即当时的第 99 步兵团,是洗劫颐和园的参与者之一)拥有几个这样的三足香炉,颜色和装饰各不相同,现在仍保存在军官食堂内,但都没有盖。盖子可能已经被拿走了,以便让香气散出来。不过,如果断定所有没有盖子的香炉都来自颐和园,也是不对的。

图 371、372:瓷碗,类蛋壳瓷,直径 5.5 英寸,高 2.5 英寸,用红色道光印章为标记。外面覆盖着粉红色的珐琅,用浅色珐琅装饰有圆形莲花的图案——黄色、白色、绿色和蓝色。描金的 4 个万字符和 4 个汉字,可能意味着长寿、吉祥。顶部有浅绿色的饰带,饰带上有蓝色的如意头,如意头是白色的边,有红色的小点。碗底部的涡卷装饰是蓝色的,中心部分是绿色的,还有红色的条纹。碗里面的装饰用白底,珐琅彩的颜色和外面的莲花作品一样,但增加了水草和蝴蝶。

图 371　　　　图 372

这种装饰和图 370 香炉上的装饰差不多,这在中国的日常用品上还很常见的。这个特别的碗可能被很多人说成是属于粉彩系列的,但是由于这种装饰风格是用在各种颜色的底面上的,最常见的是用在蓝色的底面上,所以唯一的办法似乎是把它们归为珐琅彩类。

这种珐琅彩瓷器的装饰方式多种多样。据说有些瓷器上覆盖着纯黄色，是为皇帝专门制作的，但这种器物据说极为罕见，而我们现在见到的大多是中国南方制造的仿制品。

我们经常发现瓷器上覆盖珐琅，以代表玛瑙或其他此类石头。

最奇特的装饰方法之一是在表面涂上蓝绿相间的底色，用棕色斑点和白色小圆圈加以衬托，可能是模仿青瓷的酥皮。这种装饰的名称是"知更鸟的蛋"。

有的作品是纯色的珐琅彩，无疑是模仿青瓷类的全色装饰风格。

图 373：南肯辛顿博物馆这样描述："盘子，瓷器。里面用红色和金色画了各种形式的寿字，外面施以绿色釉。来自中国。直径 7.625 英寸。"不包括中间的字，"寿"字在这里有 100 种不同的写法。

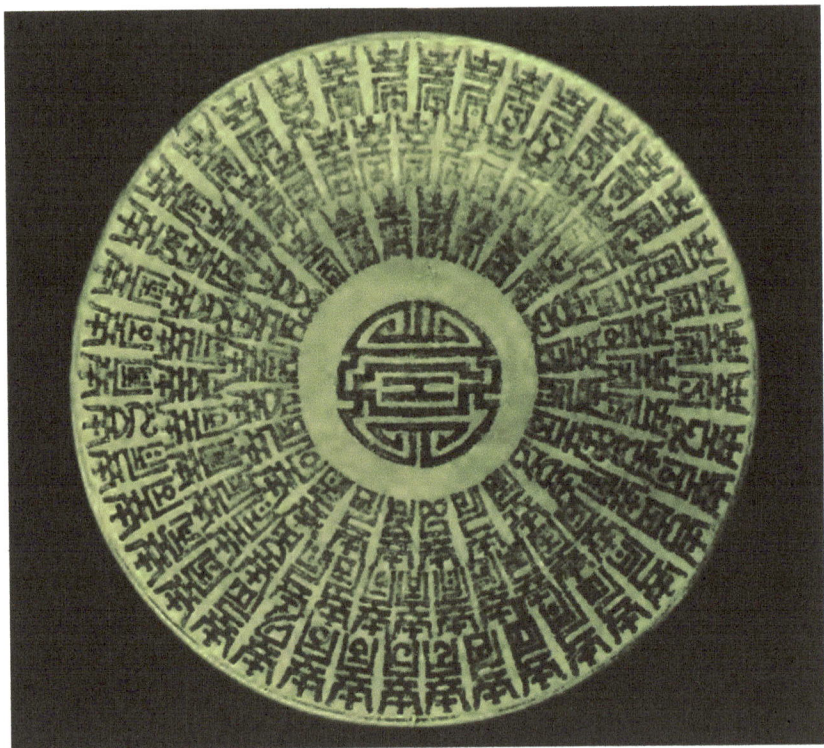

图 373

图 374：南肯辛顿博物馆这样描述："碟子，瓷器。内外都绘有整齐的叶状图案，图案外侧有 5 个光环，与字符交替出现。边缘还有一条带子也是类似的字符。用'彩华堂制'标记。来自中国。直径 6.625 英寸。"

这不是一件珐琅作品，但必须放在这里，因为它是与图 373 一起拍照的。

图 374

8.4.8　北京(雕花)瓷

　　这类瓷器在中国被称为北京器皿,据说这是被送到北京给皇帝的贡品,而皇帝也有把它作为礼物赠送给别人的习惯。在欧洲,它被称为雕花器皿,有的是欧式的形状,还有雕花的茶具等都能见到。胎的表面在烧制前似乎被刻上了涡卷纹或其他图案,然后用鲜艳的珐琅来装饰,有时也会有花枝或其他装饰。

　　图375:莲花形碗,直径8英寸,高4.5英寸,没有款识标记。从外面看,有8片白瓷花瓣,上面装饰着8个人物,男女交替,中间的空隙刻有网格花纹,并涂上了蓝色的珐琅。人物都上了色,主要是淡粉色。碗里面唯一的装饰是底部的黄、粉、蓝三色的传统莲花。

　　图376:碟子,棕色边缘,直径9.75英寸,高1.75英寸,有蓝色乾隆印章标记。碟子背面有3束竹枝,表面覆盖着雕刻的涡卷纹,并涂有绿色的珐琅,一边是粉色的菊花,另一边是单独的一朵小花。

图 375　　　　　　　　　　　　　　　　图 376

图 377、378：瓷碗，直径 5.75 英寸，高 2.625 英寸，有蓝色道光印章标记。除了 3 处用描金圆环分隔的预留区，这些作品的外部都覆盖着压印的涡卷花纹，并施以黄色珐琅，在预留区之间的黄色珐琅上有一个蓝白相间的花瓶，花瓶里有一枝玫瑰花和一把长戟，长戟上挂着荷包（香囊）。花瓶的一边是一个袋子，另一边是一个放有石榴的架子。脚部是 2 个扣在一起的描金环和 1 个如意。预留区里有一只山羊（或绵羊）和小风景的装饰，

图 377　　　　　　　　　　　　　　　　图 378

都是用淡淡的颜色修饰。碗里面有釉下蓝色的装饰，中间有 3 只山羊（或绵羊），侧面有 4 根梅花花枝，夹杂着松树、竹子等。每根花枝上都挂着一个符号，即如意、响石、桃子和鱼。其中 3 根花枝的底部是灵芝，第 4 根花枝底部显然是葡萄，但更可能是香蒲的种子。这个碗是这些碗中最好的。

8.4.9　高浮雕瓷

图 379：南肯辛顿博物馆这样描述："花瓶，瓷器，细长，黄地，刻有涡卷，点缀着珐琅彩的花朵，还有高浮雕的花瓶、装水果的碗、香瓮、琴、棋盘、扇子、书和卷轴画，以及不同的符号。雕刻的木质托。来自中国。高 23.75 英寸，直径 9.125 英寸。"

图 379

这件作品恰好属于珐琅彩的北京瓷类，但它被放在这里是为了展示用高浮雕的符号和符咒装饰的瓷器，这种装饰风格几乎在每个类别都能见到。这是一件作品代表两三个不同类别的例子。

8.4.10　半透明瓷

这一类瓷器包括镂雕上釉瓷器。在大多数情况下，它们的装饰采取几何饰带的形式，或固定的图案，其中一个固定图案是由一系列类似椭圆形的小孔组成的，这在中国叫"米花"（也叫"玲珑"），因为镂雕的形状类似大米。有时镂雕采取叶子和花朵的形式，龙和其他动物的形象也会出现。这种器物既可以是白色的，也可以是彩色的。在对着灯光之前，它看起来就像普通的瓷器，但透过光线看时，半透明的图案就变得清晰可见。这类瓷器不仅漂亮，而且十分新奇。

图 380：半透明瓷碗，直径 7.125 英寸，高 2.875 英寸，以乾隆印章为标记。这件作品略带青绿色，釉料似乎有点青瓷的性质。装饰由各种颜色的花朵和蝴蝶组成，这些花朵和蝴蝶在光线下是半透明的，碗底部的花朵和蝶除外。

图 381 展示了当光照射瓷碗时所看到的图案。

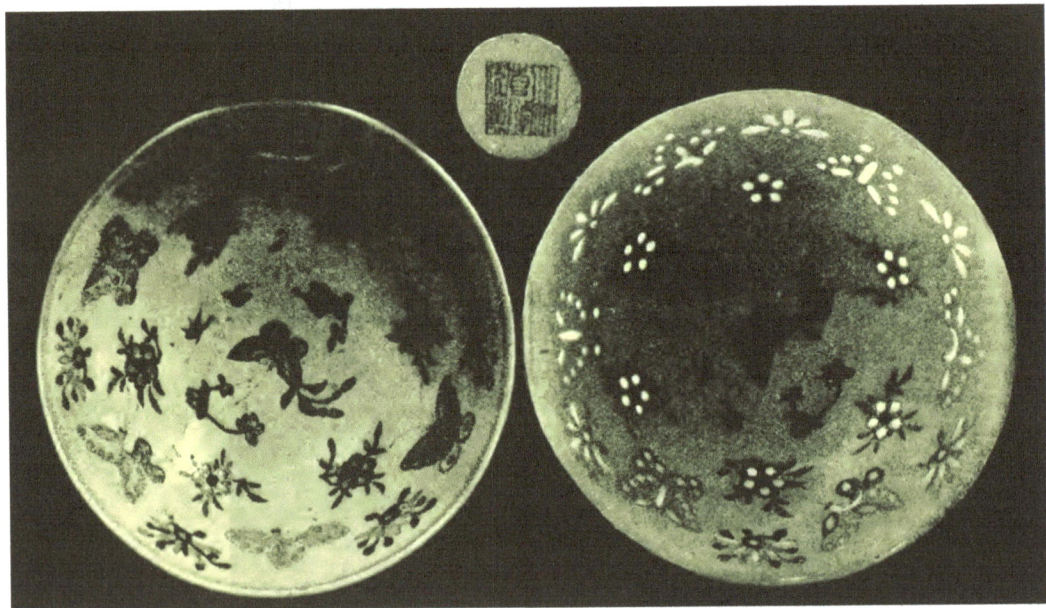

图 380　　　　　　　　　　　　　　　　图 381

8.4.11　暹罗瓷

这类瓷器之所以叫"暹罗瓷"，是因为据说是在暹罗制造的，但我们有充分的理由相信它是在中国为暹罗市场专门制造和装饰的。这类瓷器几乎无一例外地饰有佛教人物，颜色非常鲜艳,一般是红色或黑色的底色,用白色衬托,并混杂大量的蓝色、绿色和黄色。

图382、383、384:3 个带盖的碗。这 3 幅图使读者对这类瓷器的一般外观有了一个非常清晰的概念。碗上的 2 个人物据说是佛教神灵,他们周围有云环绕。

几乎所有暹罗的东西都有大象的装饰,白色的大象在暹罗被认为是神圣的,因此大象没有出现在这些瓷器上是很奇怪的,大象的缺席可能是这些瓷器源自中国的证据。

图 382　　　　　　　　　图 383　　　　　　　　　图 384

8.4.12　外国图案瓷

在 18 世纪,以特定方式装饰来定制瓷器似乎是一种非常普遍的做法——可以是欧洲风格、印度风格,或者其他国家需要的装饰风格。在大多数情况下,毫无疑问,需要提供一张图纸,让中国人尽其所能地复制出来——有时可能做得不是很成功,如图 385,当周围的人都是中国人时,人物似乎是根据中国人的样子绘制的。以外国设计为装饰的作品大多属于印度瓷器类。

图 385:青花圆柱形花瓶,高 11 英寸,没有款识标记。装饰着 3 个身着 17 世纪服装的欧洲人,估计是 1 位荷兰绅士和 2 个随从。2 个随从一个拿着水壶,另一个拿着花篮。桌子上有一沓书,一个装有 2 个卷轴的篮子,碟子上似乎有一个点燃的香球,可能是东方用来点雪茄的香球。颈部的网格花纹带和符号与在装饰有中国图案的作品中见到的相同。

这个花瓶看起来没有这 3 个人穿着的 17 世纪服装那么古老,可能是一个仿制品。可以注意到，那个提着花篮走的人头是向右转的，图中看起来好像是头朝后面的。

图 385

8.4.13　重装瓷

之前已经提到了在欧洲重新装饰的瓷器。

图 386：带盖罐子，高 11.5 英寸，用一片叶子作为标记。这是一件 18 世纪的青花瓷，底部塑成两层莲花状椭圆形图案，莲花上有 6 个螺旋状的凹槽，连接到肩部 6 个椭圆形的图案上，盖子上同样也有 6 个莲花状的预留区。最初，装饰是釉下的蓝色花朵，但这些花朵现在被涂上了红色，白色的底层被红色和绿色或黄色和蓝色交替覆盖，而颈部的边框是黑色和白色的格子图案。

进口的中国青花瓷的颜色很难去除，因此欧洲人对一些青花瓷进行了重新装饰。随着时间的推移,这种所谓的重装瓷已非常成熟。这些凹槽花瓶可以将颜色应用到凹槽里,形成条纹,从这些凹槽花瓶的数量来看,可以肯定这些作品是被特别订购的,以便在这一面重绘相同的装饰。重新装饰也有可能应用在平的瓷器表面。

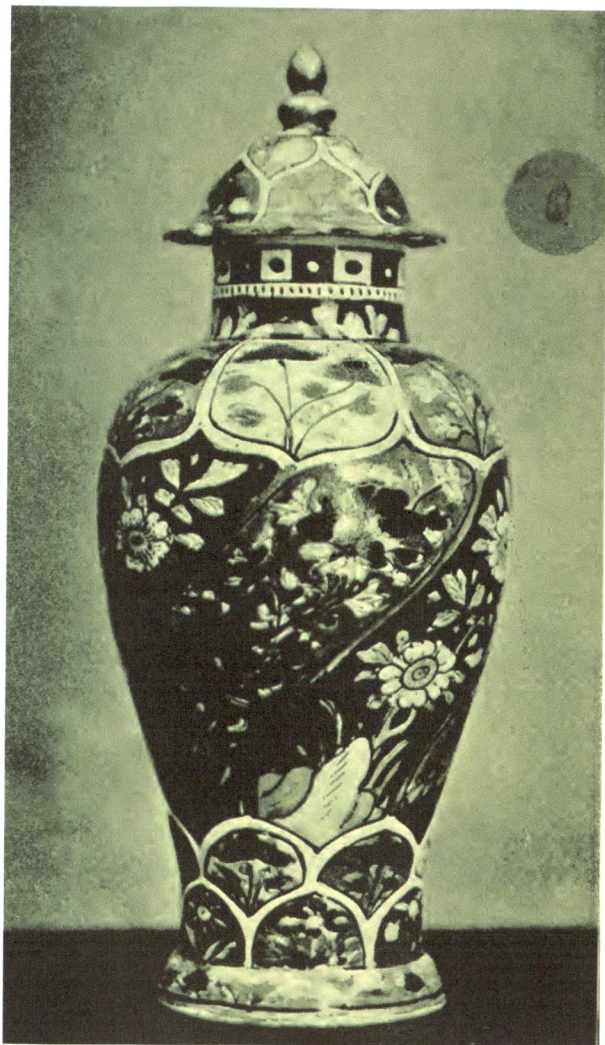

图 386

8.4.14 欧洲后期装饰瓷

欧洲似乎进口了不少白色的瓷器,从而可以进行后期装饰。而其他被欧洲认为装饰不足的中国瓷器在抵达欧洲后也被重新装饰。有装饰成荷兰、法国、德国、意大利风格的瓷器。而在英国,来自伍斯特、切尔西、洛斯托夫特的艺术家们在中国瓷器上留下了他们绘制的图案。在弗兰克斯收藏中,有一些这种装饰的作品,并带有中国日期标记。

图 387:粗制大口水壶,高 16 英寸,没有款识标记。这件作品大约在 18 世纪中叶被

带到英国。水壶盖子和颈部覆盖着描金涡卷花纹，这种装饰与我们在官吏（人物）瓷中发现的相同，而其余的装饰据说是在洛斯托夫特添加的。

图 387

8.5　陶器和炻器

图 388：广口花瓶，高 10 英寸，没有款识标记，由深棕色炻器制成，带有雕刻和浮雕装饰，略着色。这件作品模仿了中国寺庙中使用的金属花瓶。

陶器的重量比炻器轻。也许最著名的中国陶器是被称为"博卡洛"（即紫砂）的器皿，它通常是棕橙色，有浮雕装饰，有时会上色。

图 388

8.6　其他瓷器

有时我们必须要确定某些作品应该属于哪一类，但是有的作品难以归类，它们装饰的特点决定了我们唯一的办法似乎是将这些作品归入一个特殊的类别，称为"其他瓷器"。

图 389、390：颈部有领的梨形瓶，高 10.5 英寸，没有款识标记。装饰为绿色、红色和其他颜色。整个表面覆盖着棕色的螺旋带，上面是彩色的装饰。这些显然是威尼斯玻璃制品的陶瓷仿制品。可以看到，领子上有一个菊花藤蔓图案，领子下面是菖蒲图案。

图 389

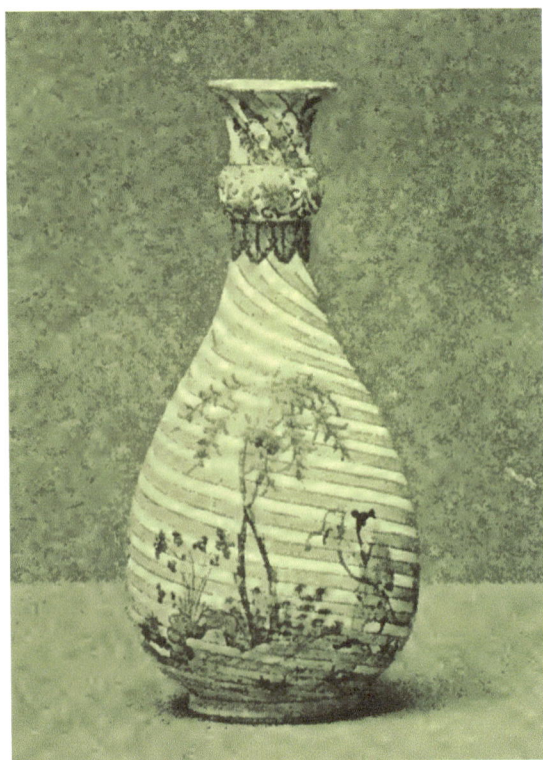

图 390

第九章　仿制瓷

我们从景德镇的历史中读到，从很早的时候开始，人们就对古代作品的仿制给予了极大的关注。毫无疑问，在某些时期，仿制品比原件要漂亮得多，而且现在也受到了应有的重视。精美瓷器的制作和装饰在中国从未完全失传，而且近年来可以说已经复苏了，现在一些好作品的绘画色彩非常接近旧作，除了专家之外，任何人都不可能区分。要想成为专家，就必须不断地研究各种样品，不断地寻找新的窍门；而这种经验对业余爱好者来说几乎是不可能获得的，除非每天都与这个行业接触。

9.1　日本仿制瓷

日本人从中国获得了制造瓷器的技术，他们自然能够模仿中国的瓷器风格。尤其是在欧洲的需求刺激下，日本制作了很多仿制品。这些仿制品可能是任何时代的，必须根据它们的优点进行单独判断。一般来说，日本仿制的单色作品和釉下彩作品最为成功，如青花和桃花器皿，但我们也能发现许多好的彩瓷仿制品①。当然，我们不能因为某件作品有支钉痕就断定它一定是日本制作的。

9.2　法国仿制瓷

我们已经提到了中国人对古代瓷器的不断仿制，以及日本人对中国作品的仿制。我们注意到，现在在巴黎和法国其他地方同样正在仿制中国的瓷器。

在塞夫勒的博物馆里，一个玻璃展柜里并排摆放着 2 个蛋壳瓷盘。工作人员会告诉你，一个是真品，另一个是仿制品，仿制品是来证明法国艺术家的瓷画技艺的，然后请参观者说出哪个是真品。仅仅看盘子正面似乎无法断定哪个是真品，但法国人没有试图掩饰仿制品的背面，从背面可以看出它是塞夫勒仿制的，而不是真正的中国瓷器。在盘子的表面，颜色和绘画完全一样，但据说对着光线仔细观察，仿制品的粉红色并不像原作那

---

① 日本人知道中国的桃花瓷器和其他单色瓷器的价格很高，于是他们拼命仿制此类瓷器，欺骗了一些没有经验的买主。——T. J. 拉金

样明亮。

在塞夫勒能做的仿制品,在法国的其他地方也能做得很好。仿制古代艺术品已经成为一种普遍的现象,不仅在作品的绘画方面,而且在仿制作品的背面和底座方面,仿制得都很成功。这些瓷器的质地与中国的相似,甚至模仿了瓷器未上釉部分和正面的污渍,以便彰显岁月的痕迹①。原产于中国的旧瓷器被打碎后,可以用一种非常奇妙的方式将损坏的部分修复——事实上,似乎没有什么是这些聪明的工匠和艺术家无法完成的。这种交易是公开进行的,这些作品在他们的橱窗里出售,标明是古代瓷器的仿制品。但是,任何语言都不足以谴责那些购买这些仿制品并打算将其作为真品转售而获益的商人。为了欺骗公众,他们有时会把这些赝品运到中国,再从中国运回法国,希望用运输收据来证明这些瓷器是来自中国的真品。

除了不断地研究和实践,似乎没有任何办法可以发现这些欺诈行为。因此,我们只能提醒读者警惕商家的减价品,并建议在购买时咨询专家,专家的判断比较可靠。

图252、253、255、256、295、296、310、341—346、353、354、366—369都是法国仿制品。

---

① 图尔奈和西里西亚都制作古代瓷器的仿制品。仿制品在每一个已知的有价值的艺术分支中都有,甚至在古罗马时代仿制品就已经流行起来了。——T. J. 拉金

第十章　用瓷器作装饰

我们的祖先用柜子来保存他们珍藏的陶瓷,这种习俗在很大程度上仍然盛行。瓷器也使柜子的制作有了很大改进,但我们不太确定柜子是否是展示瓷器的最佳方式,特别是近年来我们在房子的装饰和家具陈设上发生了很大变化。不管怎么说,柜子是要花钱的,而且在小房间里,如果不需要柜子作为家具,它就会占用空间,有时不能仅仅为了装饰的目的而为柜子留下空间。当然,有一些非常精致的物品需要玻璃桌或玻璃柜的保护,但这些精致的物品通常尺寸较小,所以很容易保存在某个地方。瓷器通常不会因为暴露在室外而损坏,它所需要的只是避免碰撞。现在关注壁画装饰的人很多,最简单的方法似乎就是将盘子装进铁丝架并挂在墙上,而花瓶和其他瓷器可以放置在房间的某个架子上。

要想成功地在家里摆设瓷器,有一些注意事项,以下是其中最重要的几项:

瓷器在平纹或彩色墙纸上不会显示出优势,必须是普通的单色墙纸,最好是简单粉刷的墙面,这样的表面才适合各种颜色的瓷器。

棕橙色或印度红色可能是青花的最佳背景,而黄色则可以做其他瓷器的背景。如果房间看起来有点光秃秃的,或者由冷色调装饰,可以通过增加窗帘来克服这一缺陷,因为不知何故,如果明智地选择窗帘上的图案,似乎不会像墙纸上的图案那样对瓷器的陈设产生影响,窗帘的材料最好选择来自东方的,因为东方制造的织物通常是最好的。当然,如果不考虑费用问题,整个房间可以悬挂一些合适的材料,但即使如此,有时候也不妨采用一些不同的背景,以打破千篇一律的局面。

瓷器似乎不能很好地与油画相配,这可能是由于油画普遍使用的是厚重框架。如果是窄框架,可能会与水彩画比较相配,因为水彩画的画框尺寸较小,一般色彩较浅。

除了青花瓷,中国的瓷器不会与其他任何东西相搭配,为了装饰的目的,如果有必要,可以采用合适的日本或荷兰瓷器。将青花与彩色装饰完全分开总是好的。事实上,青花瓷类内部,也不能把几种不同风格的瓷器混在一起。

另外,在彩瓷类内部,最好将绿彩瓷、粉彩瓷、粉蓝瓷、官吏(人物)瓷、印度瓷等分成不同的类别,并尽可能地将每一种陈列在不同的房间里,或者至少将它们明确地分开。这样做,效果会比把各种类别的瓷器放在一起要好得多。

图391:壁炉上的瓷器展示架,展示的主要是绿彩瓷,背景是日本风格的正方形图画,架子外面罩着深红色的丝绒。

图 391

　　图392：印度瓷器装饰的墙面，墙面粉刷成了黄色，架子罩着红色丝绒。另外还有一组以黄色的印度丝绸为背景的粉蓝瓷装饰，也安排得非常好。

图393：壁炉上的瓷器展示架,这些瓷器主要是蛋壳瓷。由于作品较小,需要更多的背景。在这幅图中,背景是一个竹制的框架,框架罩了红色和深黄色丝绒,蛋壳瓷盘稳稳地挂在上面,背景的深颜色凸显了这些瓷器。瓷器越好,背景就越俊俏。

图 393

　　有些人反对把盘子用铁丝绑起来，如果不这样，唯一的方法是把它们摆在托或架子上，但这样得到的效果，一般来说，往往比较生硬。

　　如何装饰这些瓷器，这在很大程度上取决于房子的情况，但在普通的现代住宅中，用铁丝绑起来大概是最好的办法。当然，应该注意的是，千万不要把铁丝绑得太紧。

第十一章　瓷器上的标记

我们对整个标记系统知之甚少,目前除了明显可靠的日期标记外,几乎无法从标记上了解到作品的年代或历史。因此,经销商和收藏家很少关注标记,无论是否有标记,他们只根据作品的优点来判断其价值。中国的标记可以分为 3 类——素字或印章的日期标记、堂号和其他的标记、符号标记。

这些标记一般都是蓝色,但有时也会用红色标记。在其他时候,这些标记是雕刻的或浮雕的。

中国人用 60 年为一个周期来记录时间,而不是 100 年。用这个周期表示日期时,采用两个字,第一个字来自"十天干",第二个字来自"十二地支"或中国十二生肖。为了形成一个完整的周期,"干"出现了 6 次,"支"出现了 5 次。这样,6 次重复中,每次都有不同的干符号与不同的支符号结合,这样就表明了这个周期的确切年份,在这个周期结束时,最后一个干符号与最后一个支符号结合。重新开始时,第一个干符号和第一个支符号再结合。然而,这一周期系统很少被用于标记瓷器。

中国人还有一种表示时间的方法,那就是各个皇帝的年号。在古代,年号会被改变,以表示某位皇帝在位期间发生的一些非常重要的事件。但自明朝登基以来,只有一位皇帝在位期间改变了年号。瓷器的这种标记方式似乎起源于宋真宗,在"景德"年号期间(1004—1007),他下令所有为皇宫制作的瓷器都应以这种方式标记。为了标示准确的日期,有必要说明在位的年份,但在瓷器上很少或从来没有这样做。如果是 6 个字的文字符号,是这样组成的——在读者的右手边,最上面的是"大"字,下面的是王朝的名字,第三个是年号的第一个文字,年号的第二个文字在第二列的顶部,后面是"年"字,最后是"制"。有时,前两个表示王朝名称的文字会被省略,这时,标记被缩减为 4 个文字,分两栏排列,其中前两个是年号,后两个是"年制"。如果日期是横着印在作品的正面(有时在瓷器的颈部或饰带上的日期是横着印的),必须从读者的右边向左边读。

不幸的是,一些日期标记被伪造或模仿在现代瓷器作品上,以至于这些日期标记不能单独作为瓷器制作年代的证明。事实上,我们有理由担心,欧洲商人曾经下订单用某些标记制作瓷器,而没有考虑瓷器的装饰,因为这些装饰往往不是所标记时期的风格。

最受欢迎的标记似乎是"成化",在此期间好像制作了大量瓷器,并在 17 和 18 世纪运往欧洲。1648 年,荷兰船"哈勒母"号在南非的桌湾沉没,1763 年,另一艘荷兰船,阿姆斯特丹的"琼·托马斯"号在同一地点失事。从这些沉船中不时发现带有"成化"标志的瓷器,其中一些可以在都柏林的莱恩斯特宫博物馆看到。1885 年,"琼·托马斯"号的残骸被移走时,又发现了更多的中国瓷器,包括现在在爱丁堡博物馆看到的一套青花瓷杯,它们被包裹在一坨沙石中。这些瓷器也和都柏林的瓷器一样带有"成化"的标记,共有"成化年制"4个字,其中"大明"被省略了。

成化皇帝在位23年,不太可能在这段时间内制造出过去400年来以这个标记出售的所有瓷器,也不可能在成化皇帝去世两三百年后,仍然留有足够的瓷器不断供给荷兰船只运到欧洲。为什么这个标记会受到欧洲人的青睐,这一点很难说。

有了印章标记,我们讨论瓷器的制作年代就更有把握了。乾隆时期的瓷器标记有时以"素字"形式出现,但更频繁地以印章形式出现。这种标记系统通常被认为是在乾隆统治期间最早使用,因此有充分的理由认为这种标记系统中的康熙日期有可疑之处。当然,晚期的日期标记越多,这些作品就越有可能属于所述时期。

中国学者似乎一致认为堂号的标记表明瓷器的来源。在某些情况下加上"制"字,而在另一些情况下则仅给出"堂"的名称。关于"慎德堂"标记,A. W. 弗兰克斯爵士说:"这个标记出现在不同种类的样品上,而且标记的种类繁多,质量也不同。这个名字来自经典著作《大学》。据说这是一个道台的堂号,他是御用瓷器制造厂的督陶官。"①堂号标记似乎一般都是"素字"。

其他标记是用各种文字写的,A. W. 弗兰克斯爵士说:"一般是对瓷器的赞扬,说它是玉石、珍珠、古董,说它优雅、珍贵等等。其中有些可能是名字,偶尔也会提到主题。"

符号标记主要取前文描述的8个普通符号或8个佛教符号。以下是一份最常见的符号清单:

8个普通的符号,其中叶子是最受欢迎的,它的形状多种多样。磬的符号也可以见到,但似乎不怎么被用来做标记。

在八仙的象征中,似乎只有葫芦作为标记受到青睐,可能是因为它是长寿的象征。乐器并不经常出现,若出现则一般是琵琶。

与书生有关的物品——书房里的五宝中的一种或多种偶尔会出现。但作为标记,通常采取"笔锭如意"的形式。

如意,可单独出现作为长寿的象征,或与其他物品结合,或仅以如意头的形式出现。

斧,是幸福的象征。

万字符。

四足花瓶,这种标记经常出现,也被称为香炉。但我们看到它可能起源于涡卷花纹台子,所以现在的名称是四足花瓶,这就比较确切了。

各种形状的三足香炉。

---

① A. W. 弗兰克斯. 格林博物馆东方瓷器目录[M]. 伦敦:英国皇家印书馆,1878.

在动物标记中,野兔可能是最常见的。

蝙蝠单独出现或与桃子一起出现。

在鸟类标记中,鹤是最常用的,无疑是因为它是长寿的象征。

在昆虫标记中,蝴蝶和其他叫不上名字的昆虫经常出现。

灵芝作为一种标记并不少见。

除了荷花之外,还有很多花,但它们一般都画得很粗糙,以至于看不出来是哪种花。

对这个问题感兴趣的人最好参考 A.W. 弗兰克斯爵士的书,书中给出了大部分堂号和其他铭文标记。在沙弗尔斯先生的《标记和图案》一书中,也有一些中国符号标记的仿制品。但不幸的是,这些仿制品对于学中国瓷器的学生来说,没有什么实用价值。

11.1　德累斯顿标记

A.W.弗兰克斯爵士告诉我们:"为了防止侍从拿走瓷器,德累斯顿收藏的瓷器会刻上标志和数字。"①以下是所使用的可以辨别瓷器种类的标志:

表3　德累斯顿标记

绿色的中国瓷器标志	工字形
白色的中国瓷器标志	三角形
红色的中国瓷器标志	箭头
青花和裂纹瓷的标志	Z 字形线
印度瓷器的标志	平行四边形
黑色的中国瓷器标志	字母 P
日本瓷器的标志	十字形

有这些标记的作品,被认为是已经从德累斯顿的收藏中出售的仿制品。偷来的瓷器磨去底部,从而去除德累斯顿的标记,这似乎是一种惯例,因此那些偷来的瓷器的底部是没有上釉的。

11.2　日期标记

据一位中国朋友说,下面的年号写得很正确。其中,"大明成化年制"标记来自图

① A.W.弗兰克斯.格林博物馆东方瓷器目录[M].伦敦:英国皇家印书馆,1878:235.

237，"大清雍正年制"的素字标记来自图336，印章标记则来自图378。读者看一下清朝年号的素字和印章标记的不同书写方式，再对照给出的同一统治时期的不同素字和印章标记，就会对年号书写中的变化有所了解。

在前两幅图中，日期是用素字的形式。

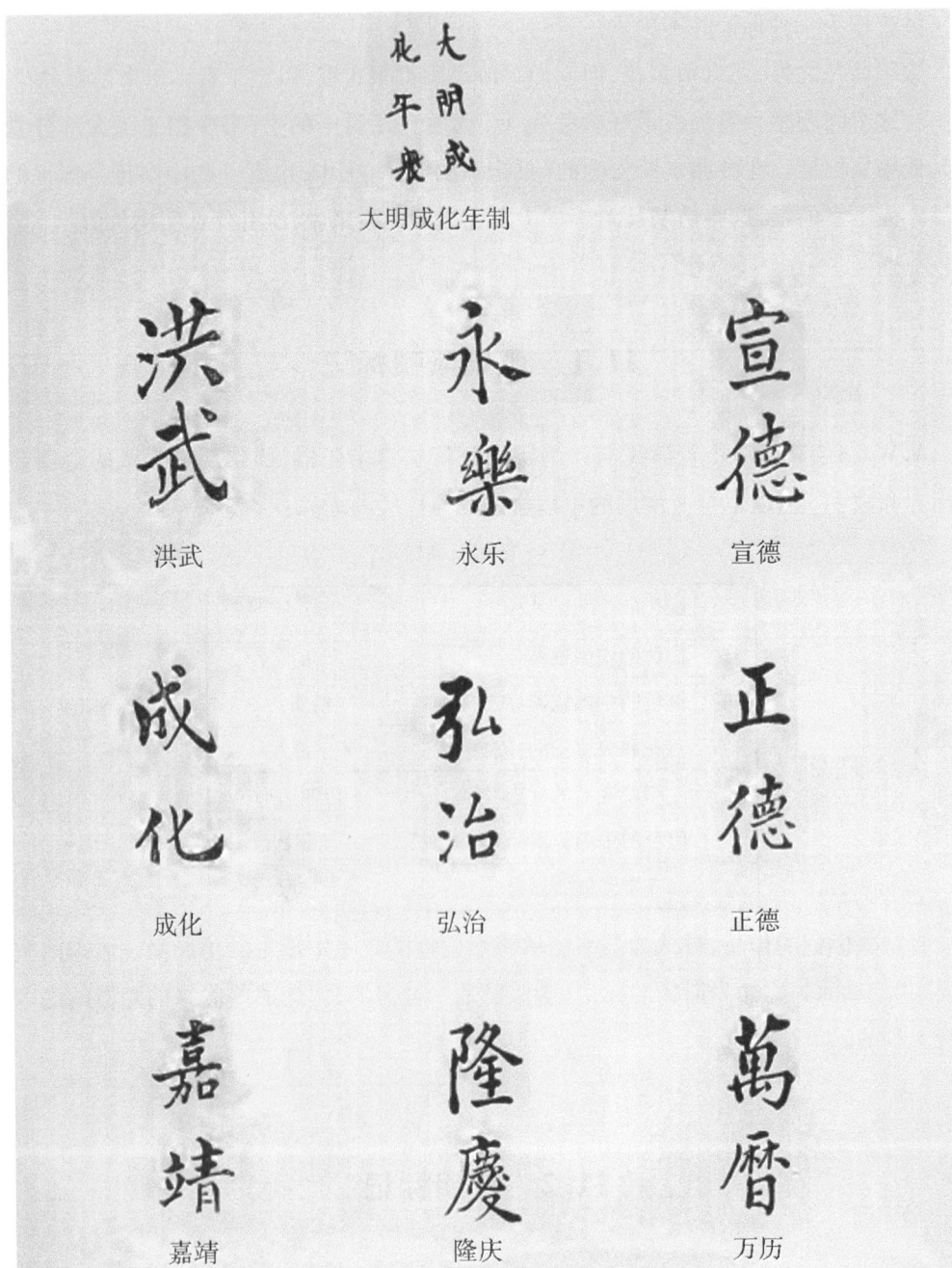

大明成化年制

洪武　　　　永乐　　　　宣德

成化　　　　弘治　　　　正德

嘉靖　　　　隆庆　　　　万历

图394　明朝素字日期标记

大清雍正年制

大清雍正年制

顺治

康熙

雍正

乾隆

嘉庆

道光

咸丰

同治

光绪

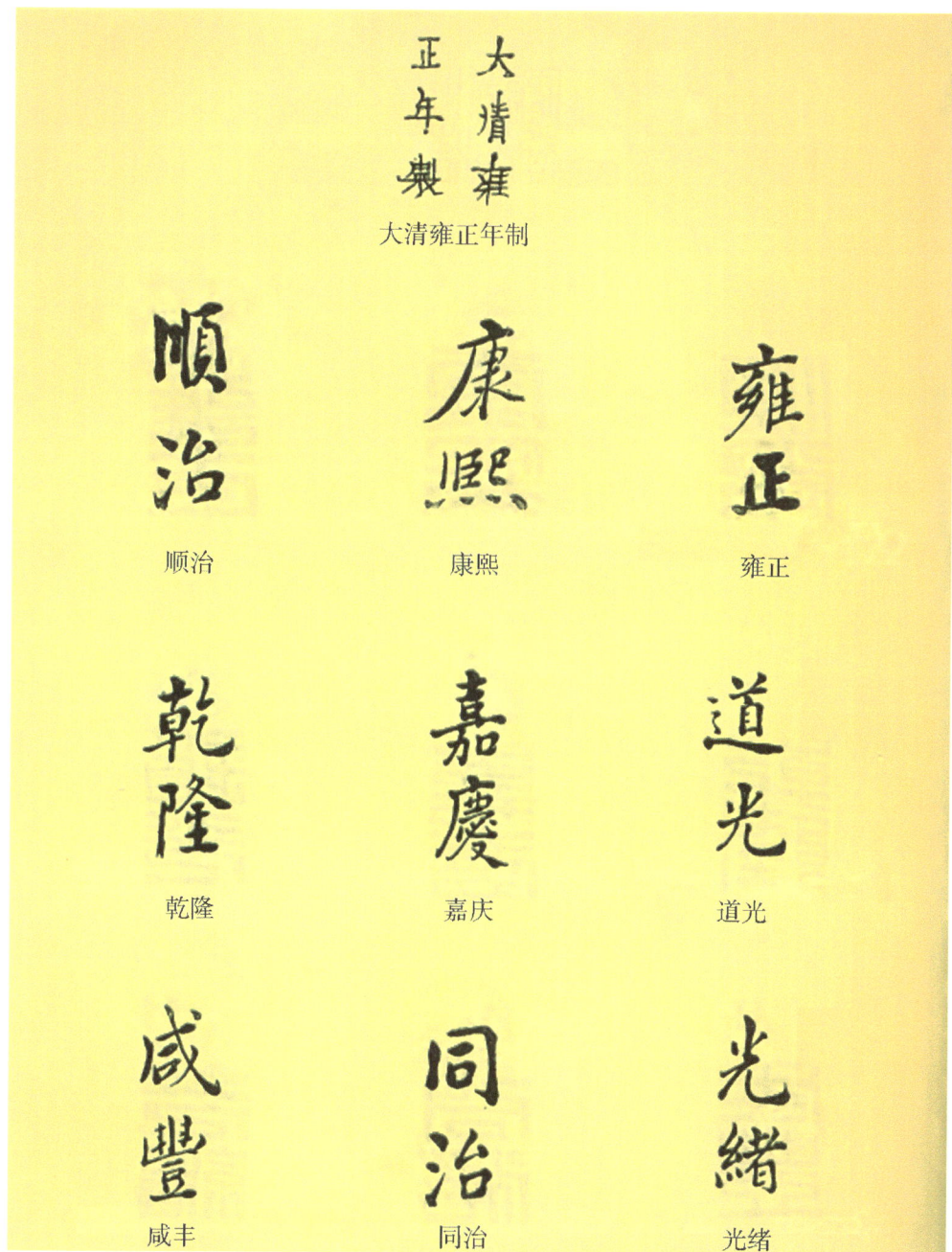

图 395　清朝素字日期标记

大清道光年制

顺治

康熙

雍正

乾隆

嘉庆

道光

咸丰

同治

光绪

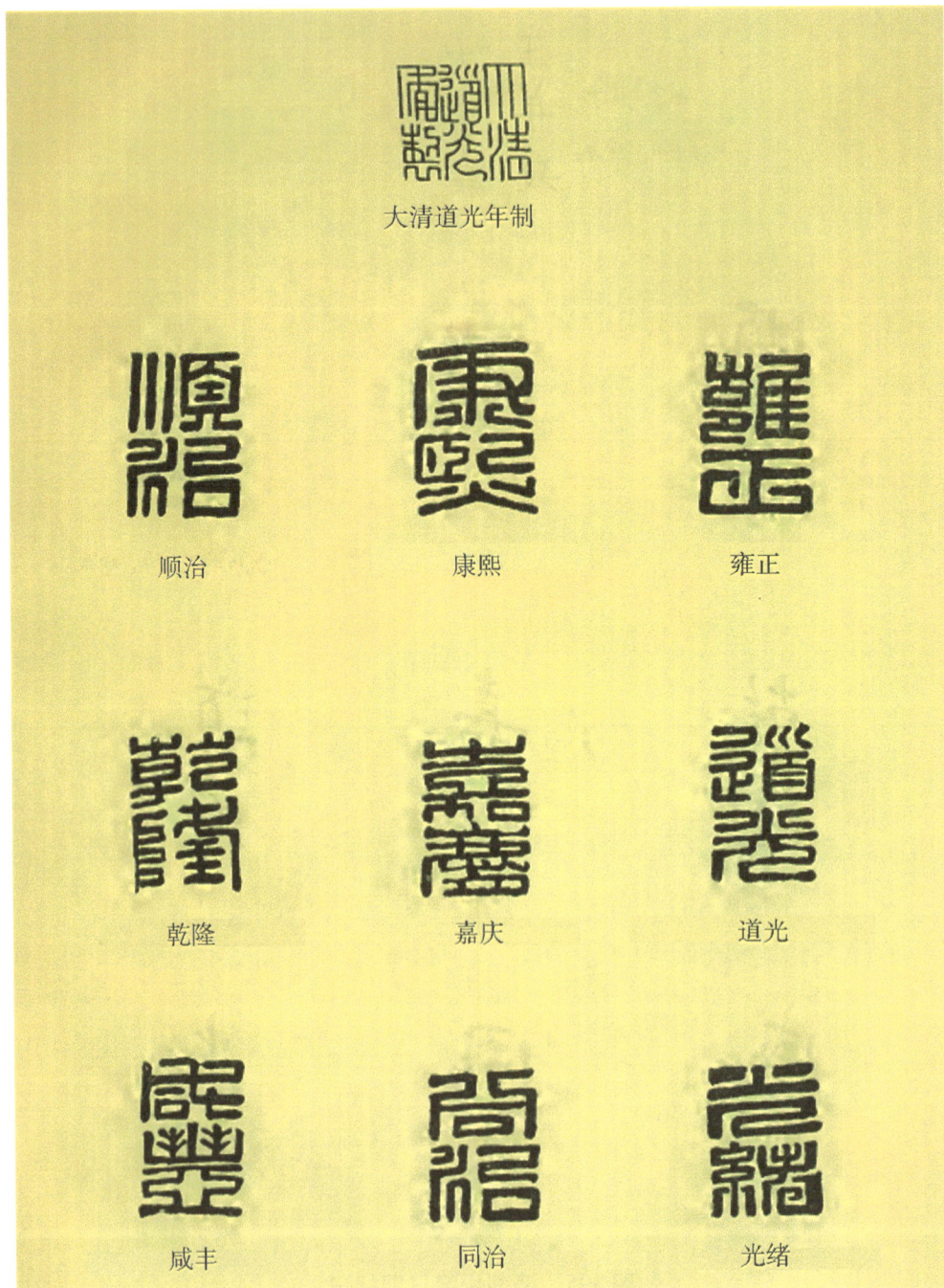

图396　清朝印章日期标记

11.3　素廷收藏品上的标记

经素廷先生同意,南肯辛顿博物馆的斯金纳先生很乐意提供素廷藏品上除年号以外的其他标记,供本书采用。目前,南肯辛顿博物馆的收藏品总共有 959 件,其中:彩瓷 636 件、青花瓷 323 件;有标记的瓷器 299 件,没有标记的瓷器 660 件;有日期标记的彩瓷 52 件,有日期标记的青花瓷 78 件,有其他标记的彩瓷 77 件,有其他标记的青花瓷 92 件。

图 397:一个碗上的标记。碗上还有小云朵等装饰绘在苹果绿的底面上。

图 398:一套盘子上的标记。盘子共 4 个,每个盘子在白色底面上绘有一个彩色人物。

图 399:德玉堂制。青花的碗和盖上绘有玩耍的孩子和家庭场景。

图 400:篆漪堂,一个白底彩瓷碗上的标记。碗的装饰包括几个分隔的部分,每个部分都绘有一匹马,碗底装饰有花和汉字。

图 401:大概意思是"稀有玉器中的宝石"①。印在一套 3 个青花瓶上,大概是康熙年间的作品。

图 402:万字符,绘于几何花纹饰带分隔的空间内,白底的碗上还有汉字。

图 403:一个青花盘子上的标记。盘子的装饰为风景、女士和麒麟。

图 404:可能是没有含义的符号。这是一对青花杯子上的标记,盖子和碟子的分隔部分绘有人物和枝叶。杯子边缘有法语铭文。还有 2 个青花盘也有这种标记,装饰为山楂花(梅花)图案。

图 405:德累斯顿收藏的一个杯子和碟子上的标记。"印度青花瓷(大概是中国青花瓷),有裂纹,标有 Z 字形线。"②

图 406:此标记来自中国的黑底瓷器花瓶,瓶身绘有彩色人物。

图 407:中国人模仿的代尔夫特瓷器上的一个标记。标记绘在一对青花长颈瓶上,装饰为花朵。

图 408:此标记绘在一个康熙年间的青花盘背面。

图 409:斧。标记绘在一个碗的外部。碗为白底,分隔的空间绘有彩色的花卉和风景,属于康熙时期。同样在另外一个盘子上也有这个标记,盘子为白底彩瓷,中间有一条鱼在波浪中,周围有麒麟、珍珠等。

图 410:一个祭祀杯上的标记,杯子为白色,有雕刻装饰带。

---

① A. W. 弗兰克斯. 格林博物馆东方瓷器目录[M]. 伦敦:英国皇家印书馆,1878.
② A. W. 弗兰克斯. 格林博物馆东方瓷器目录[M]. 伦敦:英国皇家印书馆,1878.

奇津
后帆
397

問
心
齋
398

篆滴
堂圆
400

堂
製
402

圆
403

404

遹玉
399

採
人
玱
401

毋
王
圭
406

407

N.589
405

410

BE'VERE
408

图 397—图 410

— 230 —

图411：一对大花瓶上的标记。花瓶用彩色装饰着几位中国女士。

图412：一个花瓶上的标记。花瓶与图411装饰类似。

图413：清朝制造的碗上的标记。碗外面涂成蓝色，边缘的红色饰带有分隔的区域，里面装饰有彩色花朵。

图414：此标记的含义没有破解出来。标记印在一对青花盘子上，每个盘子的中央都画有一个几何图案，周围环绕着花枝。

图415：一个大的长方形花瓶上的标记，花瓶为黑底，绘有山楂花(梅花)图案。

图416：一个长方形香炉上的标记，香炉的白色镂空底面上绘有一群彩色人物。

图417："宝"字。盘子底色是深蓝色，分隔的区域绘有彩色花朵。

图418：一个长方形花瓶上的印记。花瓶为白底，分隔的区域装饰了彩色的花瓶。

图419：一个大盘子上的标记。盘子为白底，彩色装饰，盘子的分隔区域装饰有山水、鸟和花瓶。

图420：一个清代制造的碗上的标记。碗的底色是浅黄色，外部画着鸟和花木。

图421：一对盘子上标记。盘子为白底，用彩色分别绘有家庭场景和士兵。

图422：一件小茶壶和盖子上的标记。绿色底面上绘有珍珠和花枝。

图423：一个盘子上的标记。盘子为白底，绘有彩色人物。

图424：一件青花花瓶上的标记。花瓶上绘有人物。

图425：一个碗上的标记。碗为蓝底，叶状的分隔区域内绘有彩色花朵。

图426：印章标记，印在一个彩色的盘子上。

图427、428、429：灵芝标记。在素廷收藏品中有18个这样的标记，大多数印在青花瓷上。

图430：乐器标记。素廷收藏品中有10个这样的标记，1个印在有彩色椭圆形图案的黑碗上，2个印在一对彩色盘子上，7个印在青花盘子上。

图431：花的标记。素廷收藏品中有2个这样的标记，印在一对青花长颈小花瓶上。

图432："玉"字。这个标记在素廷收藏品中出现了4次，分别在一对青花盘和一对彩色盘上。

图433：花。在素廷收藏品的一对彩盘上有2个这样的标记。

图434：菱形标记(不常见)。素廷收藏品中只有1个，在一个彩色的碗上。

图435、436：莲花。在素廷收藏品中出现了4次，在一对彩盘和一对小彩碗上，盘和碗的底色均为奶油色，这2幅图中的莲花都是没有叶子的。

图437：花。在素廷收藏品中有3件，都是青花瓷器，包括2只碗和1个盘子。

图438：五叶花。在素廷收藏品中2件作品有这样的标记，一个印在青花碗上，另一个印在一个边框为9个花瓣的彩色盘子上。

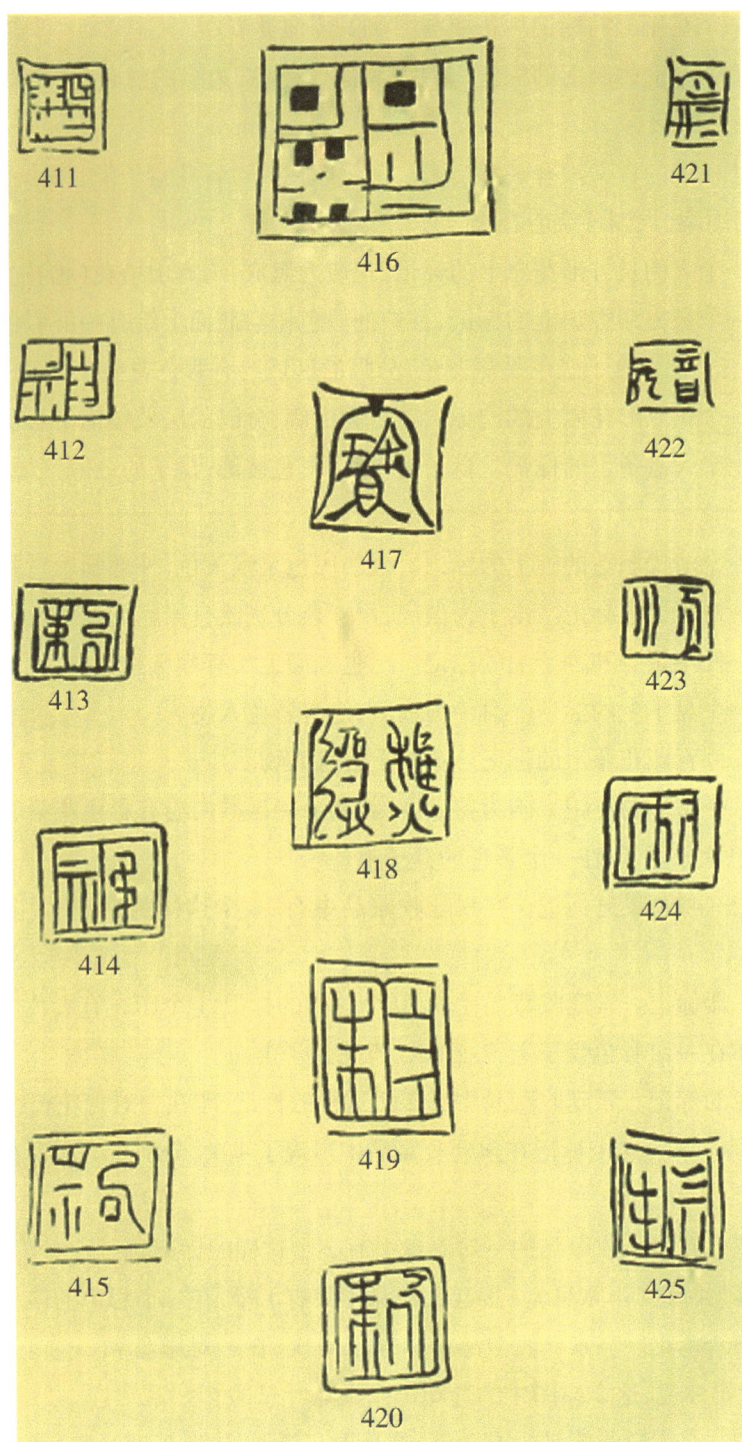

411

416

421

412

417

422

413

423

418

414

424

419

415

425

420

图 411—图 425

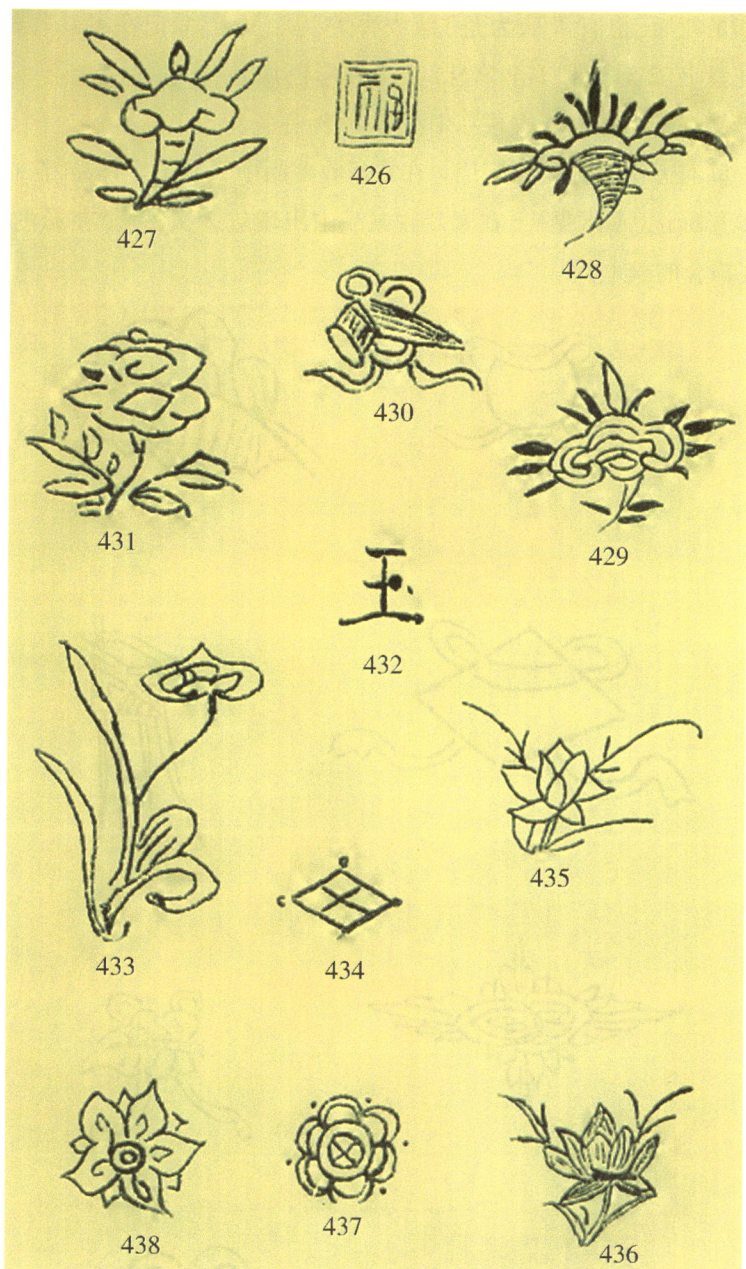

图 426—图 438

图 439：珍珠。这个标记在素廷收藏品中出现了 2 次，在一对青花盘子上。

图 440、444：叶子。叶子的标记在素廷收藏品中出现了 45 次，在青花和彩色的作品上都有，但主要是在青花作品上。我们注意到，图 440 是没有饰带的。

图 441：镜子。在素廷收藏品中有 3 个这样的标记，2 个在彩色的碟子上，1 个在彩色的盘子上。

图442：四足花瓶，也有人认为是"鼎或香炉"①。这个标记在素廷收藏品中共有8件，5件在青花盘上（2对盘和1个单盘），3个在彩色盘上。

图443：未知标记。在素廷收藏品中只有1件，在青花盘上。

图445：中间有万字符的菱形标记。在素廷收藏品中只有1个样品，在彩色盘上。

图446：菱形标记（不常见）。在素廷收藏品中出现过2次，一个在彩色的碗上，另一个在外部蓝底描金的碗上。

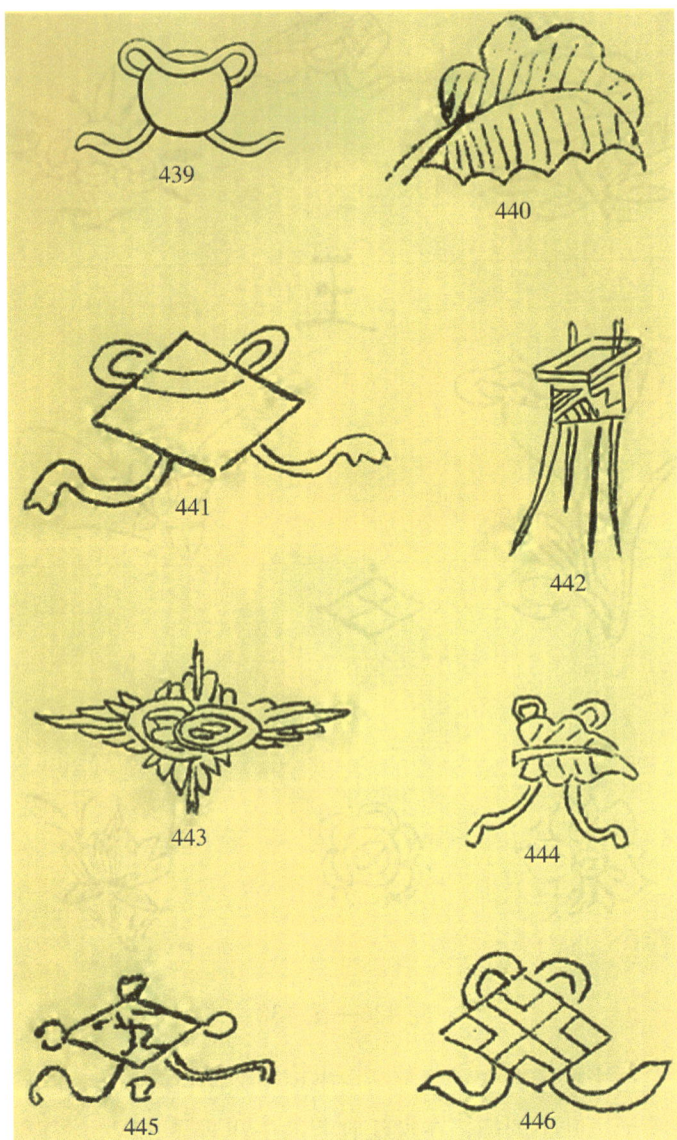

图439—图446

---

① 欧内斯特·格朗迪迪埃.中国陶瓷［M］.巴黎:菲尔曼·迪多出版公司,1894.

图447：太阳。一个中国朋友写道："这代表了太阳。"标记印在一个高大的花瓶上。花瓶为绿底，分隔的区域里绘有人物、动物和鸟类。装饰还有花朵和蝴蝶。

图448：鱼。"鱼是夫妻幸福的象征。"①此标记印在一个青花盘上，盘子绘有鸟和山楂花（梅花）。

图449、450：鼎或香炉。这些标记印在 2 个小的青花盘上，每个盘子的中心都绘有一个内部有花朵的几何图案。

图451：一对盘子上的标记。盘子为白底，都绘有彩色的麒麟和神鸟。

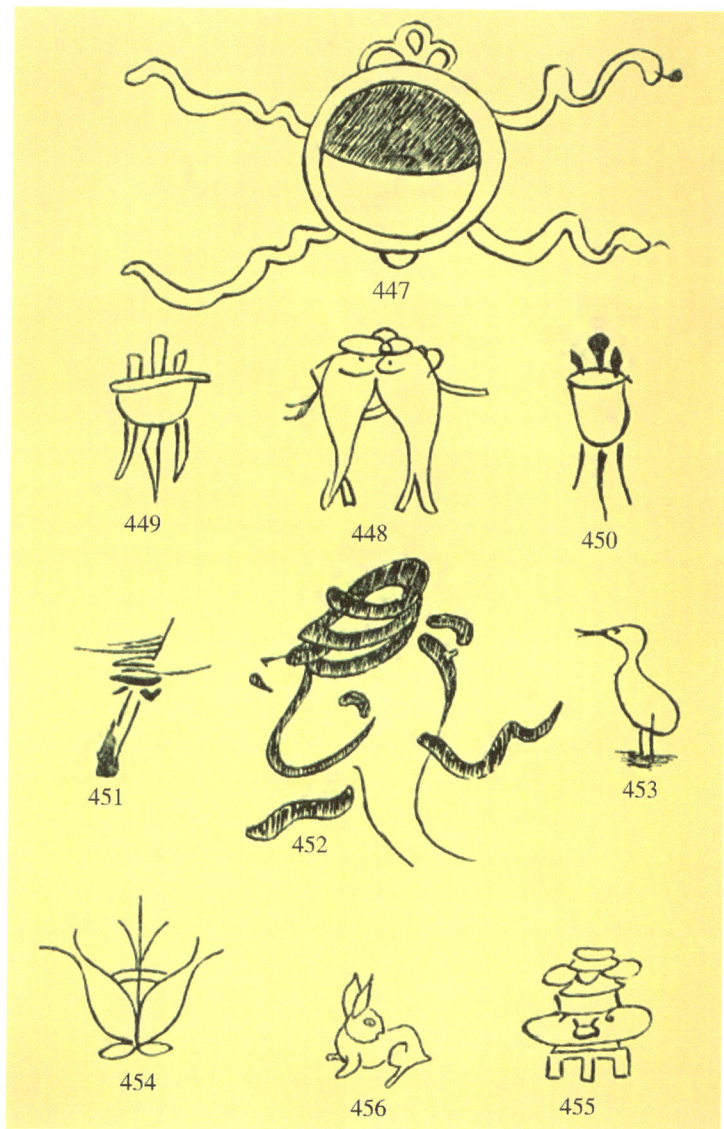

图 447—图 456

---

① 欧内斯特·格朗迪迪埃. 中国陶瓷［M］. 巴黎:菲尔曼·迪多出版公司,1894.

图452：这是一个碟子上的标记。碟子为白底,绘有彩色人物。

图453：苍鹭。一个青花盘上的浮雕标记,盘子装饰风景和鹿。

图454：牡丹果。此标记印在一个白底彩色盘子上,并装饰有花瓶和花朵。

图455：一个盘子上的标记。盘子为蓝底,在叶状的白底分隔区内绘有彩色的花鸟。

图456：兔子。标记为蓝色,印在一对浅黄色杯和碟上。杯和碟上还有彩色的装饰。